普通高等学校经管类精品教材

会计职业基础

主　编　张兴福　李　琴
副主编　高　亚　张　茜　徐　旻
编写人员（以姓氏笔画为序）
李　琴　张　茜　张　斌
张兴福　余　畅　胡　静
高　亚　徐　旻　虞碧燕

中国科学技术大学出版社

内 容 简 介

本教材依据最新的《企业会计准则》及相关解释，结合最新的财税法律法规进行编写，密切结合企业财务工作实践，全面、科学地阐述了会计的基本理论、方法与技能。全书共含9个项目，包含会计职业概述、会计要素与复式记账、企业日常经济业务会计处理、填制和审核会计凭证、设置与登记会计账簿、财产清查及业务处理、编制财务会计报告、管理会计基础、会计职业规范等，共设置了38个具体任务，以任务为导向，启发、引导学习者思考如何解决会计问题，辅以理论介绍和案例解析，全书结构逻辑性强，内容设置科学合理、循序渐进，涵盖了从事会计职业所需要的全部基本知识及技能。

图书在版编目(CIP)数据

会计职业基础/张兴福，李琴主编.—合肥：中国科学技术大学出版社，2020.8(2023.8重印)

ISBN 978-7-312-04965-1

Ⅰ.会… Ⅱ.①张… ②李… Ⅲ.会计学—高等学校—教材 Ⅳ.F230

中国版本图书馆 CIP 数据核字（2020）第 090657 号

会计职业基础

KUAIJI ZHIYE JICHU

出版 中国科学技术大学出版社
安徽省合肥市金寨路96号，230026
http://press.ustc.edu.cn
https://zgkxjsdxcbs.tmall.com

印刷 安徽国文彩印有限公司

发行 中国科学技术大学出版社

开本 787 mm×1092 mm 1/16

印张 16.75

字数 428千

版次 2020年8月第1版

印次 2023年8月第2次印刷

定价 42.00元

前　言

高等职业教育肩负着培养面向生产、建设、服务和管理第一线需要的高素质技能型人才的责任，高素质技能型人才的培养需要以能力为本位，融教、学、做为一体的教材作支撑。为贯彻《国务院关于大力发展职业教育的决定》，教育部大力推进精品课程和精品教材建设工作，分批分层推进国家规划教材、省级规划教材和高水平高职教材建设。

“大智移云”时代已经到来，新技术、新业态在社会经济生活中广泛出现，传统核算会计职能逐渐被人工智能替代成为发展趋势，会计职业正面临着前所未有的挑战。这些变化深刻影响着会计理论和会计教学实践，也必然要求会计教学内容和会计教材有创新性发展。为了应对挑战，结合高职院校会计教学过程中的实践经验和学生需求实际情况，我们编写了本教材。

本教材以财政部2006年颁布的《企业会计准则》及2014年新增具体准则与2017年修订的《企业会计准则》及其解释为基础，并结合最新的财税法律法规进行编写。在编写过程中，编者密切结合企业财务工作实践，广泛汲取基础会计教学经验和教材建设成果，全面、科学地阐述了会计的基本理论、方法与技能。“会计职业基础”作为财经类专业的基础课程，既有一定的理论性，也有很强的实践性。其任务是使学生掌握从事会计职业所需要的会计基础理论和技能实践，为学生进一步学习“财务会计实务”“管理会计实务”“成本会计”等课程奠定基础。

全书共9个项目，包含会计职业概述、会计要素与复式记账、企业日常经济业务会计处理、填制和审核会计凭证、设置与登记会计账簿、财产清查及业务处理、编制财务会计报告、管理会计基础、会计职业规范等内容，共设置了38个具体任务，以任务为导向启发、引导学习者思考如何解决会计问题，辅以理论介绍和案例解析。全书结构逻辑性强，内容设置科学合理、循序渐进，涵盖了从事会计职业所需要的全部基本知识及技能。

为满足学生技能培养和应考需要，本教材在每个项目后都配有同步实训，以巩固学生的学习成果。同步实训分为理论思考、技能训练和能力提高3个层次，将为深入学习指明方向。同时，我们还组织编写了配套教材——《会计职业基础实训》，分单项技能训练和综合技能实训两部分作为教学辅助内容，以便在教学中结合使用。本套教材在教学内容的广度和深度上作了合理的把握，突出应用性，强化可操作性，注重实际应用能力的培养。

本套教材具有以下特点：

(1) 案例引导启发教学，技能导向全面培养。项目开篇由引导案例引出将要学习的内容，让学生带着问题去思考身边与会计相关的问题，然后展开理论教学，循序渐进，由浅入深。结合教材内容，教材项目后设有同步实训，以检验学生学习成果，巩固学习效果。《会计职业基础实训》中配有会计专项技能实训题和综合技能实训内容供学生实际操作，将教、学、做融为一体。

(2) 紧扣职业最新趋势，线上线下相结合。传统《基础会计》或《会计职业基础》教材只涉及财务会计方面的内容，已经无法满足会计职业发展的需要，"管理会计"越来越受到现代企业重视，因此加入管理会计基础内容更符合人才培养的需要。为了使学习者能更好地掌握学习资源，我们准备了网络教学资源，学习者可以到"安徽省网络课程学习中心平台"查找本课程资源(网址：http://www.ehuixue.cn/index/Orgclist/course?cid=32174)，或者下载安装"e会学"APP，注册并学习。

本书由安徽工业经济职业技术学院张兴福老师和安徽涉外经济职业技术学院李琴老师担任主编，张兴福老师负责全书总体设计和拟定编写大纲，并对全书进行统稿。全书编写具体分工如下：张兴福、虞碧燕老师编写项目一、项目三，高亚、余畅老师编写项目二、项目八，李琴老师编写项目四、项目五，张茜、徐旻老师编写项目六、项目九，张斌、胡静老师编写项目七。

本书是安徽省2018年高等学校省级质量工程"高水平高职教材建设"项目(编号：2018yljc180)的主要建设成果，也是安徽省2017年高等学校省级质量工程"大规模在线开放课程MOOC""基础会计"项目(编号：2017mooc057)的配套教学参考书。

在本书编写过程中，我们得到了很多专家、学者和兄弟院校的支持，也参考了一些相关图书，在此一并表示感谢。本教材可作为高职高专类院校经济管理类专业和其他相关专业教学用书，也可作为各类成人教育和财务工作人员的培训教材以及会计从业人员的参考书。

由于编者水平所限，书中难免有疏漏及不妥之处，敬请广大读者批评指正，以助其不断改进完善。欲获取网上视频等资源，可用微信扫描下方二维码，注册后加入课程即可。

编　者

2020年6月

目　　录

项目一　会计职业概述

本项目主要讲述会计的基本知识，通过本项目学习，要求学生了解会计的产生及发展情况，理解会计的含义及职能，了解会计职业在经济组织中的基本情况，理解会计核算的基本环节及具体会计核算方法。

知识目标

1. 认知会计的产生和发展史。
2. 理解会计的含义、目标与职能。
3. 认知现代企业中的会计职业。
4. 掌握会计核算的基本环节和具体方法。

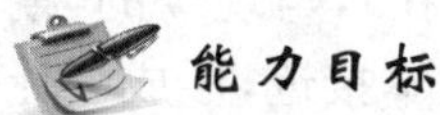

能力目标

1. 清楚会计职业的工作种类。
2. 写出财务会计核算方法体系中的具体项目。

开篇案例

202×年9月1日，张华拿出100 000元，准备投资开办一家超市。张华花12 000元租了一间商铺(12 000元为4个月的租金)，以80 000元购入了商品，其余作为流动资金。张华招聘了两名员工，并于当年10月1日开始营业。当年10月末，张华的朋友们问他当月赢利了多少，但是张华没学过会计，不知道怎么算账，只知道超市现有商品价值30 000元，超市收款机收款68 000元，还有一位客户欠的2 000元没有收回，两位员工的工资共7 800元没有支付，另外交了1 000元的税费。

在你没有学习会计专业知识之前，请你为张华算一下截至当年10月末超市赢利了多少？

任务一　认知会计的产生和发展

会计是在一定的环境下产生和发展起来的，人类生活环境的变化，是推动会计产生和发展的源泉和不竭动力。这里所说的环境，包括政治、经济、法律环境等，其中，经济环境对会计的影响尤为深远。

在原始社会的初期，由于生产力水平低下，人类社会几乎无法产生剩余产品，但到了原始社会中后期，由于生产力水平的逐步提高，剩余产品开始出现，为了对剩余产品进行管理和分配，在生产职能的基础上，出现了附属的会计职能。但此时，人们对生产活动数量方面的记录仅凭记忆或者“刻木记事”“结绳记事”。

当生产力发展到一定水平后，人类社会出现了私人占有财产，人们为了保护和不断增加私有财产，逐步产生了用货币形式进行计量和记录的方法，会计便渐渐从生产职能中分离出来，成为一种独立的管理职能。

一、会计在中国的产生和发展

据史料记载，我国的会计一职最早出现在西周，当时称为“司会”，掌管朝廷的财务收支，进行“月计岁会”工作，又设司书、职内、职岁和职币四职分理会计业务，其中司书掌管会计账簿，职内掌管财务收入账户，职岁掌管财务支出类账户，职币掌管财务结余，并建立了定期会计报表制度、专仓出纳制度、财物稽核制度等。

秦汉时期，我国在记账方法上已超越文字叙述式的“单式记账法”，建立起另一种形式的“单式记账法”，即以“入、出”为会计记录符号的定式简明会计记录方法。它以“入－出＝余”作为结算的基本公式，即“三柱结算法”，又称为“入出记账法”。唐宋时代，我国封建社会发展到了顶峰，出现了“四柱清册”的结账方法，即“旧管＋新收＝开除＋实在”，与现今的“期初余额＋本期增加发生额＝本期减少发生额＋期末余额”的结账方法已基本接近，形成了让中国引以为豪、让世界为之赞誉的中式簿记的早期形态。

明末清初之际，我国出现了一种新的记账法——“龙门账”。此账法是山西人富山根据唐宋以来的“四柱结算法”原理设计出的一种适合于民间商业的会计核算方法，其要点是将全部账目划分为“进”“缴”“存”“该”四大类。“进”指全部收入，“缴”指全部支出，“存”指资产（包括债权），“该”指负债（包括业主投资），四者的关系是：该＋进＝存＋缴，或：进－缴＝存－该，结账时“进”大于“缴”或“存”大于“该”即为盈利，运用这一公式，编制“进缴表”“存该表”，两表计算出的盈亏数应该相等。富山将这种双轨计算盈亏并检查账目平衡关系的会计方法，形象地称为“合龙门”，“龙门账”因此而得名。“龙门账”的诞生标志着我国复式记账的开始。

虽然我国的会计有着辉煌的历史，但在封建社会末期逐渐拉大了与世界先进水平间的差距。自19世纪中叶起，我国沦为半殖民地半封建社会，会计史上出现了“中式会计”和“西式会计”并存的情况，由外国人经营的邮政、铁路和海关等部门采用西式会计，中国政府控制的部门及民间仍采用传统的中式会计。

自1911年辛亥革命爆发到1949年新中国成立期间，我国会计行业得到了长足的发展，其间颁布了我国历史上第一部《会计法》，成立了主管会计的专门政府部门，批准了我国第一个注册会计师和会计师事务所，为当时的经济社会发展起到了一定的促进作用。

新中国成立后，我国的社会制度发生了根本性变化，为了适应国家有计划地进行社会主义建设的需要，我国的会计主管部门先后制定了多种统一的会计制度，对恢复国民经济的发展起到了积极作用。改革开放以后，国民经济飞速发展，会计在经济社会生活中的地位和作用日益重要。1985年，我国颁布了《中华人民共和国会计法》，并先后两次对该法进行修订，2000年7月1日，第二次修订后的《中华人民共和国会计法》正式实施。

1992年，我国颁布了《企业会计准则》和《企业财务通则》，并从1993年7月1日起施行，这是我国会计工作和国际接轨的重大举措。2007年1月1日起我国在上市公司开始实施新的《企业会计准则》，该准则与国际会计惯例基本趋同，包括《基本准则》和38项具体准则；2014年7月23日，财政部发布了《财政部关于修改〈企业会计准则——基本准则〉的决定》；2014—2017年，财政部又先后印发了企业会计准则第39—42号，我国会计准则体系形成了1项基本准则、42项具体准则和应用指南3个层次的完整体系。至2020年2月，财政部已对原发布的具体会计准则中的收入、政府补助、存货、长期股权投资、金融工具确认与计量等作了修订。

除了《企业会计准则》，财政部还分别于2013年1月1日实施了《小企业会计准则》，2017年1月1日起实施了《政府会计准则》，这些准则的实施，为我国会计人员从事会计工作指明了方向。

随着经济社会的迅速发展，人工智能对传统财务会计发起了挑战，管理会计变得越来越重要，为促进单位（包括企业和行政事业单位，下同）加强管理会计工作，提升内部管理水平，促进经济转型升级，根据《中华人民共和国会计法》《财政部关于全面推进管理会计体系建设的指导意见》等，财政部于2016年6月印发了《管理会计基本指引》，总结提炼了管理会计的目标、原则、要素等内容，以指导单位管理会计实践。

二、会计在国外的产生和发展

在国外，古巴比伦、古希腊和古罗马都存有商业合同、农庄庄园的不动产账目等有关会计的资料。在原始的印度公社里，已经有了专门的记账员，负责登记农业账目，并登记和记录与此有关的一切事项。

随着贸易的加强，西方出现了早期的资本主义萌芽，14世纪前后，地中海沿岸的一些城市经济飞速发展，随着发达的商品经济及金融业的发展，对会计的方法提出了新的要求，即要求会计能反映出较复杂的商业和银行业务，于是复式簿记便产生了。

1494年11月意大利数学家卢卡·帕乔利（Luca Pacioli，1445—1517）的著作《算术、几何及比例概要》（又译《数学大全》）问世，该书系统地介绍、总结了借贷记账法，为借贷记账法在世界范围内传播奠定了基础，该书的问世被公认为是会计史上的第一个里程碑，标志着近代会计的开端。

18世纪末和19世纪初的产业革命，产生了大机器生产的资本主义工厂制度，出现了股份公司这种新的经济组织形式，在所有权和经营权分离的治理结构下，对会计提出了新的要求。为了保护外部股东及债权人的利益，股份公司的财务报表必须经过独立的第三方审计，以核查公司管理层履行职责的情况，为了适应这一要求，便出现了以查账为职业的注册会计师。1853年，英国苏格兰的注册会计师成立了爱丁堡会计师公会，注册会计师从此成为一个专门的职业，专门服务于股份公司这种资本经营形式，这是会计发展史上的第二个里程碑。

20世纪30年代，世界范围内的经济大萧条使许多公司破产，各国政府和社会公众迫切要求公司的财务报表能真实地反映其财务状况和经营成果。为了提高报表的可靠性，改进会计实务，美国会计师协会开始制定“公认会计原则”。“公认会计原则”的确立，使会计有了更加系统的规范标准和理论体系，标志着会计进入了现代会计发展阶段。

当然,随着会计重要性的逐步显现,会计工作除了向股东、债权人等提供相关信息外,也逐步开始向企业的基层单位、管理部门和生产技术部门渗透。泰勒的科学管理理论问世后,产生了标准成本、预算控制、差异分析等管理理论和方法,以管理当局为服务对象的管理会计逐步形成。1952 年,世界会计学会年会正式通过了“管理会计”这一名词,传统会计分化为财务会计和管理会计两个分支。管理会计的形成与发展丰富了会计的内容,使会计发展进入到一个新的阶段。

三、会计的国际化与智能化

人们的经济生活离不开会计,但它对经济活动反映和控制所要达到的目标又不能不受到经济发展大环境的制约。世界各国的政治、经济、法律、文化环境不同,因此各国会计理论和实务、会计规范体系和方式均存在一定差异,这给国际资本市场和国际贸易的发展带来了不利影响。

随着经济全球化的日益深入,会计趋同显得越来越重要,各国政府深谙其中道理。在过去的几十年里,各国政府、国际会计组织等在协调各国会计准则方面做出了不懈努力,并且取得了丰硕的成果。1973 年,国际会计准则委员会(现更名为国际会计准则理事会)成立,截至 2007 年年底,该委员会颁布了 50 余项《国际会计准则》和有关的《财务报表解释公告》。国际会计准则在协调各国会计准则和会计实务、促进世界各国的经济交流和国际资本流动等方面发挥了积极作用。伴随着经济全球化和资本全球化,会计的国际化融合已经形成不可逆转的趋势。

随着大数据、人工智能、信息技术、物联网等技术的飞速发展,传统会计理论和技术方法正面临着巨大挑战,会计信息化和智能化改革已是大势所趋。目前来看,会计系统正在朝着业财深度融合、业务处理全程智能化、内外系统集成化、操作终端移动化、处理平台云端化、处理规则国际化等方向发展,涉及越来越多的交叉学科,相信随着这些技术的广泛运用,会计职业必将迎来一个全新的智能时代。

任务二　认知现代会计职业

一、会计职业概述

会计职业是指会计从业人员所从事的职业。作为一个传统的职业,它由来已久,但并不是一有经济就有会计职业,会计是经济发展到一定阶段的产物。在社会生产活动的早期,由于其经济业务较为简单,可以凭头脑记忆,当时的会计只是“生产职能的附带部分”,当生产活动变得复杂时,单凭头脑无法记忆,才需要记账,才有了专门的会计职业。

随着社会经济的迅速发展,会计职业内容和执业范围得到了迅速发展,逐渐和其他行业职业互相融合,产生了很多交叉职业,这也为会计从业人员的职业发展提供了更多的选择机会。概括起来,会计职业主要有以下特征:

第一,会计职业需持证上岗。很多会计岗位需要有一定的职业能力,因此需要从业人员具有相应的资格证书,如会计师证书、注册会计师证书等。

第二,会计职业需要终身学习,不断更新知识。经济越发展,会计越重要,随着经济的深入发展,经济特性瞬息万变,现代信息技术、人工智能技术等的不断进步,这都要求会计主管机构不断地对会计准则进行修订,以尽量客观、准确地反映经济活动,这些内容需要会计人员不断更新自己的知识,适应社会经济的发展。

第三,会计职业具有一定的风险和责任。会计人员在履行会计职责中除对单位管理层负责外,还要对每个利益相关者负责,特别是政府等公共权力机构,加之会计人员具有一定的特权,因此,从事会计职业面临着一定的风险,需要承担一定的责任。

二、会计职业的种类

(一)按会计从业人员工作范围分类

按照企业会计从业人员工作范围不同,可将会计职业分为单位会计职业和公共会计职业两大类。

1. 单位会计职业

单位会计职业是指企业、政府机关、社会团体等单位的会计,其主要工作任务是会计核算、会计监督和财税管理等。

2. 公共会计职业

公共会计职业是指为社会各界服务的会计,主要包括会计师事务所和财务公司里的从业人员。会计师事务所里具有执业资格的注册会计师(CPA)接受企事业单位当事人的委托,可以对该经济组织的会计凭证、账簿、报表等进行检查,鉴定其数据的真实可靠性。财务公司(财税代理服务公司)是指依法成立的,为小微企业提供代理记账等服务的专业公司,接受委托人的委托为其办理工商变更、记账报税、编制财务报表等相关工作。

(二)按会计人员工作岗位性质分类

按照企业会计人员工作岗位的性质不同,可以将企业中会计职业划分为以下几类岗位:

1. 财务会计类

财务会计的一般工作内容是:填制与审核会计凭证,登记会计账簿,编制财务会计报告。

财务会计的工作岗位一般有:出纳员、主办会计(主管会计)、会计主管、总会计师等。

2. 成本和管理会计类

成本和管理会计的工作内容为:计算企业成本费用,制定和执行企业预算,考核部门业绩等。

成本和管理会计的工作岗位有:车间记账员、成本会计、预算编制员、预算监督主管、资本预算会计等。

3. 财务管理类

财务管理的工作内容为:筹措企业经营资金,分析和决策企业资金运用情况,并购企业和开展资本运作等。

财务管理人员的工作岗位一般有：出纳员、财务分析员、信用分析经理、风险控制经理、财务部主管、税务会计主管、财务总监（首席财务官，chief financial officer）等。

4. 内部审计类

内部审计的工作内容为：监督企业资金使用情况，制定和监督内部控制系统，评估企业资本。

内部审计的工作岗位一般包括：内部审计员、审计项目经理、分部审计专员、审计部经理、内部审计总监（首席审计官，chief internal auditor）等。

三、现代企业中的会计

企业是现代经济环境下最主要、最活跃的组织，也是会计人员就业最广泛的组织；企业是吸纳会计人员最多的地方，也是会计人员最能发挥价值的地方。

（一）现代企业组织形式

现代企业是从事生产、流动和服务等经济活动的基本社会经济细胞，以生产产品和提供服务满足社会需要，是依法设立、自主经营、独立核算的一种营利性经济组织，主要包括独资、合伙和公司三种组织形式。

1. 个人独资企业

独资企业是指依法在中国境内设立，由一个自然人投资，财产为投资人所有，投资人以其财产对企业债务承担无限责任的经营实体。

个人独资企业的出资人是一个自然人，独资企业的财产归投资人个人所有，其设立过程简单，但其只是自然人进行商业活动的特殊形态，不具有法人资格，所以其经营活动也受到诸多限制。

2. 合伙企业

合伙企业是指依照合伙企业法在中国境内设立，由各合伙人订立合伙协议，共同出资、合伙经营、共享收益、共担风险，并对合伙企业债务承担无限连带责任的营利性组织。

合伙企业需要两个及以上自然人联合，并订立合伙协议，共同出资、共担风险；合伙企业在设立登记、业主责任、纳税等方面与独资企业有类似之处，但其竞争力大大提高，抵御风险的能力显著增强，因此融资能力也明显强于个人独资企业。

3. 公司制企业

公司是由投资者出资、职业经理人进行经营管理的企业，因此公司中财产所有权与经营权是分离的。公司中一般有股东会、董事会和经理层，而非公司制企业是没有股东会和董事会的，但有职工代表大会等。

公司制企业也就是股份制企业，它是由两个或两个以上投资人（自然人或法人）依法出资组建，有独立法人财产、自主经营、自负盈亏的法人企业。依照我国《公司法》规定，公司制企业主要包括有限责任公司和股份有限公司。有限责任公司是指股东以其出资额为限对公司承担责任，公司以其全部资产对公司债务承担责任的股份公司。股份有限公司是指其全部资本分为等额股份，股东以其所持有股份为限对公司承担责任，公司以其全部资产对公司债务承担责任的股份公司。

公司设立须符合《公司法》有关规定，合法设立的公司具有法人资格，享有法人财产权；公司股东依法享有资产收益、参与企业重大决策等权利。

（二）现代企业中的会计

现代企业在运行中需要兼顾企业利益各相关者的关切，客观、合理地评价企业运行绩效，因此我国相关法规对企业内部机构设置与公司财务、会计制度的建立等都有明确规定，对会计的地位和作用给予了合理定位。

1. 具有法定的地位

首先，从法律法规上看，《中华人民共和国会计法》第五章"会计机构和会计人员"中第三十六条明确规定："各单位应当根据会计业务的需要，设置会计机构，或者在有关机构中设置会计人员并指定会计主管人员；不具备设置条件的，应当委托经批准设立从事会计代理记账业务的中介机构代理记账。国有和国有资产控股的大中型企业必须设置总会计师。总会计师的任职资格、任免程序、职责权限由国务院规定。"因此，从企业管理人员构成来看，财会人员不可或缺。

其次，从管理的基本过程来看，任何企业生产经营管理活动中的任何一个环节都需要考核，考核都离不开财会部门提供的相关信息。

2. 具有重要的职能

会计之所以具有法定的地位，是因为会计在社会经济中具有重要的职能。所谓职能，是指某一社会活动的客观功能。会计所具备的基本职能是对社会经济活动"过程的控制"和"观念的总结"，一般认为会计的主要职能包括反映（核算）职能、监督（控制）职能、参与决策职能等。

会计的这些职能具有相互关联关系，反映是最基本的职能，也是基础性职能；监督职能是控制经济发展，确保经济业务合理、合法的保证性职能，参与决策则是现代企业制度下企业经营活动中赋予会计人员的客观要求。

3. 有明确的工作对象

会计的工作对象，是企事业单位经济活动的过程及其结果。会计在履行其社会功能时，其工作对象是单位的内部经济活动，而且是已发生的经济活动，即将发生的经济活动不能纳入会计的工作对象；从工作对象具体内容上看，企业中会计工作对象一般包括单位资金的筹集、使用、耗费、收回及分配等事项的经济活动。

4. 有明晰的工作目标

会计在单位内部管理体系中有独特的目标，即提供有效的信息以服务于使用者的决策需要。一般情况下，会计作为单位内部管理的一个重要组成部分，其目标也应统一到加强经营管理，提高经济效益，以较小投入取得较大产出，帮助企业实现价值最大化。

四、会计职业的发展趋势

随着社会经济的快速发展，会计职业呈现出以下趋势：

1. 会计职业国际化趋势日益明显

伴随着经济全球化的发展，我国社会经济与世界各国的往来关系越来越紧密，各国会计准则趋同将是大势所趋，因此会计职业将日趋国际化，精通不同国家会计准则的国际化会计人才的价值将得到体现。

2. 从事会计职业要求的知识面越来越宽

随着人工智能、大数据、物联网技术的深入发展，大智移云时代的到来对传统会计核算的方法和理论提出了很多挑战，财务人员仅仅掌握会计类专业知识将会面临越来越多的挑战；除此之外，随着管理会计越来越受到重视，会计人员还需要具备涵盖商业领域、全球经济、投融资等方面的综合应用能力。

3. 管理会计将成为会计管理的重要领域

随着人工智能的高度发展，传统核算会计的很多技术工作将被计算机或者财务机器人所替代，财务人员进行会计核算和财务分析的职能将日趋弱化，侧重于发挥主观职业能力的会计决策、规划、预算、控制和评价的管理会计必将大行其道。

4. 财务外包公司将逐渐被市场主体接受

我国市场主体在近年来高速膨胀，催生了财务外包企业的快速发展，据不完全统计，截至 2019 年年末，全国从事代理记账工作的财务公司已达 5 万余家，市场规模近千亿元。财务外包公司规模不断壮大，服务越来越规范、多元，已经成为我国小微企业经济发展的强大助推器。

任务三　认知会计的目标与职能

一、会计的含义

会计是人类社会发展到一定阶段后，人们为了加强经济管理的需要而产生的，是人类社会中客观存在的一种现象，社会上的每个人在一生中都要或多或少地和会计打交道。从根本上说，会计指的是会计工作，没有会计工作也就没有会计这个概念，对会计的认识应该是以会计工作为基础的概括和归纳。

虽然会计有相当长的历史，但是如何准确认识和概括这种社会现象历来存在着分歧，目前，对会计的认识可概括为以下两种基本观点：

一种观点认为，会计是一种文字和数字的结合，为管理提供服务的应用技术，即技术会计观。20 世纪初至今，这种观点没有发生过实质性变化，只是在某些表述细节上发生了一些变化。基于以上对会计的认识，进而引申出对会计职能、地位和作用进行归纳和表述的会计的基本职能是收集、处理、储存和提供财务信息，会计工作在企业经营管理中是为其他管理者提供信息的，它本身并不履行直接管理的职能。

另一种观点形成于 20 世纪 80 年代，认为会计是人们基于特定目的、利用特定方法对特定内容进行的管理活动，因此这种观点又被称为“管理活动论”或“社会会计观”。

近年来,对于会计含义的争论逐渐平息,大家一致认为会计既是一个信息系统,也是一项管理活动,即会计是运用特定方法向有关各方提供财务信息的管理活动。

二、会计的目标

目标是希望达到的境地或者想要实现的目的。从根本上说,会计对人类经济活动的反映和控制,是为了管好财产。不同历史时期,不同的产权关系必然带来财务管理形式和内容的不同,进而影响到会计目标。

在财产所有权和经营权统一的情况下,财产的所有者就是管理者。作为特定管理活动的会计,其主体与财产的所有者是统一的,此时的会计目标就是实现对财产的有效管理。

在财产的所有权和经营权分离的情况下,对执行会计工作的人员来说,却是在从事对他人财产的管理,即接受财产所有者委托而实施的财产管理。这样,会计人员便是向所有者反映企业管理者对受托资产管理的成果,其一切活动均围绕完成这一受托责任展开,因此完成受托责任便成了会计的根本性目标。而完成受托责任的具体表现即向委托人提供会计信息。

当然,会计完成受托责任的具体方式也有所不同,比如当股份公司出现之后,股份公司通过发行股票吸收投资,投资人与被投资企业之间是一种间接、多变的财产委托与受托关系,投资人随时根据企业经营的优劣、前景的好坏决定投资取向。此时,会计完成责任的具体方式变为通过公告财务报告,向以投资人为代表的有关各方提供有助于进行决策的信息。因此,在我国的《企业会计准则——基本准则》中,会计目标被表述为:向财务会计报告使用者提供与企业财务状况、经营成果和现金流量等有关的会计信息,反映企业管理层受托责任履行情况,有助于财务会计报告使用者做出经济决策。

总之,完成受托责任是财产所有权和经营权分离情况下会计的根本目标,是会计提供会计信息的根本动因。随着社会的发展,会计受托责任的责任范围和责任对象也有了很大的扩展,如近年来备受关注的对环境保护的责任、对社会公众的责任等。

三、会计的职能

职能是客观事物本身所具备的功能,会计的职能即会计所具有的功能。

(一) 会计的基本职能

会计的基本职能是指会计本身所具有的最基本的功能和作用。《中华人民共和国会计法》确定的会计的基本职能是核算和监督。

1. 会计核算职能

会计的核算职能是会计最基本的职能。它是指会计以货币为主要计量单位,通过确认、计量、记录和报告等环节,对会计对象的经济活动进行记账、算账、报账,向有关方面提供会计信息的功能。会计核算职能具有如下特点:

(1) 会计核算的信息具有可比性。会计核算主要利用货币计量单位开展,计量单位的统一性,使得同一单位的会计信息在不同的时期具有可比性,也使不同单位的会计信息具有可比性。

(2) 会计核算的信息应具有客观性和可验证性。会计主要反映已发生或已完成的经济活动,每一项经济业务发生以后,会计只有取得了能够说明经济业务发生和完成情况的原始单据后才能进行记录,并定期将日常记录归类汇总,提出会计报告。上述核算环节环环相扣,使得会计所提供的信息具有客观性和可验证性。

(3) 会计核算的信息具有完整性、连续性和系统性。会计对经济活动的反映依其发生的先后顺序不间断地进行,必须保持反映的连续性;另外,会计核算不仅对经济活动的全过程进行反映,还为未来各单位的经营决策和管理控制提供依据。

2. 会计监督职能

会计监督职能也称控制职能,是指以一定的标准和要求,利用会计所提供的信息,对企业和行政事业单位的经济活动进行有效的指导、控制和调节,使之达到预期目标的功能。会计监督职能的特点如下:

(1) 会计监督主要通过价值指标进行。

(2) 会计监督是对特定对象的经济活动的全过程所进行的监督,包括事前、事中和事后的会计监督。

(3) 会计监督主要是监督特定对象经济活动的合法性及合理性。

会计的核算职能和监督职能是密切结合、相辅相成的。核算职能是最基本的,是监督的基础,没有核算,监督就没有客观的依据;而监督又是核算质量的保障,并贯穿于核算职能的始终,没有监督,就难以保证核算所提供信息的真实性和可靠性。可见,核算和监督职能相辅相成,既各自发挥作用,又紧密联系。

(二) 会计的扩展职能

随着经济的不断发展,经济关系的复杂化和管理水平的不断提高,会计职能也不断地得到充实,并开拓了新的领域。会计的职能除了会计核算、会计监督这两大基本职能外,还包括会计预测、会计决策、会计预算和会计分析。这些职能从不同侧面进一步强化了会计在管理中的职能作用。

1. 会计预测

会计预测是指依据会计信息和其他有关信息,运用一定的方法,对企业资金运动各个方面的发展趋势和状况进行预测及估计,为会计决策、会计预算和会计控制提供服务。

2. 会计决策

会计决策是指会计人员为了解决企业资金运动过程中出现的问题和为把握机会而制定与选择活动方案的过程。

3. 会计预算

会计预算是指企业对在某一特定期间如何取得及使用财务资源的计划。

4. 会计分析

会计分析是指以会计信息为主要依据,结合其他有关信息,对企业的财务状况和经营过程及其结果进行分析研究,以总结经验、巩固成绩、改进工作、提高效益的一种管理活动。

任务四　掌握财务会计核算方法体系

会计方法是指为了发挥会计职能、实现会计目标所采取的技术手段。会计方法由会计核算方法、会计分析方法和会计检查方法三部分组成,本任务主要介绍财务会计核算方法。

一、会计核算环节

会计核算是指会计工作中收集、加工、储存和揭示会计信息的过程,即通常所说的记账、算账、报账的全过程。会计核算包括确认、计量、记录和报告 4 个环节。

(一) 会计确认

著名会计学家葛家澍教授在其《会计学导论》一书中对会计确认所下的定义是:“所谓会计确认,是指通过一定的标准,辨认应予输入会计信息系统的经济数据,确定这些数据应加以记录的会计对象的要素,进一步还要确定已记录和加工的信息是否全部列入会计报表及如何列入会计报表。”因此,会计确认是指依据一定的标准,辨认哪些数据能够输入、何时输入会计信息系统以及如何进行报告的过程。

从对会计信息的处理过程来看,会计确认包括初始确认和再确认两个环节。初始确认是对交易或事项是否纳入会计系统的判断,关注的是企业发生的交易或事项是否应该被记录;再确认是对已经确认的经营行为进行正式的会计记录过程,关注的是在何时、以多少金额、通过哪些会计要素项目在会计账簿和财务报表中予以记录的问题。

(二) 会计计量

会计计量是会计核算的第二个环节,它是在会计确认的基础上进行的,是对已确认对象的数量化和价值化。会计计量包括计量尺度和计量属性两个方面。

计量尺度也叫计量单位,因为会计的对象是资金运动,所以会计计量主要是货币尺度计量。

会计以货币作为计量单位,要进一步解决何时、以何种成本或者尺度来计量会计要素项目价值量的问题,即确定会计计量属性问题。我国《企业会计准则——基本准则》规定,会计计量属性主要有历史成本、重置成本、可变现净值、现值和公允价值,具体内容将在本书后续内容中介绍。

(三) 会计记录

记录是会计核算的第三个步骤。它是在簿记系统进行确认和计量的基础上,对会计信息进行的分类、整理和加工。这一步骤是通过设置账户、采用一定的记账方法登记账簿来实现的,具有进行日常反映和监督、为编制会计报告做好准备等作用。

（四）会计报告

会计报告是会计核算的最后一个环节。它是指在会计日常记录的基础上根据需要进一步将会计信息进行加工整理，披露企业财务状况和经营成果的过程。

会计报告是企业内外有关单位和个人了解企业经营情况的基本途径，因此会计报告就成为塑造企业形象、建立互信关系、实施持续发展的重要依托。

二、财务会计核算方法

财务会计核算具体方法主要包括以下几项：设置账户、复式记账、填制和审核会计凭证、登记账簿、成本计算、财产清查和编制会计报表。下面简要说明各种方法的特点和它们之间的相互联系（本书后续内容将具体介绍各种方法）。

1. 设置账户

设置账户是对会计对象的具体内容进行科学分类、核算和监督的一种专门方法。会计所核算和监督的内容往往是繁多复杂的，如财产物资就有各种存在形态：各种材料、机器设备、厂房及建筑物、半成品等。又如，取得这些财产物资所需要的经营资金可能来自不同的渠道，有的来自银行贷款，有的来自投资者投入等。它们在生产中的作用不同，管理的要求也不同。

为了对各种不同的经济活动进行反映和记录，在会计上就必须分别设置账户，以便取得经营管理所需要的各个方面的核算指标。

2. 复式记账

复式记账是对每项经济业务，都以相等的金额在两个或两个以上的相关联的账户中进行记录的一种专门方法。在企业的资金运动过程中，任何一项经济业务都会引起资金的双重变化。例如，以银行存款购买材料，这项经济业务一方面会引起银行存款的减少，另一方面还会引起材料的增加。为了全面反映每一项经济业务所引起的这种双重变化，就必须在两个或两个以上的账户中同时加以记录。采用这种复式记账方法，可以如实、完整地记录资金运动的来龙去脉，全面反映和监督企业的经济活动过程。

3. 填制和审核会计凭证

填制和审核会计凭证是为了审查经济活动的合理性和合法性，保证账簿的会计记录正确、完整而采取的一种专门方法。记账必须有根有据，这种根据就是会计凭证。对于任何一项经济业务，都要按规定和计划进行审核和监督，经过审核无误的凭证才可以据以入账。因此，填制和审核会计凭证，是财务会计核算不可或缺的专门方法。

4. 登记账簿

登记账簿是将会计凭证中所反映的经济业务分别记入有关账户并在账簿上进行全面、连续、系统记录的方法。登记账簿要以会计凭证为依据，按照规定的会计科目开设账户，并将凭证中所反映的经济业务分别记入有关账户。登记账簿是会计核算的主要方法。

5. 成本计算

成本计算是计算与经营过程有关的全部费用，并按一定对象进行归集、计算，从而确定各成本对象总成本和单位成本的会计方法。通过成本计算可以准确地对会计核算对象进行计价,可以考核经济活动过程中物化劳动和活劳动的耗费程度,为在经营管理中正确计算盈亏提供数据资料。

6. 财产清查

财产清查是通过实物盘点、对往来款项的核对来检查财产和资金实有数额的一种专门方法。在财产清查中发现财产、资金账面数额与实存数额不相符时,应及时调整账簿记录,使账存数与实存数保持一致,并查明账实不符的原因,明确责任;发现积压或残损物资以及往来账款中的呆账、坏账时,要积极清理和加强财产管理。财产清查能够保证会计核算资料真实、准确。

7. 编制会计报表

编制财务报表是在账簿记录的基础上对会计核算资料的进一步加工整理,根据账簿记录的数据资料,采用一定的表格形式,概括、综合地反映各单位在一定时期内经济活动的过程和结果。财务报表提供的资料是进行会计分析、会计检查的重要依据。

从填制会计凭证到登记账簿,再根据账簿记录编制财务报表,一个会计期间的会计核算工作即告结束,上述 7 种方法前后衔接,互相支持,共同构成了财务会计核算方法的有机整体,如图 1-1 所示。

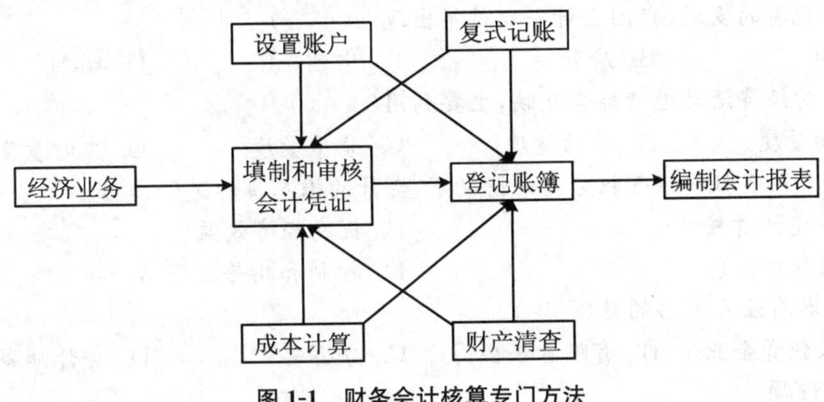

图 1-1　财务会计核算专门方法

三、其他会计方法

其他会计方法主要有会计预测方法、会计决策方法、会计分析方法和会计考评方法等。会计预测方法可以分为定量预测方法和定性预测方法两大类,前者以过去数据为基础,预测未来数值,掌握数据变化;后者则依靠人的主观判断和抽象思维对预测时间内的未来状况做出估计。

会计决策方法大体上包括生产决策方法、定价决策方法、存货决策方法等。生产决策方法如差量分析法、贡献毛益分析法、经济批量法、成本计划评审法等,定价决策方法如市场定价法、成本定价法等;存货决策方法如经济订货量、订货点法等。

会计分析的方法主要包括比较分析法、结构分析法、综合分析法、比率分析法等;会计考评的方法则主要是指运用会计指标对会计考评对象进行定量考核的方法。

这里所介绍的其他会计方法，基本属于管理会计的范畴，其详细内容将在管理会计中介绍。

同步实训

一、理论思考题

1. 说明会计产生和发展的动因。
2. 如何理解会计的目标？
3. 会计的基本职能有哪些？
4. 会计核算包括哪几个环节？
5. 会计核算的具体方法有哪些？

二、技能实训题

(一) 单选题

1. 根据现有的发现，我国会计一职最早出现在(　　)。

A. 西周　　B. 唐朝　　C. 宋朝　　D. 明朝

2. 会计对经济活动进行综合反映，主要利用(　　)。

A. 实物量度　　B. 劳动量度　　C. 货币量度　　D. 工时量度

3. 在财产所有权和经营权分离的情况下，会计的根本目标是(　　)。

A. 完成受托责任　　B. 提高经济效益

C. 提供会计信息　　D. 控制和指导经济活动

4. 以下具有法人资格的是(　　)。

A. 个人独资企业　　B. 有限责任公司　　C. 分公司　　D. 会计师事务所

(二) 多选题

1. 会计的基本职能是(　　)。

A. 核算　　B. 决策　　C. 分析　　D. 监督

2. 会计核算整个过程由(　　)等环节构成。

A. 确认　　B. 计量　　C. 记录　　D. 报告

3. 会计核算的方法包括(　　)。

A. 成本计算　　B. 编制财务报表　　C. 填制和审核凭证　　D. 登记账簿

4. 公司制企业包括(　　)。

A. 个人独资企业　　B. 有限责任公司　　C. 股份公司　　D. 合伙企业

(三) 判断题

1. 会计反映的信息具有主观性。(　　)
2. 会计计量就是对经济事项是否纳入会计核算系统的判断。(　　)
3. 会计预测是管理会计的内容。(　　)
4. 会计职业将会被财务机器人完全替代。(　　)

三、能力提高题

1. 通过互联网收集资料，了解我国会计的发展历史。
2. 根据网上相关资料，分析我国目前不同会计准则的应用状况。

项目二　会计要素与复式记账

本项目主要介绍会计要素、账户、复式记账等内容，本项目是掌握会计记账方法、进行会计核算的重要理论基石，要求熟练掌握各会计要素的划分及其常用的账户，熟练掌握各类型账户借贷记账法下的记账结构，熟练掌握会计分录的编制及试算平衡的方法。

知识目标

1. 准确理解会计对象和会计要素的概念。
2. 掌握各会计要素的含义、分类、确认。
3. 掌握会计等式的内涵。
4. 明确设置会计科目与账户的目的。
5. 掌握复式记账的含义与内容。
6. 掌握借贷记账法下不同性质账户的结构。

能力目标

1. 能准确理解会计要素的内涵。
2. 能正确理解和运用会计等式。
3. 能根据所发生的经济业务正确设置和运用会计科目与账户。
4. 能正确运用借贷记账法进行账户的登记。
5. 能正确编制会计分录。
6. 能对账务处理结果进行试算平衡。

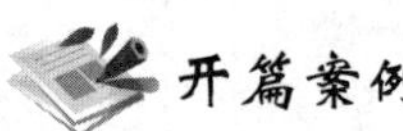

开篇案例

接项目一【开篇案例】资料，到202×年年底，张华想知道经营了3个月后，自己到底有多少资产、负债、利润。12月31日，张华的超市盘存商品价值30 000元，账上有库存现金14 000元，银行存款80 000元，尚有16 000元货款没有收到。同时张华超市欠某供应商货款7 000元，尚有1 000元税款没有缴纳。

张华并不知道哪些算超市的资产，哪些算超市的负债，也不知道该如何确定自己的利润。在学习了本章之后，请告诉张华，其超市的资产和负债都有哪些。

任务一　掌握会计核算要素

一、会计要素概述

（一）会计对象

会计对象是会计核算和监督的客体，即核算和监督的内容。凡是特定主体能够以货币表现的经济活动，都是会计核算和监督的内容，而以货币表现的经济活动通常称为资金运动。所谓资金运动，就是指社会再生产过程中各类财产物资变化和运动的货币表现。再生产过程由生产、分配、交换和消费 4 个环节构成。

会计是在一定的实体中运作的，构成这些实体的经济活动过程是多种多样的，所以会计核算和监督的资金运动也有所不同，比如企业和行政、事业单位资金运动的具体内容和形式不同，其会计的具体对象也不同。

（二）制造业企业的资金运动

制造业企业的资金运动通常表现为 3 种类型：资金进入企业、资金在企业内部循环周转、资金退出企业。如图 2-1 所示。

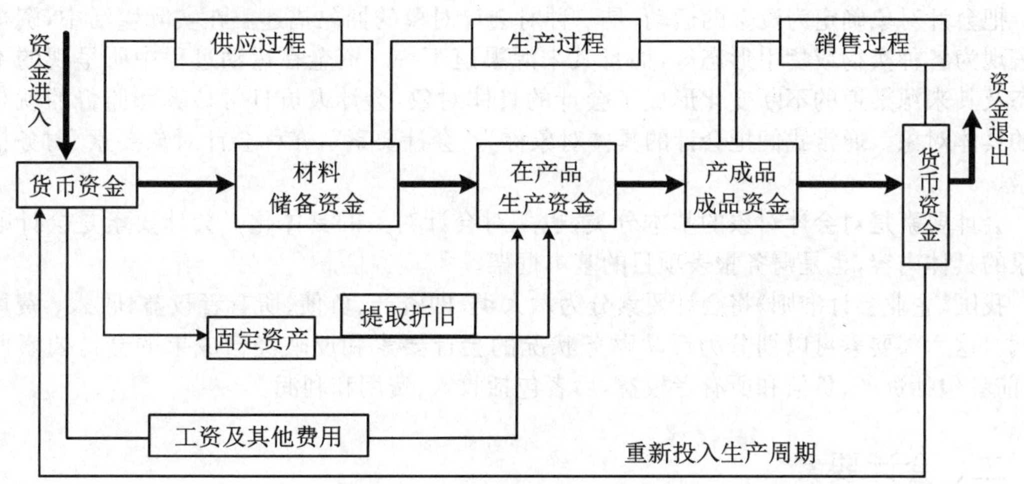

图 2-1　制造业企业的资金运动

1. 资金进入企业

制造业企业要进行生产经营活动，就必须拥有一定数量的资金，即必须拥有一定数量的财产物资（厂房、机器设备、工具等劳动资料，原材料、在产品、产成品等劳动对象）和一定数量的货币资金。这些资金的来源渠道主要是企业所有者的投资和向银行等金融机构筹借的款项。当企业取得货币资金或财产物资时，资金就进入了企业。

2. 资金在企业内部循环周转

制造业企业的生产经营过程分为供应、生产和销售三个阶段。

(1) 供应阶段是生产准备阶段，企业用货币资金采购各种材料物资并储存待用，企业的资金由货币形态转化为储备资金。

(2) 生产阶段是工人运用劳动资料对劳动对象进行加工，生产出产品的阶段。生产阶段既是产品制造阶段，又是物化劳动和活劳动的耗费阶段。生产阶段是制造业企业最主要的阶段。在生产过程中要发生各种耗费，包括材料耗费、支付工资、固定资产耗费和支付其他费用等，企业的资金先由储备资金形态转化为生产资金，进而再转化为成品资金。

(3) 销售阶段是产品价值的实现阶段。在销售阶段，企业要出售产品，收回货币。这时企业的资金由成品资金转化为货币资金。

制造业企业的资金由货币资金开始，依次转化为储备资金、生产资金、成品资金，最后又回到货币资金的过程叫作资金循环。由于再生产过程不断地重复进行而引起的资金不断循环叫作资金周转。在企业经营资金的周转过程中，作为资金循环起点与终点的货币资金是不相等的，其差额形成利润或亏损。

3. 资金退出企业

当企业偿还借款、上缴税金、分配利润、减少资本金后，这些资金将不再参加周转，从而就退出企业。

以上这些资金运动过程，都需要会计将其反映出来并记录下来，这些资金运动的过程就是会计的对象。

(三) 会计要素的概念及分类

把会计对象确定为资金的运动，是一种对会计对象的抽象描述。在实际生活中，资金具体表现为各种实物或货币形态等，而且其来源渠道不一。资金在运动过程中所呈现的不同形态及其来源渠道的不断变化形成了会计的具体对象，会计人员日常核算和监督的就是会计的具体对象。通常我们把会计的具体对象称为“会计要素”，亦称会计对象要素、财务报表要素。

会计要素是对会计对象的基本分类，也是对会计对象的具体化。会计要素是会计账户记录的具体内容，也是财务报表项目的基本框架。

我国《企业会计准则》将会计要素分为六大类，即资产、负债、所有者权益、收入、费用和利润。这六大要素可以划分为反映财务状况的会计要素和反映经营成果的会计要素两大类，前者包括资产、负债和所有者权益，后者包括收入、费用和利润。

二、会计要素

(一) 反映财务状况的会计要素

财务状况是指企业特定日期的资产和权益的结构状况，是资金运动处于相对静止状态时的表现。反映财务状况的会计要素包括资产、负债和所有者权益。

1. 资产

(1) 资产的概念及特征。资产是指由企业过去的交易或者事项形成的、由企业拥有或者控制的资源，该资源预期会给企业带来经济利益。资产具有如下特征：

① 资产是由过去的交易或事项形成的。企业过去的交易或事项包括购买、生产建造行为或者其他交易或事项。预期在未来发生的交易或事项不形成资产。

② 资产是为企业所拥有的，或者即使不为企业所拥有，也是由企业所控制的。拥有是指拥有资产的所有权，可以按照自己的意愿使用或处置。控制是指不拥有所有权，却能实际控制，如融资租赁固定资产等。

③ 资产预期应该会给企业带来经济利益。经济利益是指直接或间接地流入企业的现金或现金等价物。如果企业已经取得某项资产，但由于各种原因不会为企业带来未来经济利益，或者作为经济资源的服务能力已消耗殆尽，如陈旧、毁损、报废的机器，就不能再称为资产。

④ 资产必须能够用货币计量。一项资源如果不能用货币来计量，就失去了会计核算的基础，也就无法将其作为会计要素来确认。

（2）资产的分类。企业的资产按其流动性和可变现能力，可以分为流动资产和非流动资产两大类。

① 流动资产是指预计在一个正常营业周期中变现、出售或耗用，或者主要为交易目的而持有，或者在资产负债表日起一年内（含一年）变现的资产，或者自资产负债表日起一年内交换其他资产或清偿负债的能力不受限制的现金或现金等价物。流动资产主要包括库存现金、银行存款、交易性金融资产、应收账款、预付款项、原材料等。

② 非流动资产是指流动资产以外的资产，通常包括长期股权投资、固定资产、无形资产、债权投资、其他权益投资等。

2. 负债

（1）负债的概念及特征。负债是指过去的交易或者事项形成的、预期会导致经济利益流出企业的现时义务。其具备如下特征：

① 负债是由企业承担的现时义务。现时义务是指企业在现有条件下所承担的义务，未来发生的交易或者事项形成的义务，不属于现时义务，不应当确认为负债。

② 负债是由过去的交易或事项形成的。未来的借款、赊购等都不会形成现时的负债。

③ 负债的清偿预期会导致经济利益流出企业。需要说明的是，经济利益流出企业的形式并不局限于货币资金，也存在以其他资产或提供劳务偿还的形式流出。

（2）负债的分类。负债按其流动性分为流动负债和非流动负债。

① 流动负债是指预计在一个正常营业周期清偿，或者主要为交易目的而持有的，或者自资产负债表日起一年内（含一年）到期应予以清偿，或者企业无权自主将清偿推迟至资产负债表日后一年以上的负债。流动负债包括短期借款、应付票据、应付账款、预收账款、应付职工薪酬、应付股利、应交税费、其他应付款项等。

② 非流动负债是指流动负债以外的负债，包括长期借款、应付债券、长期应付款等。

3. 所有者权益

（1）所有者权益的概念及特征。所有者权益是指企业资产扣除负债后由所有者享有的剩余权益，又称股东权益。一般有如下特征：

① 一般情况下，企业不需要偿还所有者权益，投资者也不能随便收回投资。

② 企业清算时，所有者权益对企业资源的要求权位于负债之后。

③ 表明企业产权关系，所有者凭有关证明文件能够参与企业利润分配。

(2) 所有者权益的分类。按照来源不同，所有者权益通常包括所有者投入的资本(实收资本、资本公积)、其他综合收益、留存收益(盈余公积、未分配利润)等。

① 实收资本是指投资者以货币资金、实物、无形资产以及其他方式实际投入企业的能形成注册资本金的各种财产物资，亦称法定资本，对于股份有限公司而言称为股本。

② 资本公积通常是指企业投资者出资额超出其在注册资本中所占份额的部分，如资本溢价、股本溢价等。

③ 其他综合收益是指企业根据会计准则规定，直接计入所有者权益的各项利得和损失。

④ 留存收益是指企业从历年实现的利润中提取或形成的留存于企业内部的积累，包括盈余公积和未分配利润。

在财务会计六大要素中，资产、负债、所有者权益是最根本的要素，这三个静态会计要素又被称为“实账户”要素。

(二) 反映经营成果的会计要素

经营成果是指企业在一定时期内从事生产经营活动所取得的最终成果。反映经营成果的会计要素包括收入、费用和利润。

1. 收入及其确认

(1) 收入的概念及特征。收入是指企业在日常活动中形成的、会导致所有者权益增加的、与所有者投入资本无关的经济利益的总流入。这里的收入仅指经营性收入，属于狭义的收入概念；广义的收入概念既包括经营性收入，也包括非经营性收入，如罚款收入、处置固定资产净损益、接受捐赠等。它具有以下特征：

① 收入是企业在日常活动中形成的，而不是偶发的交易或事项产生的。日常活动是指企业为完成其生产经营目标而从事的活动，如企业销售产品、材料取得的收入；而企业收取的合同违约金、罚款等与非日常活动产生的经济利益流入，虽也能导致所有者权益增加，但只能属于利得，不能算作收入。

② 收入是与所有者投入资本无关的经济利益的总流入，如企业收到投资人的投资，会导致经济利益流入，但不能算收入。

③ 收入会导致所有者权益的增加。收入具体表现为资产的增加或者负债的减少，而所有者权益为资产减去负债后的余额，所以收入增加会导致所有者权益增加。企业为第三方或者客户代收的款项，如旅行社代收的门票、机票等款项，并不会导致旅行社所有者权益的增加，因此不属于其收入。

(2) 收入的分类。收入按照企业经营业务主次，可以分为主营业务收入和其他业务收入。

① 主营业务收入是指企业从事基本营业活动所取得的收入，如制造业企业销售产品所取得的收入，房地产开发企业销售商品房取得的收入等，主营业务收入一般占企业收入比重较大。

② 其他业务收入是指企业除主营业务收入以外的其他业务活动所取得的收入，如制造业企业销售材料、出租固定资产等取得的收入。

需要说明的是，根据企业经营范围的不同，某一企业的主营业务收入可能是另一企业的其他业务收入，反之也同样成立。

2. 费用及其确认

（1）费用的概念及特征。费用也有广义和狭义之分。广义的费用对应广义的收入，是指为取得广义收入而发生的各种耗费或者损失；狭义的费用仅指为取得营业收入而发生的各种耗费。

我国《企业会计准则》将费用定义为：费用是指企业在日常活动中发生的，会导致所有者权益减少的，与向所有者分配利润无关的经济利益的总流出。这个费用定义属于狭义的费用概念，其具有如下特征：

① 费用是企业在日常活动中形成的，如日常活动中发生的工资、办公费、房租、广告费等，均为费用。但自然灾害等事故造成的损失、捐赠支出等，不能算费用。

② 费用是与向所有者分配利润无关的经济利益的总流出。费用是核算利润的依据之一，而形成利润之后才有可能向所有者分配利润，即发生费用是在向所有者分配利润之前的事情。即便两者均会导致经济利益流出企业，但不是一回事。

③ 费用会导致所有者权益的减少。费用增加表现为资产的减少、负债的增加或者两者兼而有之，而所有者权益从数量上表现为资产扣除负债后的余额，因此费用的发生最终必然导致所有者权益的减少。

（2）费用的分类。费用按其归属不同，可以分为营业成本和期间费用。

① 营业成本是销售商品或提供劳务的成本，具体又分为主营业务成本和其他业务成本。在商品销售或劳务提供过程中，因为其表现为经济利益流出企业，进而形成了费用。

营业成本与在生产过程中用于归集产品成本的生产成本有着本质的区别，生产成本用于归集产品生产过程中的各项耗费，生产中和完工时形成新的资产，未形成经济利益流出企业。企业在生产产品、提供劳务过程中发生的，可归属于产品成本或劳务成本的各项支出，先进行归集，在营业收入实现时，将已销产品成本或劳务成本确认为费用，计入当期损益。

② 期间费用是指不计入产品生产成本，而在发生的会计期间直接计入当期利润的费用，包括销售费用、管理费用和财务费用。

销售费用是指企业在销售商品、提供劳务等日常活动中发生的除营业成本以外的各种费用以及企业专设销售机构的经营费用。

管理费用是指企业行政管理部门为组织和管理生产经营活动而发生的各种费用。

财务费用是指企业筹集和使用生产经营资金而发生的费用。

3. 利润

利润是指企业在一定会计期间的经营成果，包括收入减去费用后的净额、直接计入当期利润的利得和损失等。

直接计入当期利润的利得和损失是指非日常活动中发生的应当计入当期利润、会导致所有者权益发生变动的、与所有者投入资本或向投资者分配利润无关的经济利益的流入和流出。直接计入当期利润的利得和损失一般确认为营业外收入和营业外支出。

任务二　掌握会计等式

一、基本会计等式

会计等式是指会计要素之间基本数量关系的表达式。会计等式是对会计要素的性质及相互之间内在经济关系所作的概括和科学表达，是正确地设置账户、复式记账、试算平衡和设计与编制会计报表的基本理论依据。

任何企业为了实现其经营目标，都必须拥有一定数量的资产。企业的资产有两个来源：一是所有者提供；二是债权人提供。所有者和债权人对企业资产的要求权称为权益，其中债权人权益在会计上称为负债。

资产和权益存在着相互依存的关系，两者不能彼此脱离而独立存在。从任何一个时点来观察，一个企业的资产总额与权益总额必然相等。资产与权益之间的这种平衡关系可用公式表示为

资产＝权益

或

资产＝债权人权益＋所有者权益

或

资产＝负债＋所有者权益

该会计等式又称会计方程式或会计恒等式，是一种静态等式，人们提到会计等式时，一般仅指“资产＝负债＋所有者权益”这个反映企业财务状况的最基本的会计等式。需要说明的是，等式右边的“负债”和“所有者权益”前后顺序通常不应颠倒，这种前后关系体现了企业资产清偿先后顺序的思想。

下面通过一个例题来认识一下这个会计恒等式。

【例 2-1】 假设瑞科有限责任公司于 202×年 12 月 1 日成立，该公司主营业务为饮料甲、乙的生产和销售。出资人向公司投入资产总额 500 000 元，其中现金 20 000 元，原材料 100 000 元，房屋和机器设备 380 000 元。公司成立时向银行借入短期借款 200 000 元，存入公司银行账户。该公司资产、负债、所有者权益符合基本等式平衡关系，见表 2-1。

表 2-1　资产负债表

编制单位：瑞科有限责任公司　　　202×年 12 月 1 日　　　单位：元

资产	金额	负债及所有者权益	金额
库存现金	20 000	短期借款	200 000
银行存款	200 000	实收资本	500 000
原材料	100 000		
固定资产	380 000		
合计	700 000	合计	700 000

二、扩展会计等式

企业在一定时期内因为经营活动会取得各种收入，也会发生各种费用，这种动态变化反映了企业一定时期的经营成果。在一定时点上，某一段时间的经营成果可表述为

收入－费用＝利润

此等式为动态会计等式。当然，此公式中的收入和费用为广义的概念，即包括了营业外收入和营业外支出，不是狭义的收入和费用概念。由于收入和费用的发生将使资产流入和流出，利润则是资产流入和流出的结果，最终带来净资产的增加或减少。因此，上述会计等式综合后可表示为

资产＝负债＋所有者权益＋利润

或

资产＝负债＋所有者权益＋(收入－费用)

即

资产＋费用＝负债＋所有者权益＋收入

【例 2-2】 假设瑞科有限责任公司经营的第一个月，取得收入 60 000 元，发生费用支出 35 000 元，会计等式为

收入－费用＝利润

60 000－35 000＝25 000(元)

再假如瑞科有限责任公司当月所发生的全部收入都已收到现金，而费用是耗费的原材料成本，没有发生与负债有关的活动。此时公司的资产总额为 725 000 元(700 000＋60 000－35 000)，会计等式为

资产＝负债＋所有者权益＋(收入－费用)

＝200 000＋500 000＋(60 000－35 000)

＝725 000(元)

可见，综合会计等式是对 6 项会计要素之间的内在经济关系所作的全面综合表达，表示出企业在生产经营过程中的增值情况。这个等式表明，利润在分配前是归企业的。通过利润分配，一部分向投资者分配，另一部分则作为盈余公积或未分配利润留在企业(即留存收益)，最后并入所有者权益。该会计等式在利润分配后又恢复到“资产＝负债＋所有者权益”。

三、经济业务对会计等式的影响

(一) 经济业务

经济业务也称会计事项，是指企业在生产经营过程中发生的，能够用货币计量的，并能引起和影响会计要素发生增减变动的事项。会计事项是会计处理的具体对象。因此，不是会计事项的经济业务，不必进行会计处理，如企业编制财务成本计划等。而属于会计事项的经济业务，必须进行会计处理。一般所说的经济业务，习惯上指的就是会计事项。

（二）经济业务的类型及对会计等式的影响

企业在生产经营过程中，每天发生着大量的经济业务，任何一项经济业务的发生，必然会引起会计等式中的具体项目发生增减变化。尽管企业经济业务多种多样，但对会计等式的影响不外乎以下 4 种类型：

第一种类型：经济业务引起会计等式两边的会计要素同时增加，即资产和权益（负债或所有者权益）两边同增，增加的数额相等，如企业从银行取得借款，投资者向企业投入资本等。

第二种类型：经济业务引起会计等式两边会计要素同时减少，即资产和权益（负债或所有者权益）两边同减，减少的数额相等，如企业归还银行借款，企业向投资者发放现金股利等。

第三种类型：经济业务引起会计等式左边会计要素发生增减，即资产内部的一个项目增加，另一个项目减少，增减的数额相等，如企业用银行存款购入原材料、汽车等。

第四种类型：经济业务引起等式右边会计要素发生增减，即权益内部有增有减，一个项目增加，另一个项目减少，增减的数额相等。具体包括负债项目内部的一增一减、所有者权益内部的一增一减、负债和所有者权益之间的一增一减或一减一增 4 种情况，如企业用银行借款直接归还供应商货款、盈余公积转增资本、对外宣告发放现金股利、企业将债务转为资本等均属于本类型。

这 4 种类型归纳起来，共有 9 种具体业务，见表 2-2。

表 2-2　经济业务类型对会计恒等式的影响

经济业务		资产	=	负债	+	所有者权益
第一种类型	(1)	+		+		
	(2)	+				+
第二种类型	(3)	—		—		
	(4)	—				—
第三种类型	(5)	+、—				
第四种类型	(6)			+、—		
	(7)					+、—
	(8)			+		—
	(9)			—		+

由表 2-2 可知，企业的资产、负债、所有者权益虽然不断发生变化，但无论发生的经济业务是这 9 种类型中的哪一种，都不会破坏基本会计等式的恒等关系。

关于经济业务对会计等式的影响，我们还将在借贷记账法的内容中通过案例详细阐述。

任务三　认知会计科目与账户

一、会计科目

(一) 会计科目的概念及作用

把发生的大量交易或事项数据仅仅分成 6 个会计要素进行核算,会使会计信息过于笼统,难以体现会计信息的明晰性和层次性,也难以满足经营管理实行逐级记录、逐级考核和逐级控制的需要,并且在财务报表要素中,利润要素是收入和费用比较的结果,无法设置对应的科目。因此,需要根据 6 个财务报表要素的特性,再结合企业经济管理的需要进行具体分类,设置会计科目。会计科目是为了满足会计核算的需要,对会计要素的具体内容进行进一步科学分类的项目。设置会计科目是进行会计核算的重要基础。

设置会计科目是根据会计核算目标,按照经营管理的特点和要求,对会计要素的具体项目进行分类,据以确定分类核算项目名称、项目编号和分类核算内容的过程。可见,设置会计科目是任何企业开展会计核算之前应进行的一项基础性、规范性工作。

科学设置会计科目是会计核算方法体系中的重要内容。它将会计主体发生的繁杂的经济业务按其对会计要素增减变动的影响,分门别类地进行核算,提供会计主体进行经济管理所必需的、全面的、连续的、系统的会计信息。具体来讲,它对会计核算具有如下现实作用:

1. 设置会计科目是组织会计核算的首要环节和重要依据

如果不能正确设置会计科目、运用会计科目,会计核算将无法进行。从单独的一个会计科目核算内容上看:一个会计科目可以核算一定时期内对财务报表要素某一项目具有增减影响的全部交易或事项状况,这体现了会计核算的全面性要求;一个会计科目也可以连续地反映同类交易或事项的增减变化情况,这体现了会计核算的连续性要求。

2. 设置会计科目是人们认识和理解交易或事项的重要方式

如果人们要理解和分析某一类别交易或事项的发生和发展过程,就必须依据相应的会计科目。同样,如果人们要理解和分析全部交易或事项的发生和发展过程,就必须运用所有的会计科目。离开会计科目,交易或事项就是零乱分散的,不具有系统性;离开会计科目去分析和了解交易或事项,必然要顾此失彼,尤其是在交易或事项繁多的时候,将无所适从。

3. 设置会计科目是进行会计监督的重要手段

会计科目需要事前设置和规范其核算的内容与要求,实质上这也是对企业核算行为的控制和规范,即会计科目起到事前控制的作用。如果企业没有遵循会计科目的核算要求进行核算,监督检查人员可以对照要求和标准迅速地找出错误之处,及时加以纠正。同时,按照会计科目类别提供的会计信息为分析、考核提供准确的依据。

(二) 会计科目的设置原则

企业核算使用的会计科目不能随心所欲地任意设置,必须满足能够提供科学、完整、系统的会计信息的要求，应坚持以下原则：

1. 设置会计科目需结合会计对象的具体内容和特点

不同企业，特别是不同行业的企业，其经济活动和经济业务的内容千差万别，会计要素的具体项目也各不相同。企业应该根据自身经济活动和经济业务的内容和特点，设置会计科目。

2. 符合企业内部实行经济管理和经济决策需要的原则

会计科目用于分类、记录和计算交易或事项内容，是会计人员处理会计信息和储存中间会计信息的媒介，是企业形成最终会计信息——财务会计报告的基础。在经济管理和经济决策过程中，企业要对各项经济活动体现的全部会计信息进行分析、评价，调整经营方式、做出经营决策，而会计信息是企业从事经营管理和实行经济管理决策的重要依据。因此，企业的会计信息必须能够按照这种经济管理和经济决策所需要的模式加以提供，这种需要正是在日常核算中通过设置科学、系统的会计科目得以实现的。

3. 满足外部会计信息利用者需要的原则

企业能够顺利实现会计目标的基本内容有两个方面：一方面企业所提供的会计信息能够满足自身经营管理的需要；另一方面企业提供的会计信息还能够满足外部各种会计信息利用者的需要，包括满足国家有关部门进行宏观调控、外部投资者进行投资方向决策、债权人进行信贷融通等方面的需要。从企业自身的会计核算来讲，所设置的会计科目必须满足这种可供外部会计信息使用者选择使用的需要。

4. 统一性和灵活性相结合的原则

我国目前采用的是统一会计准则，其中规定了企业应该设置的会计科目和相应的核算内容。但是，在会计实践中，往往有一些预料不到的特殊交易或事项发生，无法直接在会计准则中找到相应的会计科目进行核算。在这种情况下，可以根据这些特殊的交易或事项内容，灵活地设置新的会计科目来进行会计核算。

5. 相对稳定原则

为了便于在不同时期分析、比较会计科目所反映的会计核算内容和核算指标，使得会计信息具有可比性，要求所设置的会计科目除非有变更必要，一般应该保持相对稳定，不能经常变动会计科目的名称、核算内容、核算方式。

（三）会计科目的分类

为了充分认识会计科目的性质和作用，理解会计科目之间的相互关系，以便更加科学、规范地设置会计科目，准确从事会计核算和利用会计科目进行会计监督，必须对会计科目的类别进行深入了解。目前，会计科目的分类方式有 3 种：按照会计科目核算的经济内容分类、按照会计科目核算信息的详略程度分类、按照会计科目的经济用途分类。

1. 按照会计科目核算的经济内容分类

会计科目按照其反映的经济内容分类，就是结合现实经营管理的需要对会计科目所进行的具体分类，也称为按经济性质对会计科目所进行的分类。这是一种基本分类方式，是了解会计科目性质的最直接的依据。根据我国《企业会计准则》附录中关于“会计科目和主要账务处理”的规定，企业会计科目按照核算的经济内容可以分为：资产类、负债类、共同类、所有者权益类、成本类、损益类会计科目，其中损益类又可以划分为收入和费用两类会计科目。一般企业常用会计科目的类别和名称如表 2-3 所示。

表 2-3　企业常用会计科目表

顺序	编号	会计科目名称	顺序	编号	会计科目名称
		一、资产类	30	1602	累计折旧(备抵)
1	1001	库存现金	31	1603	固定资产减值准备(备抵)
2	1002	银行存款	32	1604	在建工程
3	1012	其他货币资金	33	1605	工程物资
4	1101	交易性金融资产	34	1606	固定资产清理
5	1121	应收票据	35	1701	无形资产
6	1122	应收账款	36	1702	累计摊销(备抵)
7	1123	预付账款	37	1703	无形资产减值准备(备抵)
8	1131	应收股利	38	1711	商　誉
9	1132	应收利息	39	1801	长期待摊费用
10	1221	其他应收款	40	1811	递延所得税资产
11	1231	坏账准备(备抵)	41	1901	待处理财产损溢
12	1401	材料采购(计划成本核算适用)			二、负债类
13	1402	在途物资	42	2001	短期借款
14	1403	原材料	43	2201	应付票据
15	1404	材料成本差异	44	2202	应付账款
16	1405	库存商品	45	2203	预收账款
17	1406	发出商品	46	2204	合同负债
18	1408	委托加工物资	47	2211	应付职工薪酬
19	1411	周转材料	48	2221	应交税费
20	1471	存货跌价准备(备抵)	49	2231	应付利息
21	1462	合同资产	50	2232	应付股利
22	1481	持有待售资产	51	2241	其他应付款
23	1501	债权投资	52	2501	长期借款
24	1503	其他权益工具投资	53	2502	应付债券
25	1511	长期股权投资	54	2701	长期应付款
26	1512	长期股权投资减值准备(备抵)	55	2801	预计负债
27	1521	投资性房地产	56	2901	递延所得税负债
28	1531	长期应收款			三、所有者权益类
29	1601	固定资产	57	4001	实收资本

续表

顺序	编号	会计科目名称	顺序	编号	会计科目名称
58	4401	其他权益工具	71	6103	资产处置损益
59	4002	资本公积	72	6104	其他收益
60	4101	盈余公积	73	6111	投资收益
61	4102	其他综合收益	74	6301	营业外收入
62	4103	本年利润	75	6401	主营业务成本
63	4104	利润分配	76	6402	其他业务成本
64	4201	库存股(备抵)	77	6403	税金及附加
		四、成本类	78	6601	销售费用
65	5001	生产成本	79	6602	管理费用
66	5101	制造费用	80	6603	财务费用
67	5301	研发支出	81	6701	资产减值损失
		五、损益类	82	6702	信用减值损失
68	6001	主营业务收入	83	6711	营业外支出
69	6051	其他业务收入	84	6801	所得税费用
70	6101	公允价值变动损益	85	6901	以前年度损益调整

需要注意的是,这种分类原则上遵循了会计要素的基本特性,反映了企业的财务状况和经营成果。但是,为了企业经营管理的现实需要,在此基础上还划分出了共同类和成本类。其中,共同类会计科目是为各企业涉及衍生工具、套期保值业务所设定的,其性质最终需要根据其期末余额的方向归属为资产类或负债类(表 2-3 中省略);成本类会计科目是企业为了进行成本核算与管理的需要而专门设置的,最终应归属于资产类。另外,还需要特别注意的是“本年利润”和“利润分配”科目,从名称上看好似利润类,但如前所述,利润是收入和费用配比的最终结果,没有直接对应的会计科目,具体体现在损益类各科目中,而这两个会计科目核算的内容,从产权归属上看,最终应归属于企业的投资者,因此,应列为所有者权益类。损益类科目是从反映经营成果的角度来看的,实际上就是代表收入、费用和利润要素。由此可见,会计科目按所反映的经济内容分类,最终还是体现了财务报表要素的内容特性。

2. 按照会计科目核算信息的详略程度分类

会计科目按照核算信息的详略程度可以分为总分类会计科目和明细分类会计科目两种。总分类会计科目是指用于总括核算财务报表要素并提供较为概括的会计核算信息的科目,又称为一级会计科目。总分类科目所核算的信息主要是为了满足外部信息使用者对会计信息的需求。

明细分类会计科目是指对某一总分类科目核算内容进行进一步分类的科目。它可以提供比总分类会计科目更为具体、详细的核算信息。明细分类科目根据明细核算的需要,可以在总分类科目下设置二级科目、三级科目、四级科目进行核算,每往下设置一个级别的科目都是对上一级科目的进一步分类。明细分类科目所核算的信息主要是为了满足企业内部经营管理对会计信息的需求。例如，某企业的固定资产种类很多，可以在“固定资产”总账科目下设置“房屋建筑物”“机器设备”“专用工具”“运输设备”“管理设备”“其他”等二级科目。其中在“房屋建筑物”二级科目下设置“生产用房屋”“生活用房屋”“管理用房屋”“储存用房屋”“其他用房屋”等三级明细科目，以满足企业内部经营管理的需要。

3. 按照会计科目的经济用途分类

经济用途指的是会计科目能够提供什么经济指标，会计科目按照经济用途可以分为盘存类科目、结算类科目、跨期摊配类科目、资本类科目、调整类科目、集合分配类科目、成本计算类科目、损益计算类科目和财务成果类科目等。

（四）会计科目的编号

为了便于理解掌握会计科目，明确会计科目的性质和所属类别，同时也为了给企业填制会计凭证、登记会计账簿、查阅会计账目、采用会计软件系统等提供便利，能正确、迅速地在会计电算化系统中输入、调用、处理和输出会计科目，财政部统一颁发的《企业会计准则》附录中，对总分类会计科目采用的四位数码进行了统一编号，以供企业应用时作为参考（表2-3），其中包括：

1. 科目类别码

编码中的千位数（即从左至右的第一个位数），表示会计科目按照经济内容所属分类的类别，也是通常所讲的会计科目大类：千位数的“1”表示资产类、“2”表示负债类、“3”表示所有者权益类、“4”表示共同类、“5”表示成本类、“6”表示损益类。

2. 业务类别码

编码中的百位数（即从左至右的第二个位数），表示会计科目在大类下所属的小类代码，凡是小类会计科目核算的内容都具有在业务性质、要素特征上基本一致或类似的特点。如编号为“1001”的会计科目的“0”，是指“1”大类（即资产类）下面所属的货币资金类资产，“1403”的会计科目中间的“4”，是指“1”大类（即资产类）下面所属的存货类资产，等等。

3. 科目顺序码

编码中的十位数和个位数（即从左至右的第三、第四个位数），表示会计科目在各小类别中的顺序号。我们从表2-3中的会计科目可以看出，顺序码有时并不是连续的，这主要是为了在企业发生了相关类别业务，但又不能在给出的会计科目中进行核算时，可以增加设置会计科目及其编号用以核算。

上述会计科目的编号只是给企业提供了示范性的参考，企业也可结合实际情况自行确定会计科目编号。在实际工作中，很多总分类会计科目都设置有二级、三级甚至四级科目，此时需要按照一定的规律对各级明细科目由企业自行进行编号。对明细科目编号在总分类科目编号后相应增加代码，一般从二级科目往下每级科目用两位数作为代码。

二、账户

（一）账户概述

会计科目在进行会计核算时，不能直接用来记录交易或事项的内容。如果要把交易或事项连续、系统、全面地按照要求记录下来，还必须借助一定的记账实体或载体，这个记账实体或载体就是我们通常所说的账户。账户是会计账户的简称，是以会计科目为依据设置的具有一定格式和结构，可以按照一定方法用来系统、连续地记录交易或事项内容的记账实体或记账载体。

账户是根据会计科目在账簿中开设的记账单元，账户和会计科目间既有区别又有联系，为了规范使用会计术语和规范会计核算行为，应该正确区分这两个概念。

账户和会计科目之间的联系表现为：① 两者的经济内容相同，都是会计对象的具体内容，即对会计要素的具体分类；② 使用两者的目的相同，都是为了能够系统地记录各种交易或事项，反映财务报表要素具体项目的增减变化情况；③ 会计科目是账户的设置依据，一个会计科目可以对应地设置一个账户。

账户和会计科目之间的区别表现为：① 两者体现为“名”和“实”的差别，即会计科目是被核算要素的名称，账户是被核算要素的实体，同样可以理解为会计科目是账户的名称，账户是会计科目的实体；② 两者体现为结构和格式上的差异，会计科目本身不存在固定的结构和格式，账户则存在一定的结构和格式。

在实际工作中，人们往往对账户和会计科目这两个概念不加区分，有的甚至认为两者为同一概念。

（二）账户的结构

账户是用来记录经济业务的，必须具有一定的结构和格式。账户结构就是指账户各组成部分的构成形式，即账户的组成部分以及各部分之间的关系。运用账户结构，可以在每个组成部分中记录并反映交易或事项对会计科目影响的增加、减少金额及期末结余金额。

1. 账户的基本结构

尽管各账户核算内容不相同，但是所有的账户都有一个共同的基本结构模式，称为账户的基本结构。账户的基本结构如表 2-4 所示。

表 2-4　账户名称＿＿＿＿＿

<table>
<tr><th colspan="2">年</th><th rowspan="2">凭证号</th><th rowspan="2">摘要</th><th rowspan="2">增加金额</th><th rowspan="2">减少金额</th><th rowspan="2">余额方向</th><th rowspan="2">余额</th></tr>
<tr><th>月</th><th>日</th></tr>
<tr><td></td><td></td><td></td><td></td><td></td><td></td><td></td><td></td></tr>
<tr><td></td><td></td><td></td><td></td><td></td><td></td><td></td><td></td></tr>
<tr><td></td><td></td><td></td><td></td><td></td><td></td><td></td><td></td></tr>
<tr><td></td><td></td><td></td><td></td><td></td><td></td><td></td><td></td></tr>
<tr><td></td><td></td><td></td><td></td><td></td><td></td><td></td><td></td></tr>
<tr><td></td><td></td><td></td><td></td><td></td><td></td><td></td><td></td></tr>
</table>

一般来说，账户的基本结构包括以下内容：

(1) 账户名称：即会计科目名称。

(2) 日期：用来记录会计人员对交易或事项的处理时间。

(3) 凭证编号：用来记录交易或事项所依据的记账凭证号码。

(4) 经济业务摘要:对交易或事项发生情况的扼要说明。

(5) 增加额、减少额:用来记录交易或事项引起的会计要素的变动结果。

(6) 余额方向:用来说明本行记录的余额所在的记账方向。

(7) 余额:用来登记本账户的期初、期末余额。

账户的余额要根据一定期间内所记录的增减变化结果而定,包括期初余额和期末余额,上期的期末余额就是本期的期初余额,本期的期末余额就是下期的期初余额;一般来说,一个账户的余额方向与记录增加额的方向一致。任何一个时期的期末余额都可以根据期初余额和当期发生的增加额、减少额用下列公式计算确定:

期末余额＝期初余额＋本期增加发生额－本期减少发生额

2. 账户的简化结构

为了教学和学习便利,可采用账户的简化格式,如图 2-2、图 2-3 所示。这种简化格式的主体结构与英文字母大写的"T"字相仿,因此称为"T"型账或"丁"字账,本书一律使用"T"型账这一概念。在"T"型账中,同样存在左方、右方和余额方,并且左右方按照相反方向来记录会计要素具体项目增加和减少金额。

(左方)　　账户名称　　(右方)

期初余额	
本期增加	本期减少
本期增加发生额合计	本期减少发生额合计
期末余额	

图 2-2 "T"型账户结构示意图 1

(左方)　　账户名称　　(右方)

	期初余额
本期减少	本期增加
本期减少发生额合计	本期增加发生额合计
	期末余额

图 2-3 "T"型账户结构示意图 2

(三) 账户的分类

为了便于正确理解账户的性质,正确运用账户进行记录,有必要对账户的分类进行学习和了解。账户的类别与会计科目的类别一致,同样可以从以下两个方面进行分类:

(1) 按照账户核算的经济内容,可以分为资产类、负债类、所有者权益类、共同类、成本类、损益类账户。

(2) 按照账户提供核算信息的详略程度,可以分为总分类账户和明细分类账户。

账户的分类和会计科目的分类是相同的，具体内容可参见“会计科目”的相关内容，在此不再赘述。

任务四　掌握复式记账与借贷记账法

为了对会计核算对象进行核算和监督，在设置账户之后，需要采用一定的记账方法将交易或事项发生额登记在账户之中。记账方法就是会计在核算中利用账户记录交易或事项的具体手段和方式。

一、复式记账原理

会计记账方法有单式记账法和复式记账法两种，复式记账法是在单式记账法的基础上逐步发展起来的，两者在原理上和科学性上有所不同。

单式记账法是对发生的交易或事项引起的财务报表要素的增减变化，在一个账户中进行单方面记录的一种记账方法。单式记账法通常仅用来记录货币资金、债权、债务的增减变化，而对引起这种变化的原因所表现的其他要素的变化不作记录。在单式记账法下，通常只设置“库存现金”“银行存款”“应收账款”“应付账款”等少数账户。例如，用银行存款购买原材料 60 000 元。在单式记账法下只记录“银行存款”账户减少 60 000 元，而不记录“原材料”账户增加 60 000 元。如若需要核实原材料的结存数量和价值，只有等到对原材料盘存后方可查明。

可以看出，单式记账法虽然记账时仅记录一个账户，简化了会计记账工作量，但是它不能反映每个交易或事项的来龙去脉，不便于检查账户记录的正确性，因而是一种不完整的记账方法，因此这种方法已被淘汰。

（一）复式记账法

复式记账法是单式记账法的对称，也称复式记账，它是对发生的每一笔交易或事项，都以相等的金额，同时在两个或者两个以上的账户中相互联系、相互制约地进行登记的会计记账方法。例如，用银行存款购买原材料 60 000 元，由于购买行为的发生，一方面导致银行存款减少 60 000 元，另一方面导致原材料增加 60 000 元。在复式记账法下，一方面要记录“银行存款”账户减少 60 000 元，同时要记录“原材料”账户增加 60 000 元。这样，既可以根据“银行存款”账户及时查明银行存款的结余数，又可以根据“原材料”账户查明其结存数量和价值。再比如，销售产品 100 000 元，取得的款项存入银行。由于销售行为的发生，一方面导致银行存款增加 100 000 元，另一方面导致主营业务收入增加 100 000 元。在复式记账法下，一方面要记录“银行存款”账户增加 100 000 元，同时要记录“主营业务收入”账户增加 100 000 元。这样，既可以及时查明银行存款的结余数，又可以根据所记的“主营业务收入”账户查明收入的总体实现情况。

在复式记账法下，账户体系设置完整，可以将经济业务引起的会计要素的增减变动在两个或者两个以上账户中相互联系，全面、系统地进行记录，可以反映经济业务的来龙去脉。

复式记账法的理论依据是"资产=负债+所有者权益"这一会计恒等式,因为这个等式始终保持平衡关系,当某项经济业务引起某一个会计科目金额发生变动时,为了保证该等式的恒等关系,一定会有另一个或几个会计科目的金额发生相应变动。例如,当某一资产科目金额增加时,为了保证会计等式的平衡,必然会有其他科目发生金额变动,可能是其他资产科目金额的减少,或者某些负债、所有者权益科目等额增加等。

(二) 复式记账法的特征

与单式记账法相比,复式记账法有以下特征:

(1) 复式记账法至少在两个对应账户中进行双重记录,使得交易或事项的来龙去脉关系在账面上一目了然。

(2) 由于对每一笔交易或事项至少在两个账户中进行"等额"记录,因此形成了账户与账户之间的数据"等额"牵制关系,有利于及时发现记录错误和进行试算平衡。

(三) 复式记账法的种类

复式簿记原理形成以后,在实践中被世界各国广泛采用,并形成很多做法,这些做法后来就成为理论上所说的复式记账种类,归纳起来主要有:

1. 增减记账法

它是以"增"和"减"为记账符号,把发生的交易或事项所引起财务报表要素的增减变动,以相等的金额,同时在两个或者两个以上的账户中,相互联系、相互制约地进行登记的一种复式簿记方法。

2. 收付记账法

它是以"收"和"付"为记账符号,把发生的交易或事项所引起财务报表要素的增减变动,以相等的金额,同时在两个或者两个以上的账户中,相互联系、相互制约地进行登记的一种复式簿记方法。

3. 借贷记账法

它是以"借"和"贷"为记账符号,把发生的交易或事项所引起财务报表要素的增减变动,以相等的金额,同时在两个或者两个以上的账户中,以相反的记账方向,相互联系、相互制约地进行登记的一种复式簿记方法。这种方法是目前世界上广泛采用的记账方法,我国于1992年颁布的《企业会计准则》规定"会计记账采用借贷法记账",就是为了适应我国会计改革与国际会计惯例趋同的需要。从1993年7月1日起,我国各类企业包括其他行业都全面采用借贷记账法。

二、借贷记账法

借贷记账法是指以"借"和"贷"作为记账符号,把发生的交易或事项所引起的会计要素项目的增减变动,以相等的金额,同时在两个或者两个以上的账户中,以相反的记账方向,相互联系、相互制约地进行登记的一种复式簿记方法。

(一) 借贷记账法的产生和发展

借贷记账法起源于13世纪的意大利。"借""贷"两字的含义,最初是从借贷资本家角度来解释的，用来表示债权和债务的增减变动。借贷资本家把借入的款项记录在“贷主”的名下，表示自身债务的增加（应付款）；把贷出的款项记录在“借主”的名下，表示自身债权的增加（应收款）。这样“借”“贷”两字分别表示债权、债务的变化。

随着时间的推移和商品经济的日益发展，交易或事项越来越复杂，借贷资本家应记录的交易或事项不仅仅包括以前的货币借贷业务，而且还包括财产物资、经营损益、经营资本等诸多方面。为了既对每一类业务都能进行记录，又要保证对每一类业务的记账方式一致，借贷资本家开始用“借”和“贷”记录货币资金和非货币资金业务。这样，“借”和“贷”两字逐渐失去了原来的经济含义，进而转化为一种纯粹的记账符号，变成专门的会计术语。在15世纪，借贷记账法被用来反映资本的存在形态和所有者权益的增减变化情况，使得借贷记账法得以完善并成为世界上被广泛采用的记账方法。

（二）借贷记账法的账户结构

1. 记账符号

借贷记账法以“借”和“贷”两字作为记账符号，表示记账的方向，主要用来记录会计要素的增加金额或减少金额，反映账户的增加、减少变化情况。“借”表示记入账户的借方，“贷”表示记入账户的贷方。至于“借”和“贷”在什么情况下表示为增加，什么情况下表示为减少，完全取决于账户的不同性质。但是，在同一账户中，当“借”表示为增加时，“贷”必然表示为减少，反之亦然。

2. 账户的基本结构

借贷记账法下的账户结构需要遵循一般账户结构的规律，包括用于记录交易或事项增减金额的借方、贷方、余额方，如表2-5所示。

表2-5　借贷记账法下账户基本结构

账户名称：________

年		凭证号	摘要	借方	贷方	借或贷	余额
月	日						

以下按照各种性质的账户分别说明其结构、基本内容以及基本的记账方式：

（1）资产类账户结构。资产类账户的借方（左方）记录各类资产在本期增加的金额，贷方（右方）记录各类资产在本期减少的金额，期初和期末余额在该类账户的借方，表示期初或期末持有资产的实有金额。资产类账户的基本结构可以参见图2-4。资产类账户期末余额的计算公式如下：

资产类账户期末余额＝期初余额（借方）＋本期借方发生额－本期贷方发生额

（左方：借方）	资产类账户名称		（右方：贷方）
期初余额	×××		
本期增加	××× ××× ×××	本期减少	××× ××× ×××
本期借方发生额	×××	本期贷方发生额	×××
期末余额	×××		

图 2-4　资产类"T"型账户的基本结构图

（2）负债类账户和所有者权益类账户结构。负债类账户和所有者权益类账户结构完全一致，这两类账户的借方记录各类负债或所有者权益在本期减少的金额，贷方记录各类负债或所有者权益在本期增加的金额，期初和期末余额在该类账户的贷方，表示期初或期末未偿还的负债或所有者权益的实有金额。负债和所有者权益类账户的基本结构可以参见图 2-5。负债和所有者权益账户期末余额的计算公式如下：

负债和所有者权益类账户期末余额＝期初余额(贷方)＋贷方本期发生额－借方本期发生额

借方	负债和所有者权益类账户名称		贷方
		期初余额	×××
本期减少	××× ××× ×××	本期增加	××× ××× ×××
本期借方发生额	×××	本期贷方发生额	×××
		期末余额	×××

图 2-5　负债和所有者权益类"T"型账户的基本结构图

（3）共同类账户结构。由于共同类账户同时具有资产、负债账户的性质，因此在记录过程中需要根据交易或事项的发生情况以及该账户的期末余额情况分析确定，期末余额在借方，表明它是资产类账户，发生的交易或事项就按照资产类账户结构进行记录；期末余额在贷方，表明它是负债类账户，发生的交易或事项就按照负债类账户结构进行记录。

（4）成本类账户结构。成本类账户的结构与资产类账户的结构基本一致，在成本类账户中，"生产成本"账户与资产类账户几乎完全一致；"制造费用"账户稍显特殊，"制造费用"账户由于在会计期末要把汇集的各项费用按照一定的标准分配到"生产成本"账户中，所以"制造费用"账户期末一般没有余额。成本类账户的结构和格式可以参考图 2-6。

借方	成本类账户名称		贷方
期初余额	×××		
本期增加	××× ××× ×××	本期减少	××× ××× ×××
本期发生额	×××	本期发生额	×××
期末余额	×××		

图 2-6　成本类“T”型账户的基本结构图

(5) 损益类账户结构：

① 收入类(广义)账户结构。它们的账户结构与负债类、所有者权益类的账户结构基本一致，借方记录各类收入在本期减少的金额或转出金额，贷方记录各类收入在本期增加的金额，但期末经结账后一般没有余额。这主要是因为到会计期末，须按规定把全部收入转出并与费用比较，计算当期利润。该类账户的基本结构如图 2-7 所示。

借方	收入类账户名称		贷方
本期减少	××× ××× ×××	本期增加	××× ××× ×××
本期发生额	×××	本期发生额	×××

图 2-7　收入类“T”型账户的基本结构图

② 费用类(广义)账户结构。它们的账户结构与资产类、成本类的账户结构基本一致，借方记录各类费用和支出在本期增加的金额或转入金额，贷方记录各类费用和支出在本期减少的金额或转出金额，期末经结账后一般没有余额，因此，该类账户期初也无余额。同样是因为到会计期末，须按规定把全部费用转出并与收入比较，计算当期最后财务成果。该类账户的基本结构可参见图 2-8。

借方	费用类账户名称		贷方
本期增加额	××× ××× ×××	本期减少	××× ××× ×××
本期发生额	×××	本期发生额	×××

图 2-8　费用类“T”型账户的基本结构图

需要说明的是，在损益类账户中，有些账户既可以反映收益也可以反映费用，如投资收益，贷方发生额表示产生了投资收益，即有经济利益流入企业；借方发生额则表示产生了投资损失，即有一项经济利益流出。

由上述各类账户的具体结构可以得出如下结论：

第一，借贷记账法中的“借”和“贷”代表账户中的两个固定部位，所有账户均需设立这两个部位并记录数量上的变化，其中左方一律称为借方，右方一律称为贷方。

第二，借贷记账法的“借”和“贷”与不同类型的账户结合，分别表示增加或者减少。“借”和“贷”本身不等于增或者减。各类账户“借”“贷”表示的增减如表 2-6 所示。

表 2-6　“借”和“贷”含义表

账户类别	借方	贷方	余额的一般方向
资产类	增加	减少	借
负债类	减少	增加	贷
所有者权益类	减少	增加	贷
成本类	增加	减少	借或无
损益类中的收入类	减少或转出	增加	无
损益类中的费用类	增加	减少或转出	无

第三，各类账户的期末余额一般应与记录增加额的方向一致，如上表所示，资产账户的正常余额在借方，负债和所有者权益账户的正常余额在贷方。当发现账户的余额方向和正常方向不一致时，要查明原因。例如库存现金账户的期末余额应当在借方，当它出现贷方余额时，说明记账错误或者管理出现了漏洞。但是，这种情况出现有时候也是正常的，比如“应收账款”账户属于资产类，正常余额在借方，若出现贷方余额并不一定是记账的错误，而可能是债务人多付了一部分款项作为预付款，企业此时应收变为预收，应理解为“预收账款”，作为负债。

（三）借贷记账法的记账规则

记账规则是指运用借贷记账法在账户上记录经济业务所引起的会计要素的项目增减变动的规则。从会计恒等式来看，任何一笔经济业务的发生，都不会打破会计恒等式的平衡关系；从简单数量关系比较来看，基于会计等式：资产＝负债＋所有者权益，如果欲使经济业务发生但不打破会计恒等式的平衡关系，必须符合下列四种类型中的一种：第一，等式双方同时增加同一等量；第二，等式两边同时减少某一等量；第三，等式左方一增一减同一等量；第四，等式右方一增一减同一等量。下面按上述四种类型加以说明，寻找借贷记账法下的记账规则。

接项目二【例 2-1】，瑞科有限责任公司 202×年 12 月 1 成立后，资产负债表如下。

表 2-7　瑞科有限责任公司资产负债表(简化表)

202×年 12 月 1 日　　单位:元

资产	金额	负债及所有者权益	金额
库存现金	20 000	短期借款	200 000
银行存款	200 000	实收资本	500 000
原材料	100 000		
固定资产	380 000		
资产合计	700 000	负债及所有者权益合计	700 000

假设 12 月份发生了如下类型的经济业务：

1. 会计等式两边同时增加同一等量

资产与负债和所有者权益同时增加的经济业务主要有：业主向企业投入资本、企业向银行借入资金、取得营业收入导致资产增加等。

【例 2-3】 12 月 2 日，瑞科有限责任公司收到投资者追加货币投资 30 000 元，存入银行。

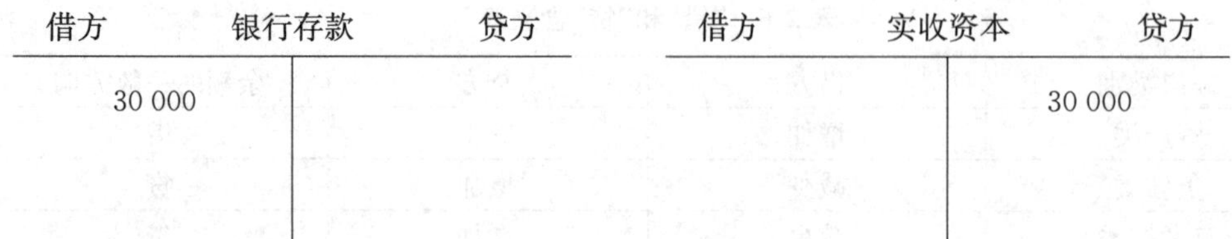

该笔业务发生后，资产里的银行存款增加了 30 000 元，应计入"银行存款"账户的借方，所有者权益里的实收资本增加了 30 000，计入"实收资本"账户的贷方。此时，资产合计为 730 000 元，负债和所有者权益合计为 730 000 元，恒等式仍然平衡。

此笔业务发生以后，对资产负债表的影响如表 2-8 所示。

表 2-8 瑞科有限责任公司资产负债表(简化表)

202×年 12 月 2 日　　单位：元

资产	金额	负债及所有者权益	金额
库存现金	20 000	短期借款	200 000
银行存款	230 000 (200 000＋30 000)	实收资本	530 000 (500 000＋30 000)
原材料	100 000		
固定资产	380 000		
资产合计	730 000	负债及所有者权益合计	730 000

2. 会计等式两边同时减少同一等量

这类经济业务主要指经济资源流出会计主体，造成资产和负债或所有者权益同时减少，主要经济业务类型有：向股东或所有者派发股利或者利润、向国家缴纳税金、偿还各种借款等。

【例 2-4】 12 月 9 日瑞科有限责任公司短期借款中有 50 000 元到期，瑞科有限责任公司用银行存款偿还。

借方	银行存款	贷方
		50 000

借方	短期借款	贷方
50 000		

这笔经济业务一方面引起资产方面的银行存款减少，应计入"银行存款"的贷方 50 000

元；另一方面，引起企业负债中短期借款的减少，应计入"短期借款"账户的借方 50 000 元。

此笔业务发生以后，对资产负债表的影响如表 2-9 所示。

表 2-9　瑞科有限责任公司资产负债表(简化表)

202×年 12 月 9 日　　　　单位:元

资产	金额	负债及所有者权益	金额
库存现金	20 000	短期借款	150 000 (200 000－50 000)
银行存款	180 000 (230 000－50 000)	实收资本	530 000
原材料	100 000		
固定资产	380 000		
资产合计	680 000	负债及所有者权益合计	680 000

3. 会计等式左方一增一减同一等量

企业在使用资产过程中，会不断地变换形态，从而导致各种资产相互间不断转换，于是就会造成一项资产增加，另一项资产减少。

【例 2-5】 12 月 10 日瑞科有限责任公司用银行存款购买各类原材料共 15 000 元，原材料收到验收入库。

借方	银行存款	贷方
		15 000

借方	原材料	贷方
15 000		

这笔业务一方面导致了资产里的银行存款减少 15 000 元，计入"银行存款"账户的贷方；另一方面引起资产要素里的原材料增加了 15 000 元，计入"原材料"账户的借方。

此笔业务发生以后，对资产负债表的影响如表 2-10 所示。

表 2-10　瑞科有限责任公司资产负债表(简化表)

202×年 12 月 10 日　　　　单位:元

资产	金额	负债及所有者权益	金额
库存现金	20 000	短期借款	150 000
银行存款	165 000 (180 000－15 000)	实收资本	530 000
原材料	115 000 (100 000＋15 000)		
固定资产	380 000		
资产合计	680 000	负债及所有者权益合计	680 000

4. 会计等式右边一增一减同一等量

会计等式右边包括负债和所有者权益两个要素，等式右边一增一减同一等量一般是因为资金来源渠道的互相转化引起的业务。这类业务存在四种情况：负债一增一减；所有者权益一增一减；负债减少，所有者权益增加；所有者权益减少，负债增加。

此类经济业务如某会计主体向乙方借款，偿还甲方，就是负债内部的一增一减；股份公司发放股票股利，就是将利润转换为股本，属于所有者权益内部的一增一减；公司发行可转换公司债券，规定公司债券在到期后可按一定比例转换成公司的股票，债券持有人行使转换权时会引起某一会计主体负债的减少和所有者权益的增加；股份公司发放现金股利时，会引起所有者权益的减少，负债的增加。

【例 2-6】 12 月 15 日银行决定对瑞科有限责任公司发放的贷款中的 50 000 元转作对该公司的投资。

借方	短期借款	贷方
50 000		

借方	实收资本	贷方
		50 000

该笔业务一方面使负债方面的“短期借款”减少了 50 000 元，计入“短期借款”账户的借方；另一方面，引起所有者权益里的实收资本增加了 50 000 元，计入“实收资本”账户的贷方。

此笔业务发生以后，对资产负债表的影响如表 2-11 所示。

表 2-11　瑞科有限责任公司资产负债表(简化表)

202×年 12 月 15 日　　单位：元

资产	金额	负债及所有者权益	金额
库存现金	20 000	短期借款	100 000 (150 000－50 000)
银行存款	165 000	实收资本	580 000 (530 000＋50 000)
原材料	115 000		
固定资产	380 000		
资产合计	680 000	负债及所有者权益合计	680 000

从上述 4 种基本的经济业务类型可以看出，借贷记账法的基本特征是：每一项经济业务发生以后，都以相等的金额同时在两个(或两个以上)账户中登记，一个记借方，另一个记贷方，而且借方和贷方登记的金额合计必然相等。如此，可总结出借贷记账法的记账规则为“有借必有贷，借贷必相等”。

(四) 会计分录

在运用借贷记账法时，根据借贷记账的记账规则对于每项经济业务都要在两个或两个以上的账户中进行登记，于是在有关账户之间便形成了应借、应贷的关系，我们把账户之间应借、应贷的关系，叫做账户的对应关系。

为了保证账户对应关系的正确性，在登记账户前先根据经济业务所涉及的账户及其借贷方向和金额编制会计分录，据以登记账户。所谓会计分录，是指标明某项经济业务应借、应贷账户名称及其金额的记录。会计分录实际上也可以说是会计记账凭证的简化格式。

会计分录的书写格式是"借"在上、"贷"在下，每一会计科目各占一行，"借""贷"以上下相错一格表示。在会计分录编写中，"借："表示借方，"贷："表示贷方，借方记录和贷方记录应分为两行，且贷方应比借方后退一个字，以示区分借贷方向。"借："和"贷："之后紧接着填写账户名称，然后后退几个字与账户名称分离填写金额，且贷方金额应与借方金额错开。按照这种格式编制的会计分录，可以清晰地看出借贷方向和账户对应关系。

编制会计分录时，应按照如下步骤进行：

(1) 对所要处理的经济业务，判断其究竟引起哪些账户发生了变化。

(2) 判断这些账户的性质，即它们各属于什么会计要素。

(3) 判断这些账户金额是增加还是减少。

(4) 根据这些账户的性质和增减方向，确定应记入借方还是贷方。

(5) 根据会计分录的格式要求，编制完整的会计分录。

【例 2-7】 瑞科有限责任公司202×年12月份收到投资、发生的收入和费用的经济业务逐笔编制成会计分录如下：

(1) 出资人向瑞科有限责任公司投资50 0000元。其中，现金20 000元，原材料100 000元，房屋和机器设备380 000元。

借：库存现金　　20 000
　原材料　　100 000
　固定资产　　380 000
　贷：实收资本　　500 000

(2) 瑞科有限责任公司成立后，向银行借入短期借款200 000元，存入该公司的银行账户。

借：银行存款　　200 000
　贷：短期借款　　200 000

(3) 如【例 2-3】，12月2日，瑞科有限责任公司收到投资者追加货币投资30 000元，存入银行。

借：银行存款　　30 000
　贷：实收资本　　30 000

(4) 如【例 2-4】，12月9日瑞科有限责任公司短期借款中有50 000元到期，瑞科有限责任公司用银行存款偿还。

借：短期借款　　50 000
　贷：银行存款　　50 000

(5) 如【例 2-5】，12月10日瑞科有限责任公司用银行存款购买各类原材料共15 000元，原材料收到验收入库。

借：原材料　　15 000
　贷：银行存款　　15 000

(6) 如【例 2-6】，12月15日银行决定对瑞科有限责任公司发放的贷款中的50 000元转作对该公司的投资。

借:短期借款　　50 000

　贷:实收资本　　50 000

(7) 假设瑞科有限责任公司经营的第一个月,取得产品销售收入 60 000 元,款项以现金收取。

借:库存现金　　60 000

　贷:主营业务收入　　60 000

(8) 假设瑞科有限责任公司经营的第一个月,发生费用支出 35 000 元,假设费用全部为直接耗用的原材料成本。

借:主营业务成本　　35 000

　贷:原材料　　35 000

上面列示的会计分录,除第一笔分录外,都只同时涉及两个账户,这种只涉及两个账户的会计分录称为简单会计分录。当一笔会计分录涉及两个以上账户时,如上面的第一笔会计分录,称为复合会计分录。复合会计分录具体包含一借多贷、多借一贷和多借多贷等几种形式。

实际上,每个复合会计分录都是由几个简单会计分录合并而成的,比如第一笔会计分录可以分解为以下三个简单会计分录:

(1) 借:库存现金　　20 000

　　贷:实收资本　　20 000

(2) 借:原材料　　100 000

　　贷:实收资本　　100 000

(3) 借:固定资产　　380 000

　　贷:实收资本　　380 000

(五) 借贷记账法的试算平衡

为了保证或检查一定时期内所发生的经济业务在账户中登记的正确性和完整性,需要在一定时期终了时,对账户记录进行试算平衡。所谓试算平衡,是指根据资产与负债及所有者权益的恒等关系以及借贷记账法的记账规则,检查所有账户记录是否正确的一种方法。它包括发生额试算平衡法和余额试算平衡法两种。

1. 发生额试算平衡法

发生额试算平衡法是根据本期所有账户借方发生额合计与贷方发生额合计的恒等关系,检验本期发生额记录是否正确的方法。

借贷记账法的记账规则是发生额试算平衡的依据。因为按照借贷记账法"有借必有贷,借贷必相等"的记账规则,如果不发生差错,借、贷两方的发生额必然相等。不仅每一笔分录的借贷发生额相等,而且在一定会计期间(月、季、年)对其发生的全部经济业务编制的会计分录都登记入账后,所有账户的借方发生额的合计和所有账户的贷方发生额的合计也必然相等。其公式为:

全部账户本期借方发生额合计＝全部账户本期贷方发生额合计

2. 余额试算平衡法

余额试算平衡法是根据本期所有账户的借方余额合计等于贷方余额合计的恒等关系,

检验本期账户记录是否正确的方法。

余额试算平衡的依据是"资产＝负债＋所有者权益"这一基本会计恒等式。因为根据这一等式，全部账户的借方期末余额之和(资产)与全部账户的贷方期末余额之和也必然相等(权益)。根据余额时间的不同，又分为期初余额平衡和期末余额平衡两类，其公式分别为：

全部账户的借方期初余额合计＝全部账户的贷方期初余额合计

全部账户的借方期末余额合计＝全部账户的贷方期末余额合计

在实际工作中，我们利用这种平衡关系，不仅可以检查每一笔会计分录编制是否正确，也可以检查一定会计期间内全部账户的本期发生额和期末余额是否正确。进行试算平衡时，发生额和余额的试算平衡都是通过编制试算平衡表方式进行的。

【例 2-8】 假设瑞科有限责任公司 202×年 12 月仅发生【例 2-5】所述的经济业务，年底损益类账户结转前编制的试算平衡表如表 2-12 所示。

表 2-12　发生额及余额试算平衡表

编制单位:瑞科有限责任公司　　202×年 12 月 31 日　　单位:元

账户名称	期初余额		本期发生额		期末余额	
	借方	贷方	借方	贷方	借方	贷方
库存现金	20 000		60 000		80 000	
银行存款	200 000		30 000	65 000	165 000	
原材料	100 000		15 000	35 000	80 000	
固定资产	380 000				380 000	
短期借款		200 000	100 000			100 000
实收资本		500 000		80 000		580 000
主营业务收入				60 000		60 000
主营业务成本			35 000		35 000	
合计	700 000	700 000	240 000	240 000	740 000	740 000

在编制试算平衡表时，应注意以下几个方面：

第一，必须保证所有账户的发生额及余额均已记入试算平衡表，包括只有期初余额没有发生额的账户，以及没有期初余额但有本期发生额的账户。如有遗漏的话，就可能会造成期初或期末借方余额合计与贷方余额合计不相等的情况发生。

第二，如果试算平衡表借贷合计数不相等，就说明账户记录肯定有错误。应认真查找原因，直到实现平衡为止。

第三，如果试算平衡表经过试算都是平衡的，也不能说明账户记录就绝对正确，因为有些错误并不影响借贷双方的平衡关系。例如：① 漏记某项经济业务，将使本期借贷双方的发生额同时减少，借贷仍然平衡；② 重记某项经济业务，将使本期借贷双方的发生额同时增加，借贷仍然平衡；③ 某项经济业务记错有关账户，借贷仍然平衡；④ 某项经济业务在账户记录中，颠倒了记账方向，借贷仍然平衡，等等。

因此，在编制试算平衡表之前，一定要认真核对有关账户记录，避免出现上述问题。

同步实训

一、理论思考题

1. 什么是会计要素？其主要构成内容有哪些？
2. 各个会计要素的概念、特征和确认条件分别是什么？
3. 什么是会计等式？会计等式有哪些？
4. 试述复式记账的原理。
5. 试述会计科目与账户之间的关系。
6. 简述借贷记账法下账户的结构。
7. 为什么要进行试算平衡？如何进行试算平衡？

二、技能实训题

（一）单选题

1. 账户是根据（　　）在账簿中开设的记账单元。

A. 资金运动　B. 会计对象　C. 会计科目　D. 财务状况

2. 在借贷记账法下，账户的哪一方登记增加数、哪一方登记减少数是由（　　）决定的。

A. 记账规则　B. 账户性质　C. 业务性质　D. 账户结构

3. 下列账户中，与负债类账户结构相同的是（　　）账户的结构。

A. 资产　B. 收入　C. 费用　D. 所有者权益

4. 损益类账户中的收入账户年末应（　　）。

A. 没有余额　B. 余额在借方　C. 余额在贷方　D. 借贷方均有余额

5. 借贷记账法的基本理论依据是（　　）。

A. 资产＝负债＋所有者权益

B. 收入－费用＝利润

C. 期初余额＋本期增加额－本期减少额＝期末余额

D. 借方发生额＝贷方发生额

6. 下列错误能通过试算平衡查找的是（　　）。

A. 重记经济业务　B. 漏记经济业务　C. 借贷方向相反　D. 借贷金额不等

7. 下列项目中，属于流动资产的是（　　）。

A. 应收账款　B. 运输设备　C. 专利权　D. 预收账款

8. 会计对象的具体化，称为（　　）。

A. 会计科目　B. 会计要素　C. 经济业务　D. 账户

9. 下列项目中，属于所有者权益的是（　　）。

A. 房屋　B. 银行存款　C. 短期借款　D. 未分配利润

（二）多选题

1. 收入可能影响的会计要素有（　　）。

A. 资产　　B. 负债　　C. 费用　　D. 所有者权益

2. 下列项目中，属于流动资产的有(　　)。

A. 机器设备　　B. 完工产品　　C. 银行存款　　D. 应收账款

3. 下列项目属于所有者权益项目的有(　　)。

A. 未分配利润　　B. 已分配利润

C. 直接计入所有者权益的利得和损失　　D. 投资者投入资本

4. 下列项目中，属于收入要素核算内容的有(　　)。

A. 销售产品收入　　B. 销售材料收入　　C. 提供劳务收入　　D. 取得违约金收入

5. 下列会计等式，在不同情况下成立的有(　　)。

A. 资产＝负债＋所有者权益

B. 收入－费用＝利润

C. 资产＝负债＋所有者权益＋(收入－费用)

D. 资产＋收入＝负债＋所有者权益＋费用

6. 下列经济业务中，引起会计恒等式左右两方同时发生增减变化的有(　　)。

A. 投资者投入货币资本　　B. 以存款归还借款

C. 收到应收款存入银行　　D. 从银行提取现金

7. 每一笔会计分录都包括(　　)。

A. 账户名称　　B. 记账方向　　C. 金额　　D. 会计科目编号

8. 下列项目中，属于会计科目的有(　　)。

A. 固定资产　　B. 货币资金　　C. 原材料　　D. 存货

9. 在借贷记账法下，下列说法中正确的有(　　)。

A. 资产类账户借方登记增加额　　B. 资产类账户贷方登记减少额

C. 负债类账户余额一定在贷方　　D. 所有者权益类账户贷方登记增加额

(三) 业务核算分析题

1. **【资料】** 某食品加工企业202×年10月31日有关账面资料如下：

(1) 库存现金9 800元。

(2) 从银行借入的期限在一年内的借款1 000 000元。

(3) 银行存款结余1 630 000元。

(4) 仓库存放的原材料价值220 000元。

(5) 应付供应单位的欠款500 000元。

(6) 应收外单位货款370 000元。

(7) 库存已完工产品价值68 200元。

(8) 机器设备价值300 000元。

(9) 管理部门使用的电脑价值100 000元。

(10) 投资者投入的资金950 000元。

(11) 累计留存未分配利润50 000元。

【要求】

(1) 分别指出上述各项所属的会计要素。

(2) 参照本项目表2-7的格式编写该企业10月31日的资产负债表，并检验会计恒等式是否平衡。

2.【资料】 假定某企业202×年11月初各资产、负债及所有者权益的账户余额如表2-13所示。

表2-13 某企业总分类账202×年11月1日试算平衡表

单位:元

资产	金额	负债和所有者权益	金额
库存现金	10 000	短期借款	600 000
银行存款	1 350 000	应付账款	80 000
应收账款	300 000	应交税费	20 000
原材料	1 400 000	实收资本	8 600 000
库存商品	240 000		
固定资产	6 000 000		
合计	9 300 000	合计	9 300 000

假设202×年11月,该企业发生了下列经济业务:

(1) 向银行借入短期借款150 000元,存入银行存款账户。

(2) 从银行存款账户提取现金1 000元。

(3) 经理张某出差预借差旅费1 200元,以现金支付。

(4) 购进原材料一批,价款25 000元,以银行存款支付20 000元,其余暂欠。

(5) 以银行存款购入新汽车一辆,价款共180 000元。

(6) 用银行存款偿还应付给供货单位材料款32 000元。

(7) 收到客户前欠货款120 000元,存入银行。

(8) 以银行存款200 000元归还到期的短期借款。

(9) 投资者追加投入资本80 000元,款项收到,存入银行。

(10) 经理张某出差归来,报销差旅费1 000元,交回现金200元。

【要求】

(1) 根据上述经济业务,假设不考虑相关税费,用借贷记账法编制会计分录。

(2) 开设各账户的"T"型账,登记期初余额、本期发生额,计算期末余额,并编制总分类账户的本期发生额和余额试算平衡表。

三、能力提高题

1. 替【开篇案例】中张华的超市算一下,经营第一年年底的资产、负债、所有者权益各为多少?他的经营成果如何?

2. 在我国,是不是所有单位会计要素都划分为资产、负债、所有者权益、收入、费用、利润六要素呢?会计科目设置是不是也都一样呢?

3. 是不是所有国家的会计要素划分都是一致的呢?

项目三　企业日常经济业务会计处理

本项目主要讲述会计日常经济业务核算，通过本项目的学习，要求掌握会计确认和会计计量的基本方法，掌握企业日常筹资、采购、投资、生产、销售等过程中涉及的主要业务及其会计处理，掌握期末账项调整和利润核算及分配的会计业务处理。

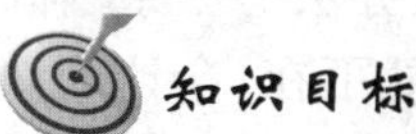

知识目标

1. 掌握会计确认和会计计量的基本方法。
2. 掌握企业日常经济业务核算的内容。
3. 掌握期末账项调整的原理及会计处理。
4. 掌握利润的形成及分配过程。

能力目标

1. 能进行企业筹资业务核算。
2. 能进行企业采购与投资业务核算。
3. 能进行企业生产业务核算。
4. 能进行企业销售业务核算。
5. 能进行企业利润形成与分配业务核算。

开篇案例

接项目一【开篇案例】资料，假设张华的超市202×年11月份因为购买进A商品欠甲公司货款15 000元，202×年12月，甲公司从张华的超市购入用于生产B商品的材料15 000元，用于抵消张华超市所欠甲公司的货款。张华超市的会计人员认为这笔交易会使“应付账款”减少15 000元，同时超市商品减少15 000元，因此运用借贷记账法作了如下会计分录：

借：应付账款——乙公司　　　　15 000

　贷：库存商品　　　　15 000

你认为该企业的会计人员所作的会计处理正确吗？为什么？

任务一　掌握会计确认与会计计量方法

会计工作主要包括会计确认、会计计量、会计记录和会计报告4个环节，会计确认和会计计量是会计工作的核心环节。会计确认是对经济活动的特定内容是否可以作为会计要素内容进行记录和报告的判断，而会计计量则是对经济活动中内含的价值数量关系予以计算和衡量。因此，在进行经济业务会计处理前，要明确会计确认基本要求和会计计量方法。

一、会计确认

（一）会计确认概述

会计确认是对经济事项是否纳入会计核算所做的认定，是针对企业发生的各项经济活动进行识别、判断，确定其是否应当进入会计系统，并确定其在哪些特定会计账户中进行记录。会计确认作为一种会计行为，涉及确认标准、会计基础理论、会计确认方法等一系列问题，从会计数据收集、分析与加工，到会计信息的记录与报告，会计确认无处不在，会计确认结果正确与否直接影响会计信息的准确性。

就具体经济事项来看，由某项经济业务所引起的相关项目在整个存续期内持续存在着确认问题，会计确认伴随着会计要素项目存在和变动的全过程，因此，从该项目存续期间看，会计确认可以分为该项目的“初始确认”“后续确认”和“终止确认”。以企业固定资产为例，某项固定资产的会计业务处理过程就包括该固定资产取得时的初始确认、该固定资产存续期间的后续确认（折旧、减值等）和该固定资产处置与报废时的终止确认 3 个环节。

（二）会计确认理论基础

会计信息的最终载体是财务报告，财务报告中的主要内容由会计要素组成，而对会计要素进行确认是报告的前提。在会计要素确认时，必须遵循一些假设、标准和基础。

1. 会计核算基本前提

会计核算的基本前提又称会计基本假设，是进行会计核算需要解决的基本问题。会计核算的基本前提是会计确认、计量和报告的前提，我国《企业会计准则——基本准则》中提出的会计核算的基本前提包括会计主体、持续经营、会计分期和货币计量。

(1) 会计主体。会计主体是指会计所服务的特定单位，又称会计实体、会计个体。进行会计工作，首先要明确会计核算的空间范围，即为谁核算、核算谁的经济业务。会计服务的这个特定单位，可以是企业单位，也可以是事业单位、机关团体，这些单位在经济上应是独立或相对独立的。这些单位应拥有一定数量的资产，能独立进行生产经营或业务活动，能独立编制财务报表。

会计主体和法律主体不同。法律主体是指由出资人出资组建、在政府指定部门注册登记、拥有法人财产权、具有独立民事行为能力的单位，会计主体与法律主体的关系有以下 3 种情况：

① 某一个单位既是会计主体，也是法律主体。例如，股份有限公司、有限责任公司，这些公司具有法人资格，可以以公司的名义拥有资产、承担债务、进行生产经营活动，同时它们作为会计主体需要反映公司的经营活动过程及结果。

② 某一个单位是会计主体但不是法律主体。例如，由自然人所创办的个人独资企业和合伙企业，这类企业在会计核算上是一个会计主体，但它们不是法律主体。个人独资企业和合伙企业不是独立的法人，不能履行法人的权利和义务，即个人独资企业和合伙企业所拥有

的财产和承担的债务在法律上是属于业主或合伙人的。

③ 某一个单位如果是法律主体，一般认为就是一个会计主体。但是在某些特殊情况下，从另外一个角度看，某个法律主体又不是会计主体。例如，某集团公司下属的子公司，是一个独立的法律主体，其在编制自身会计报表时是独立的会计主体，但当集团公司编制合并财务报表时，就要将子公司的财务报表合并到集团公司的财务报表中，从集团公司合并报表角度看，子公司就不再是一个会计主体。

会计主体假设的意义在于明确了会计反映和监督的空间范围。以企业为例，首先，要区分企业的经济活动与企业所有者的经济活动。会计只记录企业的经济活动，而不记录所有者的经济活动，无论投资人和企业之间的关系多么密切，两者都不能混淆。其次，要区分企业自身的经济活动和其他企业的经济活动。正是由于上述原因，我国《企业会计准则——基本准则》第五条规定：企业应当对其本身发生的交易或者事项进行会计确认、计量和报告。可见，对于某一企业的会计而言，其服务的主体就是这一企业本身，会计核算的对象乃是这一企业的生产经营活动。

(2) 持续经营。持续经营是指在可以预见的将来，企业将会按当前的规模和状态继续经营下去，不会进行破产清算，也不会大规模削减业务。我国《企业会计准则——基本准则》第六条规定：企业会计确认、计量和报告应当以持续经营为前提。

持续经营假设规定了会计反映和监督的时间范围。在市场经济条件下，企业之间存在着激烈的竞争，其生产经营活动有很大的不确定性。作为会计主体的企业，在激烈的市场竞争中可能持续经营下去，也可能会因经营失败而倒闭。会计在处理经济业务时，是基于企业随时可能倒闭来反映还是基于企业持续经营来反映？为解决这一问题，便有了持续经营假设，即在没有确凿的证据证明企业将要倒闭之前，需要假设企业按照现在的形式和目标持续经营。

持续经营假设要求将会计建立在一个正常状态下，即取得的资产可以按原定的用途使用，固定资产的价值要在其使用年限内通过折旧转为费用；负债可以到期才予以清偿；对于跨期的收入和支出，要按照权责发生制确认其归属期，以便正确计算各会计期间的经营成果。持续经营假设最主要的意义在于使会计建立在非清算基础之上，从而解决资产的分类、计价以及收入、费用的确认等问题。例如资产和负债要按流动性分类，一般按实际成本计价，收入、费用要按权责发生制确定等。

(3) 会计分期。会计分期假设是将一个企业持续经营的生产经营活动划分为一个个连续的、长短相同的期间，以便核算和报告会计主体的财务状况和经营成果。

企业的生产经营活动在时间上是连续不断进行的，但不能等到企业解散或经济活动停止时再提供财务会计报告，投资人、债权人、管理者是不允许这样做的。因此，为了定期报告企业的财务状况和经营成果，就要假定一个起止日期作为会计核算的前提条件。会计分期假设就是为了定期进行会计核算，人为地将企业持续经营的期间划分为若干个相等的时间段落，以便确定一定期间的财务成果。每一个段落称为一个会计期间，通常以一年称为一个会计期间，也叫会计年度。

我国《会计法》第十一条规定，我国以公历年度作为会计年度，即以每年的 1 月 1 日起至 12 月 31 日止为一个会计年度。有些国家的会计年度与自然年度不一致，比如美国的会计年度是每年 10 月 1 日到次年的 9 月 30 日。但无论怎样划分，会计期间的长度应该是相等的，以便于对各期的财务报表进行比较。为了及时了解企业的经营情况，在会计年度内还要按季度、月份结账，编制财务报表。我国的《企业会计准则——基本准则》第七条也规定：企业应当划分会计期间，分期结算账目和编制财务会计报告。会计期间分为年度和中期，中期是指短于一个完整的会计年度的报告期间。一般来讲，中期包括月度、季度和半年。

会计分期假设和持续经营假设都是对会计主体反映和监督的时间范围的假定，会计分期假设是持续经营假设的补充。会计分期假设的意义在于界定了会计信息的时间长度。会计主体要定期结算账目，报告其财务状况和经营成果，为投资人、债权人、政府部门和企业管理部门及时提供财务会计信息。由于有了会计分期假设，才产生了本期和非本期的概念、期初与期末的概念，才有了权责发生制和收付实现制这两种会计基础，才产生了收入和费用相配比性原则等。

(4) 货币计量。货币计量是指会计主体在会计核算过程中采用货币作为主要计量单位，来计量、记录和报告会计主体的生产经营活动。货币计量假设是对会计计量手段和方法的规定。

企业的经济活动是多种多样、错综复杂的。为了实现会计的目的，企业必须综合地反映其各种经济活动，这就要求有一个统一的计量尺度。在商品经济条件下，货币作为一种特殊的商品，最适合充当这种统一的计量尺度。当然，这一假设也包括币值稳定这一层含义，因为只有在币值稳定的条件下，才可以用货币度量经济业务的价值量，才可以提供真实、可靠的会计信息。但在持续通货膨胀的情况下，企业就不能再以币值稳定为前提，而应当采用特殊的方法来提供会计信息(如物价变动会计)。

我国会计准则规定，会计核算以人民币为记账本位币。业务收支以外币为主的企业，也可以选定某种主要外币作为记账本位币，但编制的会计报表应当折算为人民币来反映。我国在境外设立的企业，通常用当地币种进行日常会计核算，但向国内编报会计报表时，也应当折算为人民币。

会计核算的基本前提虽然是人为确定的，但完全是出于客观需要，有充分的必要性。这四项基本前提既有联系又有区别，缺一不可，共同为会计核算工作的开展提供条件。

2. 会计要素确认基础

会计要素确认基础也称会计基础。企业在持续不断的生产经营活动中，不断地取得收入也不断地发生各种费用损失，而会计期间是人为划分的，所以在企业经济活动中，交易或事项的发生时间往往与相关货币收支时间不完全一致，难免出现部分收入和费用收支期间与应归属会计期间不一致的情况。例如，一笔销售业务款项本月已经收到，但是本月货物未发出，控制权没有转移，销售并没有实现，就出现了收款和收入不属于同一个会计期间的情况。于是在处理这类经济业务时，应正确选择合理的会计确认基础，此时可供选择的会计确认基础包括权责发生制和收付实现制。

(1) 收付实现制。收付实现制也叫“现金收付制”，是以实收实付作为确认收入和费用的标准。

采用收付实现制时，凡是本期实际收到的与营业活动相关的款项，都作为本期收入确认；凡是本期发生的与收益性活动相关的款项支付，都作为本期的费用确认。反之，凡是本期没有实际收到款项或付出款项，即使归属于本期，也不作为本期的收入或费用确认。

【例 3-1】 现举例说明收付实现制下会计确认的方法。

① 甲公司于 11 月 10 日销售 A 产品一批，价款 20 000 元，11 月 25 日收到货款，存入银行。

【解析】 这笔销售在11月份收到了货款，按照收付实现制标准，甲公司应作为11月份的收入入账。

② 甲公司于11月11日销售B产品一批，商品已发出，价款10 000元，12月10日收到货款，存入银行。

【解析】 这笔销售业务11月份符合了会计上收入的确认条件，属于甲公司11月份实现的收入，但是在收付实现制原则下，12月份收到货款，应该在12月份确认收入，11月份不确认收入。

③ 甲公司于11月12日收到某购货单位一笔15 000元的货款，存入银行，合同约定12月份交付商品。

【解析】 这笔款项在11月份收到，按照收付实现制，即作为11月份的收入确认，不论商品是否交付给购买方。

④ 甲公司于11月20日预付明年的保险费2 000元，以银行存款支付。

【解析】 该笔款项虽然应该属于明年各月负担的费用，但按照收付实现制原则，在本年11月支付了款项，即作为本年的11月份的费用确认。

⑤ 甲公司于11月25日购买办公用品一批，价款5 000元，按照合同约定，该笔款项将于明年1月支付。

【解析】 该笔办公用品费虽然应该属于本月负担的费用，但款项本月并未支付，按收付实现制的标准，不作为本月费用确认，明年支付时在支付当月确认为费用。

⑥ 甲公司于11月30日以银行存款支付本月水电费1 000元。

【解析】 该笔费用本月支付，按收付实现制的标准即作为本月的费用确认。

通过上例可以看出，在收付实现制下，无论收入的权利和支出的义务发生于哪一会计期间，只要款项的收付属于本期，就在本期确认为收入或者费用，因此不存在应计收入和应计费用的问题，会计期末也就不存在账项调整的问题。

这种会计要素确认基础核算简单，同时由于收入和费用的确认时间与现金收支时间一致，核算的经营成果与现金流量一致，便于会计信息使用者理解。但是这种确认基础可能导致当期收到的现金是以前经营的成果，而当期支付的现金又可能给以前或者以后的经营带来成果，收入与费用无法配比，因此按照现金实际收支时间确定的损益并不代表企业当期真正的经营成果，不同会计期间缺乏可比性。

在我国，行政单位和事业单位的非经营业务一般采用收付实现制确认收入和费用，适用《政府会计准则》。

(2) 权责发生制。权责发生制又称"应收应付制"，指企业以收入的权利和支付的义务的归属期为标准来确认收入和费用的一种会计要素确认基础。权责发生制是按照权利和义务是否发生来确定收入和费用的归属期。

在权责发生制下，凡属于本期已经实现的收入，不论款项是否收到，都应作为本期的收入确认；凡不属于本期的收入，即使款项已在本期收到，也不应作为本期的收入处理。凡属于本期已经发生或应当负担的费用，不论款项是否支付，都应作为本期的费用确认；凡不属于本期的费用，即使款项已在本期支付，也不作为本期的费用处理。

【例3-2】 以【例3-1】业务为例，其业务(1)至业务(6)在权责发生制下的会计处理解析如下：

在业务(1)和业务(6)中，收入与费用的归属期与款项实际收支属于同一个会计期间，确认收入与费用与收付实现制相同。

在业务(2)中,11月份已取得了收款的权利,按权责发生制原则,应属于11月份的收入。

在业务(3)中,虽然11月份取得了款项,但是并没有占有款项的权利,因此按照权责发生制11月份不能确认收入,通常在12月份商品交付时再确认收入。

在业务(4)中,保险费虽然本年11月支付,但并不是本年度的费用,应该由下年度负担,应该属于下一年度的费用。因此,按权责发生制本月不确认费用。

在业务(5)中,办公费用虽然11月没有支付,但是属于11月产生的支付义务,因此按权责发生制属于11月的费用。

上述例题中,11月份按权责发生制和收付实现制确认的收入、费用及利润计算如表3-1所示。

表3-1　权责发生制与收付实现制比较

单位:元

业务号	权责发生制		收付实现制	
	收入	费用	收入	费用
(1)	20 000		20 000	
(2)	10 000			
(3)			15 000	
(4)				2 000
(5)		5 000		
(6)		1 000		1 000
合计	30 000	6 000	35 000	3 000
利润	24 000		32 000	

权责发生制原则确认收入、费用的时间与会计准则中对收入、费用的确认时间要求相统一,收入费用符合配比性原则,我国《企业会计准则——基本准则》规定,企业应当以权责发生制为基础进行会计确认、计量和报告。

(三) 会计确认要求

会计要素的确认必须符合一定的基本条件,因为会计要素本身具有不同特点,不同会计要素的确认需要有符合自身特点的方法和要求。因此,会计确认的标准可以分为以下两个层次:第一层次为确认基本要求,适用于所有会计要素,强调不同会计要素确认的共性内容;第二层次为各个不同会计要素确认的具体要求,如资产确认标准、收入确认标准等。

1. 会计要素确认基本要求

会计要素确认基本要求可以归纳为4项:

(1) 可定义。可定义是指被确认的项目必须符合某一会计要素的定义。例如,将企业某日购入的一批生产用钢材确认为企业资产,这些钢材必须符合资产的定义,具有资产要素的特征。

(2) 可计量。可计量是指被确认的项目应当具有可靠的价值计量标准,并能够客观地用货币加以计量。被计量对象在计量特性方面往往具有多种计量属性，如长度、重量、体积、价值等，而会计确认要求计量客体能用货币计量其价值。

(3) 相关性。相关性要求确认项目的相关信息能够导致决策差别。就是说项目所提供的信息能够对信息使用者的决策产生实质性影响，能对投资者决策行为产生加强或者修正作用。

(4) 可靠性。可靠性要求会计确认项目的相关信息应如实反映经济活动，并且可验证，不偏不倚。

2. 会计要素确认具体要求

(1) 资产的确认条件。根据《企业会计准则——基本准则》的规定，符合资产定义的资源，还必须同时满足以下两个条件时，才确认为资产：

第一，与资源有关的经济利益很可能流入企业。所谓“很可能”，是指发生的可能性超过50％。在实际工作中，财务人员需要对经济利益流入的可能性进行判断，只有当资源包含的经济利益流入的可能性超过50％，并满足了其他条件时，才能确认为资产。

第二，该资源的成本或价值能够可靠地计量。会计工作是以货币计量的形式，在财务报表中反映企业财务状况和经营成果，因此能够可靠地计量是会计要素确认的一个基本要求。

(2) 负债的确认条件。将一项现时义务确认为负债，需要符合负债的定义，还需要满足以下条件：

第一，与该义务有关的经济利益很可能已流出企业。在确认负债时，只有当经济利益流出企业的可能性超过50％，并同时满足其他条件时，才能确认为负债。如某企业为另一家企业提供的债务担保，当被担保企业经营情况良好、现金流充足时，一般担保企业代为清偿的可能性很小，经济利益流出的可能性较小，此时经济利益流出企业的可能性不大，即不符合负债的确认条件；但当被担保企业经营情况恶化、濒临破产时，则担保企业代为偿还的可能性很大，经济利益很可能流出企业，此时符合负债确认条件。

第二，未来流出的经济利益能够可靠计量。能够可靠计量是会计要素确认的一个基本条件。

(3) 所有者权益的确认条件。所有者权益在性质上体现为所有者对企业资产的剩余权益，在数量上也就体现为资产减去负债后的余额。因此，所有者权益的确认是伴随着资产和负债的确认而进行的。

例如，企业接受投资者投入的资产，该资产符合企业资产确认条件时，就相应地符合所有者权益的确认条件，当资产价值能够可靠计量时，对应的所有者权益的金额也就可以可靠计量。

(4) 收入的确认条件。依据2018年颁布的《企业会计准则第14号——收入》的规定，企业应当在履行了合同中的履约义务，即在客户取得相关商品控制权时确认收入。取得相关商品控制权，是指能够主导该商品的使用并从中获得几乎全部的经济利益。

具体而言，当企业与客户之间的合同满足下列条件时，企业应当在客户取得相关商品控制权时确认收入：① 合同各方已批准该合同并承诺将履行各自义务；② 该合同明确了合同各方与所转让商品或提供劳务相关的权利与义务；③ 该合同有明确的与所转让商品相关的支付条款；④ 该合同具有商业实质，即履行该合同将改变企业未来现金流量的风险、时间分布或金额；⑤ 企业因向客户转让商品而有权取得的对价很可能收回。

确认收入时，应当确认相应的资产和负债项目，企业不得提前或延迟确认收入。确认收入时，还要注意严格区分收入与利得。

(5) 费用的确认条件。依据《企业会计准则——基本准则》的规定，费用只有在经济利益很可能流出企业从而导致所有者权益减少且经济利益流出额能可靠计量时才能予以确认。

企业某期间费用的确认方法如下：

① 根据与收入的因果关系来确认费用。在企业全部费用中，有些费用与取得的收入之间具有明显的因果关系，因此可以根据与收入的因果关系来确认费用，如主营业务成本、其他业务成本的确认。

② 合理、系统地分摊费用。在企业中，有些费用的发生与收入取得之间不存在明显的因果关系，但这些费用同样是取得收入的一种代价。因此，在会计上，对于那些若干会计期间或若干受益期共同承担的费用，要合理、系统地分摊，如固定资产折旧费的确认，就是将固定资产的实际成本按合理的标准分配于固定资产的整个使用期间。

③ 发生时立即确认的费用。有些费用既不与收入具有显性因果关系，也不与特定对象的收益期相关，因而在发生时可以直接确认为费用，如广告费等。

费用确认时，应当确认相应的资产和负债项目。同时，还需要注意区分费用与损失的区别。

(6) 利润的确认。利润金额的确认和计量取决于收入、费用和直接计入当期利润的利得和损失金额的确认及计量。其具体包括营业利润、利润总额和净利润 3 个层次，营业利润加上直接计入当期利润的利得(营业外收入)，减去直接计入当期利润的损失(营业外支出)，其余额即为利润总额。利润总额减去所得税费用，即为净利润。

二、会计计量

会计计量是对会计对象数量化和价值化的一种行为，会计计量的基础，即会计计量属性，是指用货币对会计要素项目进行计量时的标准。会计计量是会计的核心内容，贯穿于财务会计核算始终，会计确认是会计计量的前提和基础，会计计量是会计确认的归宿。

会计计量包括对资产、负债、所有者权益、收入、费用和利润等要素的计量，其中资产要素计量是会计计量的重心，因为其他会计要素的计量都直接或间接地依赖或体现于资产计量的结果。如所有者权益在数量上是资产与负债之差，收入和费用最终都表现为资产的增加或者减少，利润实质上是资产净增加或者减少量。

我国《企业会计准则》规定，会计计量属性主要有历史成本、重置成本、可变现净值、现值和公允价值。

1. 历史成本

历史成本又称为实际成本，是指以取得某项资产并使其达到可使用状态所实际发生的全部支出，包括资产的原始交易价格和以其为基础的“调整项目”。如在财务会计实务中，外购材料的实际成本包括材料买价和采购费用，外购固定资产的实际成本包括买价和运杂费、安装费、调试费等。

在历史成本计量下，资产按照购置时达到预定可使用状态或预定用途支付的现金或现金等价物的金额，或按照购置资产时所付出的对价的公允价值计量；负债按照其承担现时义务而实际收到的款项或者资产的金额，或者承担现时义务的合同金额，或者按照日常活动中的偿还负债与其需要支付的现金或现金等价物的金额计量。

在财务会计中，由于历史成本客观且可核实，被公认为一切资产项目计价的基础，也即进行成本计算的依据。历史成本是会计计量中最重要和最基本的计量属性。

2. 重置成本

重置成本又称“现行成本”，是指在当前生产条件和市场供求状态下，重新购置某项相同或者类似持有资产所需发生的全部支出。例如企业盘盈一批材料，假定企业在当前市场上购买这批材料，估价为 10 000 元，则说明这批盘盈材料的重置成本为 10 000 元。

资产重置成本的计量，主要适用资产盘盈和资产评估的计量。负债重置成本的计量，主要适用于预计负债的计量，预计负债应当按照履行相关现时义务所需支出的最佳估计数进行初始计量。

3. 可变现净值

可变现净值也称“预期脱手价值”，是指在正常生产经营过程中，以资产的估计售价减去至完工估计将要发生的成本、估计的销售费用以及相关税金后的净额。例如某企业某项资产的预计出售价格为 5 000 元，预计将发生运杂费 200 元，则其可变现净值即为 4 800 元。

在可变现净值计量属性下，资产按正常对外销售所能收到的现金或现金等价物的金额扣减资产至完工时估计要发生的成本、估计的销售费用以及相关税金后的金额计量。该计量属性通常用于存货资产减值情况下的后续计量。

4. 现值

现值是“未来现金流量现值”的简称，指资产或负债在企业正常经营中实现的未来现金流入量现值减去现金流出量现值后的净额。对未来现金流量以恰当的折现率折现后的价值，是考虑货币时间价值（详见本书项目八：管理会计基础）因素的一种计量属性。例如，某企业 1 年后才能收到的应收账款 10 000 元，在利率（或折现率）为 5% 的条件下，其现值约为 9 524 元。

在现值计量下，资产按照预计从其持续使用和最终处置中所产生的未来净现金流入量折现的金额计量，负债按照预计期限内需要偿还的未来净现金流出量折现的金额计量。

5. 公允价值

《企业会计准则第 39 号——公允价值计量》指出，公允价值是指市场参与者在计量日发生的有序交易中，出售一项资产所能收到或者转移一项负债所需支付的价格。

有序交易，是指在计量日前一段时期内相关资产或负债具有惯常市场活动的交易。清算等被迫交易不属于有序交易。企业应当以主要市场的价格计量相关资产或负债的公允价值，不存在主要市场的，企业应当以最有利市场的价格计量相关资产或负债的公允价值。

企业在对会计要素进行计量时，一般采用历史成本的计量属性。然而随着经济的发展，历史成本计量属性越来越显现出其固有的缺陷，即相关性和及时性差，因此我国会计规范规定，企业对会计要素计量一般以历史成本计量作为计量基础，法律、行政法规和企业会计准则规定允许采用其他会计计量基础的，也可以采用其他会计计量基础，但应当保证所确定的会计要素金额能够可靠取得。

任务二 掌握资金筹集业务核算

一、企业资金筹资业务核算内容

任何企业要想从事生产经营活动，首先必须有一定数量的资金投入。可供企业运用的资金来源主要有两方面：一是投资者投入的资本金，二是向债权人借入的款项。

投资者投入的资本金，在会计上称为“实收资本”，是各种不同身份的投资者依据国家有关法律、法规的规定向被投资企业注入的启动资金，包括国家资本金、法人资本金、外商资本金和个人资本金。投资者作为企业的所有者，将视企业经营状况的好坏，按照出资比例或投资契约来分享红利或分担亏损。投资者的投资方式包括货币投资、实物投资和无形资产投资等。企业收到货币投资，入账金额以实际收到的款项为准；收到实物投资、无形资产投资和其他投资，必须进行以公允价值为基础的评估作价，入账金额以核实后双方认可的评估价为准。入账后的实收资本，在企业清算前，除依法转让外，不得以任何形式抽回。

向企业提供借款的债权人主要是银行或非银行金融机构，企业取得的借款分为长期借款和短期借款。长期借款是指企业借入的归还期在一年以上的借款，如企业为扩大经营规模，谋求长远发展而向银行借入的长期贷款等。短期借款是指企业借入的归还期在一年以下(含一年)的借款，如为补充企业生产周转资金的不足而向银行借入的流动资金贷款等。向企业提供借款的投资者即为债权人。企业借入的长、短期借款必须按规定用途使用，定期支付利息，按期归还本金。

二、筹资业务核算涉及的主要账户

为了核算和监督投资者投入资本及举债借入资金等企业的筹资活动，企业应当设置“实收资本”“资本公积”“库存现金”“银行存款”“原材料”“固定资产”“无形资产”“短期借款”“长期借款”等账户进行核算。

1. “实收资本”账户

“实收资本”账户属于所有者权益类账户，用来核算企业实际收到投资人投入的资本，本账户贷方登记企业实际收到的投资人投入的资本；借方登记投入资本的减少额；余额在贷方，表示投资者投入企业的资本总额。该账户应按投资者设置明细账户。

2. “资本公积”账户

“资本公积”属于所有者权益类账户，用来核算与监督企业由于收到投资者出资额超出其在注册资本或股本中所占份额、转增资本等原因致使资本公积发生的增减变动及其结果。本账户贷方登记形成的资本公积的数额，借方登记因转增资本等减少资本公积的数额，余额在贷方，表示资本公积的结存数额。本账户应当分为“资本溢价”“股本溢价”“其他资本公积”进行明细核算。

3. “库存现金”账户

“库存现金”账户属于资产类账户，用来核算企业库存现金的收入、支出和结存情况。本账户借方登记企业因实际收款导致的库存现金数额的增加；贷方登记企业因实际付款导致的库存现金数额的减少；期末余额在借方，反映企业实际持有的库存现金数额。有外币现金的企业，本账户应按不同币种分设明细账户，进行明细核算。

4. “银行存款”账户

“银行存款”账户属于资产类账户，用来核算企业存入银行的各种存款的收入、支出和结存情况。本账户借方登记企业因实际存入款项导致的存款数额的增加；贷方登记企业因提取和支出款项导致的存款数额的减少；期末余额在借方，反映企业实际存在银行的款项数额。本账户应按企业开户银行和存款币种种类等分设明细账户，进行明细核算。

5. “原材料”账户

“原材料”账户属于资产类账户，用来核算企业库存的各种原材料的收入、发出和结存情况。本账户借方登记企业因自行购入、投资者投入和接受捐赠等导致的各种库存原材料数额的增加；贷方登记企业因领用、投出、捐赠等导致的各种库存原材料数额的减少；期末余额在借方，反映企业库存原材料的数额。本账户应按原材料品种分设明细账户，进行明细核算。

6. “固定资产”账户

“固定资产”账户属于资产类账户，用来核算企业固定资产原价的增减变动及其结果。本账户借方登记企业因购入、建造、投资者投入和接受捐赠等导致的各种固定资产原价的增加；贷方登记企业因报废、出售、对外投资、捐赠等导致的各种固定资产原价的减少；期末余额在借方，反映企业期末固定资产的账面原价。本账户应按固定资产类别分设明细账户，进行明细核算。

7. “无形资产”账户

“无形资产”账户属于资产类账户，用来核算企业为生产商品、提供劳务、出租给他人或为管理目的而拥有或控制的、没有实物形态、可辨认的非货币性长期资产，包括专利权、非专利技术、商标权、著作权、土地使用权等。本账户借方登记企业因购入、投资者投入、自行研究开发完成等导致的各种无形资产的增加；贷方登记企业因出售或对外投资等导致各种无形资产的减少；期末余额在借方，反映企业期末无形资产的账面原价。本账户应按无形资产类别分设明细账户，进行明细核算。

8. “短期借款”账户

“短期借款”账户属于负债类账户，用来核算企业从银行等金融机构借入的期限在一年以内(含一年)的各种借款。本账户的贷方登记借入的各种短期借款；借方登记归还的短期借款；期末余额在贷方，表示尚未归还的短期借款。本账户可以按照贷款种类、贷款人和币种设置明细分类账户，进行明细分类核算。

9. “长期借款”账户

“长期借款”账户属于负债类账户，用来核算企业从银行等金融机构借入的期限在一年以上的各种借款。本账户的贷方登记长期借款本息的增加额；借方登记长期借款本息的减少额；期末余额在贷方，表示尚未归还的长期借款。本账户可以按照贷款单位和贷款类别设置“本金”“利息调整”等明细分类账户，进行明细分类核算。

三、主要筹资经济业务核算

202×年 12 月 1 日，瑞科公司有关账户期初余额如表 3-2 所示。

表 3-2　瑞科公司账户期初余额表

202×年 12 月 1 日　　　　单位：元

账户名称	借方金额	账户名称	贷方金额
库存现金	1 700	短期借款	50 000
银行存款	470 000	应付账款	224 700
其他货币资金	200 000	预收账款	130 000
应收账款	180 000	应付利息	5 000
预付账款	10 000	合同负债	40 000
交易性金融资产	160 000	应付职工薪酬	90 000
原材料	135 000	应交税费	37 000
库存商品	810 000	实收资本	1 000 000
固定资产	420 000	本年利润	800 000
		累计折旧	10 000
合　计	2 386 700	合　计	2 386 700

假设 202×年 12 月，该企业发生了以下经济业务：

【例 3-3】 瑞科公司收到投资人甲投入 20 000 元，存入银行基本账户。

这项经济业务的发生，引起企业的资产和所有者权益两个会计要素同时变化。一方面使企业的现金增加 20 000 元；另一方面使企业的实收资本增加 20 000 元。“银行存款”账户记借方，“实收资本”账户记贷方。编制会计分录如下：

借：银行存款　　　　20 000

　　贷：实收资本——甲　　　　20 000

【例 3-4】 瑞科公司收到投资人乙投入的新设备一台，设备价值 380 000 元(假设不考虑相关税费)。

这项经济业务的发生，引起企业的资产和所有者权益两个会计要素同时变化。一方面使企业的固定资产原值增加 380 000 元；另一方面使企业的实收资本增加 380 000 元。“固定资产”账户记借方，“实收资本”账户记贷方。编制会计分录如下：

借：固定资产——某设备　　　　380 000

　　贷：实收资本——乙　　　　380 000

【例 3-5】 瑞科公司收到投资人丙投入 A 材料一批，投资双方协商价值为 100 000 元，材料已验收入库(假设不考虑相关税费)。

这项经济业务的发生,引起企业的资产和所有者权益两个会计要素同时变化。一方面使企业的原材料增加 100 000 元;另一方面,使企业的实收资本增加 100 000 元。“原材料”账户记借方,“实收资本”账户记贷方。编制会计分录如下:

借:原材料——A 材料　　100 000
　　贷:实收资本——丙　　100 000

【例 3-6】　瑞科公司收到投资者(丁企业)投入企业的一项专利权,经双方协商,该项专利权价值 500 000 元(假设不考虑相关税费)。

这项经济业务的发生,引起企业的资产要素和所有者权益要素同时变化。一方面企业的无形资产增加了 500 000 元,应记入“无形资产”账户的借方;另一方面丁企业以无形资产作为资本投入,企业的资本增加了 500 000 元,应记入“实收资本”账户的贷方。编制会计分录如下:

借:无形资产——专利权　　500 000
　　贷:实收资本——丁企业　　500 000

【例 3-7】　瑞科公司向工商银行借款 100 000 元,期限 6 个月,已存入银行。

这项经济业务的发生,引起企业的资产要素和负债要素同时变化。一方面使企业的银行存款增加 100 000 元;另一方面使企业的银行借款增加 100 000 元,由于期限为 6 个月,短于一年,属于短期借款。“银行存款”账户记借方,“短期借款”账户记贷方。编制会计分录如下:

借:银行存款　　100 000
　　贷:短期借款——工商银行　　100 000

【例 3-8】　瑞科公司向建设银行借款 200 000 元,期限 2 年,已经办妥相关的借款手续,款项已存入银行。

这项经济业务的发生,引起企业的资产要素和负债要素同对变化。一方面使企业的银行存款增加 200 000 元;另一方面使企业的银行借款增加 200 000 元,由于期限为 2 年,属于长期借款。“银行存款”账户记借方,“长期借款”账户记贷方。编制会计分录如下:

借:银行存款　　200 000
　　贷:长期借款——建设银行　　200 000

任务三　掌握采购与投资业务核算

一、企业采购与投资业务核算内容

(一) 采购与投资业务核算内容

采购业务是制造企业为生产产品所作的储备工作,主要是采购原材料、燃料等存货。采购业务的基本内容包括:企业与供货单位或其他有关单位签订购销合同,并按合同的规定办理款项的结算。这中间除了要支付所购货物的价款和增值税以外,还要支付与购进货物有关的运输费、装卸费、保险费、包装费等各种采购费用。采购货物支付的价款及全部采购费用及相关税费组成购进货物的采购成本。

发生购进业务的企业支付以上款项会涉及若干个单位，付款的时间也可能各有不同，可能是钱货两清，即现购；可能是先付款，后取货，即预购；还可能是先到货，后付款，即赊购。凡此种种，虽说都是购货付款，但反映在会计处理上是各不相同的。采购货物运达企业后，应办理验收入库手续，交由仓库保管，以备生产车间或其他部门领用。由于企业存货核算可以分按计划成本核算与按实际成本核算两种核算方法，所以购进业务核算也要与之相适应。如果企业采用按计划成本核算，就要设置“材料采购”“原材料”“材料成本差异”这一组账户；如果企业采用按实际成本核算，就要设置“在途物资”“原材料”这一组账户。由于计划成本核算比较复杂，作为基础课程配套教材，本教材采用按实际成本核算采购业务。

投资业务是企业经营管理活动的重要组成部分，广义上讲企业购置固定资产、购入债券、股票等都属于投资活动，投资业务的核算首先是投资成本的确认，其次是取得资产后还涉及后续确认计量、终止确认计量的有关问题。例如企业购入固定资产，首先要确定该固定资产成本，其次该固定资产在使用过程中，随着时间推移会发生价值消耗也要进行反映，对于不再使用的固定资产进行处置等也需要进行会计核算。

（二）增值税

在企业生产经营过程中，很多业务涉及增值税相关的会计处理，这部分增值税也是重要的核算内容。因此，我们首先要掌握增值税的相关内容。

增值税是以商品（含应税劳务）在流转过程中产生的增值额作为计税依据而征收的一种流转税。从计税原理上说，增值税是对商品生产、流通、劳务服务中多个环节的新增价值或商品的附加值征收的一种流转税。实行价外税，也就是由消费者负担，有增值才征税没增值不征税。

根据有关规定，在中华人民共和国境内销售货物或者提供加工、修理修配劳务，销售服务、无形资产、不动产以及进口货物的单位和个人，为增值税纳税人。

1. 增值税纳税人分类

《中华人民共和国增值税暂行条例》将增值税纳税人分为一般纳税人和小规模纳税人。划分的基本依据是纳税人的会计核算是否健全，以及企业规模的大小。根据财政部、税务总局财税〔2018〕33 号公告，自 2018 年 5 月 1 日起，增值税小规模纳税人标准为年应征增值税销售额 500 万元及以下，在此销售额以上的为增值税一般纳税人。

2. 增值税的计税方法

增值税的计税方法，包括一般计税方法、简易计税方法等。

（1）一般纳税人适用的计税方法。一般纳税人销售货物或者提供应税劳务和应税服务通常适用一般计税方法计税，相关计算公式如下：

当期应纳增值税税额＝当期销项税额－当期进项税额

销项税额是销售方收取的、购买方支付给销售方的价外税，金额等于销售货物或提供应税劳务的销售额与税率的乘积。相关计算公式如下：

销项税额＝销售额×税率

纳税人购进货物或者接受应税劳务和应税服务支付或者负担的增值税额为增值税进项

税额。需要注意的是，并不是纳税人支付的所有进项税额都可以从销项税额中抵扣。为体现增值税的配比原则（购进项目金额与销售产品销售额之间应有配比性），当纳税人购进的货物或接受的应税劳务和应税服务不是用于增值税应税项目，而是用于非应税项目、免税项目或用于集体福利、个人消费等情况时，其支付的进项税额就不能从销项税额中抵扣。

纳税人取得增值税专用发票及抵扣联，其增值税进项税额才能够抵扣，如果取得的是增值税普通发票，进项税额也不能抵扣。

（2）小规模纳税人适用的计税方法。小规模纳税人销售货物、提供应税劳务和应税服务适用简易计税方法计税。但是上述一般纳税人提供财政部和国家税务总局规定的特定的销售货物、应税劳务、应税服务，也可以选择适用简易计税方法计税。

简易计税方法的计算公式如下：

当期应纳增值税额＝当期销售额（不含增值税）×征收率

【例 3-9】 某食品公司为增值税一般纳税人，202×年 11 月从甲公司（一般纳税人）购入 A 原材料 10 000 千克，每千克不含税单价 5 元，价税款项已全额支付，假定无其他增值税进项项目；当月销售产品共计含税收入 113 000 元。计算该公司 202×年 11 月的进项税额、销项税额和应纳增值税税额。

进项税额＝10 000×5×13％＝6 500（元）

销项税额＝113 000÷（1＋13％）×13％＝13 000（元）

应纳增值税税额＝13 000－6 500＝6 500（元）

二、采购与投资业务核算涉及的主要账户

为了进行采购业务的核算，企业应设置“在途物资”“应交税费”“应付账款”“应付票据”“预付账款”“周转材料”“其他货币资金”“交易性金融资产”“投资收益”等账户。

1. “在途物资”账户

“在途物资”账户属于资产类账户，用来核算采用实际成本核算时企业购入材料或商品的采购成本。本账户借方登记购入材料的买价和采购费用；贷方登记已办理完验收入库手续，按实际采购成本转入“原材料”账户借方的数额；期末余额在借方，反映尚未到达或未验收入库的在途物资。本账户应按供应单位和物资品种分设明细账户，进行明细核算。

2. “应交税费”账户

“应交税费”账户属于负债类账户，用于核算企业按照税法的规定应缴纳的各种税费，如增值税、消费税、所得税、资源税、土地增值税、城市维护建设税、房产税、土地使用税、车船税、教育费附加、矿产资源补偿费等。本账户贷方登记各种应交税费的增加，借方登记各种应交税费的减少。期末贷方余额，反映企业尚未缴纳的税费；期末如为借方余额，反映企业多交或尚未抵扣的税费等。本账户应按不同税种分设明细账，进行明细核算。

“应交税费——应交增值税”是“应交税费”账户的明细账户之一，是用来核算企业因购进货物或接受应税劳务和销售货物或提供应税劳务而发生的应交增值税额的账户。一般纳税人企业“应交税费——应交增值税”核算与监督企业增值税的应交、已交、转出未交、转出多交和应交未交增值税的增减变动及其成果，应当分别再设置“进项税额”“销项税额”“已交税金”“进项税额转出”“转出未交增值税”“转出多交增值税”等，进行三级明细核算。

“应交税费——应交增值税”借方登记进项税额、已交税金和转出未交增值税等；贷方登记销项税额、进项税额转出、转出多交增值税等；期末，本账户将应交未交增值税从“转出未交增值税”明细转出或者将多交（尚未抵扣）增值税从“转出多交增值税”明细转出，均转入“应交税费——未交增值税”账户，转出后“应交税费——应交增值税”账户无余额。

3. “应付账款”账户

“应付账款”账户属于负债类账户，用来核算企业因购买材料、物资和接受劳务供应等而应付给供应单位的款项。本账户贷方登记因购买材料或接受劳务供应而应付供应单位款项的增加；借方登记实际归还供应单位已提供产品或劳务的款项数额；期末余额一般在借方，反映企业尚未支付的应付账款。本账户应按供应单位设置明细账户，进行明细核算。

4. “应付票据”账户

“应付票据”账户属于负债类账户，用来核算企业因购买材料、物资和接受劳务供应等开出、承兑的商业汇票。本账户的贷方登记签发给供应单位的应付票据的金额；借方登记企业已经支付或到期转出的应付票据的金额；期末余额一般在贷方，表示尚未到期的应付票据的金额。本账户应按供应单位设置明细账户，进行明细核算。

5. “预付账款”账户

“预付账款”账户属于资产类账户，用来核算企业因购买材料、物资和接受劳务供应等按照合同规定预付给供应单位的款项。本账户借方登记企业因订购材料或预订劳务而预付给供应单位的款项；贷方登记收到供应单位提供的产品或劳务时，冲销预付供应单位的款项。期末余额一般在借方，反映企业实际预付的款项。如本账户出现贷方余额，则为负债，其实质为应付账款。本账户应按供应单位设置明细账户，进行明细核算。

6. “周转材料”账户

“周转材料”账户属于资产类账户，用来核算各种包装物和低值易耗品的成本。本账户的性质、结构与“原材料”账户基本相同，应按照“包装物”和“低值易耗品”分别设置明细分类账户。

包装物是指在生产流通过程中，为包装本企业的产品或商品，并随同它们一起出售、出借或出租给购货方的各种包装容器，如桶、箱、瓶、坛、筐、罐、袋等。

低值易耗品是指劳动资料中单位价值在规定限额以下或使用年限比较短（一般在一年以内）的物品。它跟固定资产有相似的地方，在生产过程中可以多次使用不改变其实物形态，在使用时也需维修，报废时可能也有残值。

7. “其他货币资金”账户

其他货币资金是指企业除库存现金、银行存款以外的其他各种货币资金，主要包括银行汇票存款、银行本票存款、存出投资款、外埠存款等。“其他货币资金”账户属于资产类，借方登记其他货币资金的增加，贷方登记其他货币资金的减少，期末余额在借方。该账户根据其他货币资金的具体类别设置明细账户。

8. “交易性金融资产”账户

“交易性金融资产”账户核算企业分类为以公允价值计量且其变动计入当期损益的金融资产，其中包括企业为交易目的持有的债券投资、股票投资、基金投资等交易性金融资产的公允价值。借方登记金融资产的取得成本、资产负债表日其公允价值高于账面余额的差额等，贷方登记资产负债表日其公允价值低于账面余额的差额，以及企业出售金融资产时结转的成本等。该账户按“成本”“公允价值变动”设置明细账户。

9. “投资收益”账户

“投资收益”账户属于损益类账户，用来核算企业对外投资所取得的收益或发生的亏损。本账户的贷方登记企业对外投资取得的收益；借方登记企业对外投资发生的亏损；期末将账户的余额转入“本年利润”账户，如实现投资净收益则从借方转出，如发生投资净亏损则从贷方转出。结转后，本账户没有余额。本账户应按投资项目设置明细账户，进行明细分类核算。

三、主要采购及投资经济业务核算

接前例，瑞科公司202×年12月发生的采购及投资业务如下：

【例3-10】 瑞科公司从甲企业购入A材料一批，发票上注明的信息如下：材料数量10 000千克，价值40 000元，增值税率13%。材料已验收入库，货款全部以银行存款支付。

这笔经济业务，货款已支付，材料已验收入库，企业应根据结算凭证、发票账单和收料账单确定的材料成本，借记“原材料”账户；根据实际支付的款项，贷记“银行存款”账户。编制会计分录如下：

借：原材料——A材料　40 000
　　应交税费——应交增值税（进项税额）　5 200
　　贷：银行存款　45 200

【例3-11】 瑞科公司从乙公司购入一批B材料，发票上注明的信息如下：材料数量为1 000千克，材料货款为2 500元，增值税率13%，全部款项已用银行存款支付，但材料尚未运到。

对于这笔经济业务，企业的账务处理应分两个步骤进行：第一步，付款时，根据结算凭证和发票账单确定的材料成本，借记“在途物资”账户；根据实际支付的款项，贷记“银行存款”账户。第二步，材料验收入库后，根据收料单确认的材料成本，借记“原材料”账户，贷记“在途物资”账户。编制会计分录如下：

借：在途物资——B材料　2 500
　　应交税费——应交增值税（进项税额）　325
　　贷：银行存款　2 825

上述B材料本月全部运到并验收入库时，编制会计分录如下：

借：原材料——B材料　2 500
　　贷：在途物资——B材料　2 500

【例3-12】 瑞科公司向丙公司购入一批A材料，发票上注明的信息如下：材料数量为5 000千克，材料货款为25 000元，增值税率13%，企业已经收到发票账单和结算凭证，但暂未付款，这批材料运到并已验收入库。

对于这笔经济业务，企业应该根据发票账单和收料单确定的材料实际成本，借记“原材料”账户；根据应付的全部款项，贷记“应付账款”账户。编制会计分录如下：

借：原材料——A材料　25 000
　　应交税费——应交增值税（进项税额）　3 250

贷:应付账款——丙公司　28 250

企业后期通过银行偿还上述所欠的全部款项,应编制的会计分录如下:

借:应付账款——丙公司　28 250

贷:银行存款　28 250

(假设本月末支付该笔款项,本分录不计入瑞科公司本期发生额,仅作示例)

【例 3-13】 瑞科公司向丁公司购入一批 B 材料,发票上注明的信息如下:材料数量为 3 000千克,材料货款为 9 000 元,增值税率 13%。这批材料已运到并验收入库,瑞科公司向丁公司签发了一张面值为 10 170 元的商业承兑汇票,期限为 3 个月。

对于这笔经济业务,企业应该根据发票账单和收料单确定的材料实际成本,借记"原材料"账户;根据应付的全部款项,贷记"应付票据"账户。编制会计分录如下:

借:原材料——B 材料　9 000

应交税费——应交增值税(进项税额)　1 170

贷:应付票据——丁公司　10 170

当商业承兑汇票到期,企业通过银行偿还上述全部款项时,编制会计分录如下:

借:应付票据——丁公司　10 170

贷:银行存款　10 170

(本月末支付该笔款项,本分录不计入瑞科公司本期发生额,仅作示例)

【例 3-14】 瑞科公司与戊公司签订购销合同,购进一批 A 材料。根据合同规定,瑞科公司需要向戊公司预付货款 50 000 元,这部分款项已用银行存款支付。

对于这笔经济业务,企业应在预付原材料价款时,按照实际预付的金额,借记"预付账款"账户,贷记"银行存款"账户。编制会计分录如下:

借:预付账款——戊公司　50 000

贷:银行存款　50 000

【例 3-15】 接上例,瑞科公司收到戊公司发来的 A 材料和单据,销售发票上注明的信息如下:材料数量为 10 000 千克,材料货款为 40 000 元,增值税率 13%。材料已验收入库,对方已退回多余的预付款项。

对于这笔经济业务,企业应该根据发票账单和收料单确定的材料实际成本,借记"原材料"账户,贷记"预付账款"账户。多余的预付款项被退回时,企业应按照实际退回的金额,借记"银行存款"账户,贷记"预付账款"账户。编制会计分录如下:

借:原材料——A 材料　40 000

应交税费——应交增值税(进项税额)　5 200

贷:预付账款——戊公司　45 200

收到对方退回的预付款时:

借:银行存款　4 800

贷:预付账款——戊公司　4 800

【例 3-16】 瑞科公司向辉瑞公司购入 A 机器设备一台,设备价款 35 000 元,设备到货无需安装即可使用,运费等由销售方负责,瑞科公司收到了辉瑞公司提供的增值税专用发票,用银行存款支付了全部价税款,两家公司适用的增值税税率均为 13%。

该笔业务瑞科公司应将 A 机器设备作为固定资产确认,同时确认相应的增值税进项税额。编制会计分录如下:

借:固定资产——A 机器设备　35 000

　应交税费——应交增值税(进项税额)　4 550

　贷:银行存款　39 550

【例 3-17】 瑞科公司从深圳证券交易所购入 A 上市公司股票 10 000 股,准备短期持有,该笔股票投资在购买日的公允价值为 150 000 元,另支付交易费用价税合计 159 元(金融服务业增值税率 6%)。

该笔业务为企业购入交易性金融资产,取得交易性金融资产时按其公允价值计量,公允价值为 150 000 元。按照规定,交易性金融资产购入时的交易费用计入投资收益,交易费金额为 159÷(1+6%)=150(元),增值税进项税额为 9 元。会计分录为:

借:交易性金融资产——A 公司股票——成本　150 000

　贷:其他货币资金——存出投资款　150 000

借:投资收益　150

　应交税费——应交增值税(进项税额)　9

　贷:其他货币资金——存出投资款　159

四、物资采购成本计算

物资采购成本的计算就是将供应过程中所发生的物资买价、相关采购费用按一定的方式进行归集和分配,以此来确定各种物资的实际成本。

物资采购应计入成本的项目主要有:

(1) 买价,即供应单位的发票价格。

(2) 运杂费,包括运输费、装卸费、保险费、包装费、仓储费。

(3) 损耗,即运输途中的合理损耗。

(4) 挑选整理费,即物资入库前的挑选整理费用,包括挑选整理中发生的损耗,但要扣除回收下脚料的价值。

(5) 其他费用,如进口材料负担的关税等。

在计算物资的采购成本时,凡是能直接计入各种物资的直接费用,应直接计入各种物资的采购成本;不能直接计入各种物资的间接费用,应按照一定的标准在有关物资之间进行分配,分别计入各种物资的采购成本。下面举例说明采购费用的分配。

【例 3-18】 瑞科公司从恒顺公司购入 A 和 B 两种材料,发票上列明 A 材料 5 000 千克,价款 20 000 元;B 材料 10 000 千克,价款 50 000 元。A 和 B 两种材料的价款和税款均已通过银行存款支付。另外,企业用银行存款支付 A 和 B 两种材料的运输费价税合计 3 270 元(假设恒顺公司和运输公司均为一般纳税人,运输服务业运输费增值税率为 9%),发票已收到。

这笔采购业务,材料的采购成本包括材料价款和运输费。而采购 A 和 B 两种材料共同发生的运输费则应选择合理的分配标准分别计入 A 和 B 材料的实际采购成本。在会计核算中,分配共同发生的采购费用的步骤一般是:

(1) 选择分配标准,通常可作为分配标准的有材料的重量、体积和买价等。

(2) 计算分配率:$分配率=\frac{待分配采购费用}{分配标准之和}$。

(3) 确定各种材料应分配的采购费用。

假设本例中A和B两种材料共同发生的运输费选择材料重量作为分配标准,A材料材料5 000千克,B材料10 000千克。

运输费增值税为=3 270÷(1+9%)×9%=270(元)

则应计入采购成本的运输费=3 270-270=3 000(元)

运费分配率=3 000÷(5 000+10 000)=0.2(元/千克)

A材料应分配的运输费=A材料的重量×运输费分配率
=5 000×0.2=1 000(元)

B材料应分配的运输费=B材料的重量×运输费分配率
=10 000×0.2=2 000(元)

因此,在这笔采购业务中,A材料和B材料的采购成本计算如下:

A材料的采购总成本=A材料的价款+A材料应分配的运输费
=20 000+1 000=21 000(元)

A材料的单位成本=21 000÷5 000=4.2(元/千克)

B材料的采购总成本=B材料的价款+B材料应分配的运输费
=50 000+2 000=52 000(元)

B材料的单位成本=52 000÷10 000=5.2(元/千克)

依据发票上注明的A和B两种材料的购买价款,编制会计分录如下:

借:在途物资——A材料　　20 000
　　　　　　——B材料　　50 000
　　应交税费——应交增值税(进项税额)　　9 100
　　贷:银行存款　　79 100

分配A和B两种材料的运输费,编制会计分录如下:

借:在途物资——A材料　　1 000
　　　　　　——B材料　　2 000
　　应交税费——应交增值税(进项税额)　　270
　　贷:银行存款　　3 270

结转已入库A和B两种材料的实际成本,编制会计分录如下:

借:原材料——A材料　　21 000
　　　　　——B材料　　52 000
　　贷:在途物资——A材料　　21 000
　　　　　　　　——B材料　　52 000

任务四　掌握生产业务核算

一、生产业务核算内容

从企业将原材料、人工、机器设备等生产要素投入生产开始,到生产出新的产品完工入库为止的整个过程中发生的交易、事项称为企业的生产业务。

生产过程是工业企业生产经营活动的中心环节。企业的生产经营是以劳动力、劳动对象和劳动资料的消耗为代价的，在会计上将其概括为生产费用，它主要包括各种原材料费用、各种固定资产折旧费用、生产工人及生产管理人员的人工费用及以货币支付的用于产品生产的其他费用等。为制造产品而发生的各种耗费构成产品的制造成本，它的金额大小与当期生产的产品产量有直接关系，产品产量越大，生产费用就越高。当然，企业为组织、管理生产经营还会发生与产品生产无直接关系的各种费用，如管理费用、财务费用等，这些费用不计入产品制造成本，而计入当期损益，即期间费用。

企业生产过程的会计业务主要是归集发生的各种耗费和分配并结转这些耗费。

二、生产业务核算涉及的主要账户

为了核算制造企业在生产过程中发生的各种经济业务，正确归集和分配生产费用，并在此基础上进行产品生产成本的计算，企业应设置“生产成本”“制造费用”“应付职工薪酬”“累计折旧”“库存商品”“管理费用”“其他应收款”“财务费用”“应付利息”等主要账户。

1. “生产成本”账户

“生产成本”账户属于成本类账户，用来核算制造企业在生产过程中所发生的各项生产费用。本账户的借方登记企业发生的各项直接生产费用和应负担的制造费用；贷方登记已经完成生产步骤并验收入库的产成品的实际成本；期末余额通常在借方，表示期末尚未完工的在产品成本。本账户应按产品的品种设置明细账户，并按规定的成本项目设置专栏，进行明细核算。

2. “制造费用”账户

“制造费用”账户属于成本类账户，用来核算企业各生产单位(如生产车间)为组织和管理生产而发生的各项间接费用，如车间管理人员的工资和福利费、生产设备的折旧费、生产单位的办公费、机物料消耗费、劳动保护费以及其他不能直接计入产品生产成本的费用等。制造费用要在期末分配计入各种产品成本。本账户的借方登记企业各生产单位发生的各项间接费用；贷方登记月末分配转入各产品成本的制造费用；本账户月末一般没有余额。本账户可按不同的生产车间、部门或费用项目设置明细账户，进行明细核算。

3. “应付职工薪酬”账户

“应付职工薪酬”账户属于负债类账户，用来核算企业根据有关规定应付给职工的各种薪酬，包括工资、奖金、津贴、福利、公积金等。本账户的贷方登记企业实际发生的应付给职工的各种薪酬；借方登记企业实际支付的职工薪酬；期末余额通常在贷方，表示企业应付而未付的职工薪酬。本账户可按“工资、奖金、津贴和补贴”“职工福利费”“非货币性福利”“社会保险费”“工会经费和职工教育经费”等内容设置明细账户，进行明细核算。

4. “累计折旧”账户

“累计折旧”账户属于资产类账户，是“固定资产”账户的抵减账户，用于核算企业固定资产因磨损和技术落后等原因而减少的价值。企业的固定资产在较长时期内使用，其价值会随着固定资产的磨损而逐渐转移到所生产的产品或所提供的劳务成本中，这部分分期转移的价值就是固定资产的折旧。

企业应当按照规定的方法对企业的固定资产计提折旧。需要说明的是，尽管“累计折旧”账户是资产性质，但是由于其是“固定资产”的抵减账户，所以其记账方向与一般的资产账户恰好相反，贷方登记固定资产累计折旧的增加额，即固定资产价值因磨损而减少的数额；借方登记因固定资产出售、报废和毁损而相应减少的已经计提的累计折旧数额；期末余额在贷方，表示现有固定资产已经计提的累计折旧数额。该账户应按固定资产类别分设明细账户，进行明细核算。

5. “库存商品”账户

“库存商品”账户属于资产类账户，用于核算企业库存的各种外购商品和自制产品的增减变动及结存情况。制造企业的库存商品主要是指产成品，即企业已经完成全部生产过程并已验收入库的可供销售的产品。本账户借方登记生产完工并验收入库的产成品的实际成本，贷方登记发出产成品的实际成本；期末余额在借方，表示库存产成品的实际成本。本账户应按产品的品种或类别设置明细账户，进行明细核算。

6. “管理费用”账户

“管理费用”账户属于损益类账户，用于核算企业行政管理部门为组织和管理生产经营活动而发生的各项费用，主要包括办公费、人工费、折旧费等。本账户的借方登记企业发生的各项管理费用；贷方登记期末结转入“本年利润”的管理费用；本账户期末没有余额。本账户可按费用项目设置明细账户，进行明细核算。

7. “其他应收款”账户

“其他应收款”账户属于资产类账户，用于核算应收账款、预付账款以外的各种应收、暂付款项。本账户借方登记企业发生的各种其他应收款；贷方登记收回及结转的其他应收款；余额在借方，表示尚未收回的其他应收款。本账户应按对方单位（或个人）设置明细账户，进行明细核算。

三、主要生产经济业务核算

接前例，瑞科公司202×年12月发生产品生产经济业务如下：

【例3-19】 本月材料仓库发出材料如下：生产饮料甲领用A材料80 000元，生产饮料乙领用B材料60 000元；车间一般消耗领用A材料5 000元；企业行政管理部门领用B材料2 000元。

上述经济业务发生，使企业的生产成本和费用增加，同时使企业的库存材料减少。费用增加应按费用的用途进行归集，记入相应费用账户的借方，生产耗用材料应计入“生产成本”账户的借方，车间耗用材料应计入“制造费用”账户的借方，企业行政部门耗用材料应计入“管理费用”账户的借方；材料的减少应计入“原材料”账户的贷方。编制会计分录如下：

借：生产成本——饮料甲	80 000	
——饮料乙	60 000	
制造费用	5 000	
管理费用	2 000	
贷：原材料——A材料		85 000
——B材料		62 000

【例 3-20】 瑞科公司计算分配本月职工工资：生产工人工资 50 000 元(其中饮料甲工人工资 30 000 元，饮料乙工人工资 20 000 元)，车间管理人员工资 4 000 元，企业行政管理人员工资 10 000 元(本业务一般发生于每月末)。

上述经济业务的发生，使企业费用增加，同时使应付职工薪酬这一负债项目增加。费用的增加应按费用的用途进行归集，计入相应费用账户的借方，生产工人的工资应计入"生产成本"账户的借方，车间管理人员的工资应计入"制造费用"账户的借方，企业行政管理人员的工资应计入"管理费用"账户的借方；应付未付的工资计入"应付职工薪酬"账户的贷方。编制会计分录如下：

借：生产成本——饮料甲　　30 000
　　　　　　——饮料乙　　20 000
　　制造费用　　4 000
　　管理费用　　10 000
　　贷：应付职工薪酬——工资、奖金、津贴和补贴　　64 000

【例 3-21】 瑞科公司直接通过银行转账发放上月应付职工工资奖金等 65 000 元(假设不考虑扣除项目)。

这项经济业务的发生，一方面使企业的银行存款减少 65 000 元，应计入"银行存款"账户的贷方；另一方面使企业应付职工的工资减少 65 000 元，应计入"应付职工薪酬"账户的借方。编制会计分录如下：

借：应付职工薪酬——工资、奖金、津贴和补贴　　65 000
　　贷：银行存款　　65 000

【例 3-22】 瑞科公司下设一所职工食堂，每月根据在岗职工数量及岗位分布计算需要补贴食堂的金额。本月企业在岗职工共计 80 人，其中行政管理部门 20 人，生产工人 50 人(生产饮料甲工人 30 人、生产饮料乙工人 20 人)，车间产车间管理人员 10 人。每个职工每月应补贴 100 元，本月共计 8 000 元。

这项经济业务的发生，一方面说明企业本月应付的职工福利增加了，应计入"应付职工薪酬"账户的贷方。另一方面说明企业的福利费用增加了，其中：生产工人的福利费属于产品生产的直接费用，应计入"生产成本"账户的借方；车间管理人员的福利费属于产品生产的间接费用，应计入"制造费用"账户的借方；行政管理人员的福利费属于期间费用，应计入"管理费用"账户的借方。编制会计分录如下：

借：生产成本——饮料甲　　3 000
　　　　　　——饮料乙　　2 000
　　制造费用　　1 000
　　管理费用　　2 000
　　贷：应付职工薪酬——职工福利费　　8 000

【例 3-23】 瑞科公司以银行存款支付本月电费含税价共计 4 294 元，其中：生产车间应负担 70%，行政管理部门应负担 30%，收到供电公司发票，增值税率为 13%。

这项经济业务的发生，发生费用共 4 294÷(1+13%)=3 800(元)，494 元为可抵扣的增值税进项税额。

因此，一方面说明企业的银行存款减少了 4 294 元，应计入"银行存款"账户的贷方；另一方面说明企业的费用开支增加了 3 800 元，其中：车间负担的电费应计入"制造费用"账户的借方，厂部行政管理部门负担的电费应计入“管理费用”账户的借方，另有 494 元计入增值税进项税额。编制会计分录如下：

借：制造费用　　2 660
　管理费用　　1 140
　应交税费——应交增值税（进项税额）　　494
　贷：银行存款　　4 294

【例 3-24】 瑞科公司计提固定资产折旧：生产车间使用的固定资产计提折旧 8 140 元。

这项经济业务的发生，使企业生产产品的成本增加，因为固定资产折旧为共同性耗费，所以制造费用增加，同时使企业的累计折旧增加。生产用固定资产的折旧计入“制造费用”账户的借方，计提的折旧应计入“累计折旧”账户的贷方。编制会计分录如下：

借：制造费用　　8 140
　贷：累计折旧　　8 140

【例 3-25】 瑞科公司用现金支票从银行存款中提取现金 4 000 元备用。

这项经济业务的发生，使企业的库存现金增加 4 000 元，同时使企业的银行存款减少 4 000元。“库存现金”账户记借方，“银行存款”账户记贷方。编制会计分录如下：

借：库存现金　　4 000
　贷：银行存款　　4 000

【例 3-26】 瑞科公司人事部经理小张出差，预借差旅费 2 000 元，以现金支付。

这项经济业务的发生，使企业的其他应收款增加 2 000 元，同时使企业的库存现金减少 2 000 元。“其他应收款”账户记借方，“库存现金”账户记贷方。编制会计分录如下：

借：其他应收款——小张　　2 000
　贷：库存现金　　2 000

【例 3-27】 瑞科公司经理小张出差归来，报销差旅费各项费用合计 1 600 元，余款 400 元以现金退回。

由于小张属于行政管理人员，这项经济业务的发生，使企业的管理费用增加 1 600 元，退回余款增加库存现金 400 元，同时其他应收款减少 2 000 元。“管理费用”和“库存现金”账户记借方，“其他应收款”账户记贷方。编制会计分录如下：

借：管理费用　　1 600
　库存现金　　400
　贷：其他应收款——小张　　2 000

产品制造成本是企业为生产一定种类和一定数量的产品所发生的各项费用的总和，一般由直接材料、直接人工和制造费用 3 部分组成；直接材料和直接人工应直接计入某种产品的制造成本（如前例），对于几种产品共同发生的制造费用，应按一定的标准在几种产品之间进行分配后才能计入产品的制造成本。

分配制造费用时，一般按各种产品的生产工人工资、生产工人工时或机器工时比例进行分配。

$$\text{制造费用分配率}=\frac{\text{制造费用总额}}{\text{生产工人工资（人工工时、机器工时）之和}}$$

某产品应分配的制造费用＝该产品生产工人工资（生产工人工时或机器工时）×制造费用分配率。

【例 3-28】 接例【例 3-19】、【例 3-20】、【例 3-22】、【例 3-23】、【例 3-24】，月末，瑞科公司将本月发生的制造费用 20 800 元按生产工人工资比例（见【例 3-20】）转入饮料甲和饮料乙的生产成本。

制造费用分配率＝20 800/(30 000＋20 000)＝0.416

饮料甲应负担的制造费用＝30 000×0.416＝12 480(元)

饮料乙应负担的制造费用＝20 000×0.416＝8 320(元)

这项经济业务的发生，使企业的生产成本增加 20 800 元，“生产成本”账户记借方；制造费用减少 20 800 元，“制造费用”账户记贷方。结转后“制造费用”账户月末没有余额，编制会计分录如下：

借:生产成本——饮料甲　　12 480
　　　　　——饮料乙　　8 320
　贷:制造费用　　20 800

产品生产成本的计算一般按月进行，如果月末某种产品全部完工，该产品成本明细账户所归集的费用额，就是该产品的总成本，再除以该产品的总产量就可计算出单位成本；如果月末某种产品全部未完工，该产品成本明细账户所归集的费用额，就是该产品的总成本；如果月末某种产品一部分完工一部分未完工，还要采用一定的方法在完工产品和在产品之间进行分配，然后才能计算出完工产品的总成本和单位成本。产品生产成本的计算一般通过编制成本计算单进行。

【例 3-29】 假设本月初无在产品，瑞科公司投入生产的饮料甲全部完工，饮料乙部分完工，饮料乙完工产品的成本假设为 80 320 元。完工产品已验收入库，结转已完工甲、乙饮料的全部生产成本。

根据【例 3-19】、【例 3-20】、【例 3-22】、【例 3-28】饮料甲本期共投入成本为 125 480 元。这项经济业务的发生，使企业的库存产成品增加，同时使生产成本减少，“库存商品”账户记借方，“生产成本”账户记贷方。编制会计分录如下：

借:库存商品——饮料甲　　125 480
　　　　　——饮料乙　　80 320
　贷:生产成本——饮料甲　　125 480
　　　　　　——饮料乙　　80 320

12 月末，“生产成本”账户有借方余额 10 000 元，反映的是月末在产品（饮料乙）的实际成本，此余额即为下月初生产成本的期初余额，计入下个月的生产成本计算总额中。

任务五　掌握销售业务核算

一、销售业务核算内容

销售业务是指从产成品完工并验收入库、形成库存商品开始，至将库存商品出售给买方为止的全部业务。销售环节是保证企业资金周转的最重要的环节。如果企业生产出来的产品不能顺利售出，那么占压在产成品上的成品资金就不能顺利地转化为货币资金，制造成本的耗费就得不到补偿。

按照权责发生制原则，企业销售收入的实现以资产流入企业为标志：如果以现销成交，以获得现金、银行存款为销售收入实现的标志；以赊销成交，则以取得收回货款的权利，即形成应收账款或应收票据为销售收入实现的标志。有时企业销售收入的实现也表现为原有债务的消失，如向已付产品定金的购货方供货，则冲销预收货款。如果企业的销售业务导致企业的资产增加或负债减少，形成经济利益的增加并能可靠地计量，就可以确认销售收入的实现。

企业为取得销售收入，必然要付出一定代价并缴纳流转税，如发生产品的销售成本、销售费用及流转税等。销售成本就是企业已经售出的库存商品的制造成本，未被售出的产成品仍为库存商品，形成存货资产；已被售出的产成品的销售成本要与取得的销售收入相配比。企业销售产品取得销售收入的同时还要发生各种销售费用，如包装费、运输费、广告费、保险费以及为销售本企业产品而专设的销售机构的职工工资、福利费、业务经费等经常性费用，这些费用与一定时期企业的销售收入关系紧密，因而具有期间费用的性质。企业还要按国家有关税法规定的税种和税率以及实现的销售收入计算缴纳销售税金及附加。

可见，销售产品、办理结算、收回货款、结转销售成本、计算应缴纳的销售税金、确定销售成果构成销售业务的基本内容。

二、销售业务核算涉及的主要账户

进行销售业务的会计核算，应设置“主营业务收入”“主营业务成本”“销售费用”“应收账款”“应收票据”“预收账款”“其他业务收入”“其他业务成本”等账户。

1. “主营业务收入”账户

“主营业务收入”账户属于损益类账户，用来核算企业因销售商品、提供劳务等而确定的收入。本账户的贷方登记企业销售产品、提供劳务取得的收入；借方登记因发生销售退回或销售折让而减少的销售收入以及期末转入“本年利润”账户的数额；结转后本账户期末无余额。本账户可按主营业务的种类设置明细账户，进行明细核算。

2. “主营业务成本”账户

“主营业务成本”账户属于损益类账户，用来核算企业已售出产品、已提供劳务的成本。本账户的借方登记已售产品、已提供劳务的成本；贷方登记发生销售退货时实际退回产品的成本以及期末转入“本年利润”账户的数额；结转后本账户期末无余额。本账户可按主营业务的种类设置明细账户，进行明细核算。

3. “销售费用”账户

“销售费用”账户属于损益类账户，用来核算企业在销售过程中所发生的各项经营费用，如广告费、运输费、保险费、专设销售机构经费等。本账户借方登记发生的各种销售费用；贷方登记期末转入“本年利润”账户的销售费用；结转后本账户期末无余额。本账户应按费用项目设置明细账户，进行明细核算。

4. “应收账款”账户

“应收账款”账户属于资产类账户，用来核算企业因销售产品、提供劳务等应向购货单位收取的款项。本账户的借方登记企业因销货、提供劳务而发生的应收款项；贷方登记已收回的应收款项；余额一般在借方，表示尚未收回的应收款项。本账户应按购货单位设置明细账户，进行明细核算。

5. "应收票据"账户

"应收票据"账户属于资产类账户，用来核算企业因销售商品、提供劳务而收到的商业汇票，包括银行承兑汇票和商业承兑汇票。本账户的借方登记企业因销售商品、提供劳务而收到的商业汇票的票面金额；贷方登记商业汇票到期，企业实际收到或转出的金额；余额一般在借方，表示企业期末持有尚未到期的商业汇票的票面金额。本账户可以按照开出、承兑商业汇票的单位设置明细账户，进行明细核算。

6. "预收账款"账户

"预收账款"账户属于负债类账户，核算企业按照合同规定向购货单位预收的货款。本账户的贷方登记按照合同规定预收的货款；借方登记发货后与购货单位结算的货款；余额一般在贷方，表示已预收但尚未发货的款项。预收款项不多的企业，可不设本账户，将预收款项直接记入"应收账款"账户的贷方；将发货后与购货单位结算的预收款项，记入"应收账款"账户的借方。本账户可以按照购货单位设置明细账户，进行明细核算。

7. "其他业务收入"账户

"其他业务收入"账户属于损益类账户，用来核算企业确认的除主营业务活动以外的其他经营活动实现的收入。对制造企业而言，其他业务主要包括出租固定资产、出租无形资产、出租包装物或商品、销售材料等业务。本账户的贷方登记企业取得的其他业务收入，期末结转至"本年利润"账户时记入本账户的借方，结转后本账户没有余额。本账户应按其他业务的种类设置明细账户，进行明细分类核算。

8. "其他业务成本"账户

"其他业务成本"账户属于损益类账户，用来核算企业为取得其他业务收入而发生的成本。本账户的借方登记企业发生的其他业务成本，期末结转至"本年利润"账户时记入本账户的贷方，结转后本账户没有余额。本账户应按其他业务的种类设置明细账户，进行明细分类核算。

三、主要销售经济业务核算

接前例，瑞科公司为增值税一般纳税人，公司适用增值税率为13%。202×年12月发生下列销售业务：

【例3-30】 瑞科公司销售饮料甲10吨，单价7 500元，货款共75 000元，开出增值税专用发票。产品已发出，价税款项已收存银行。

这项经济业务的发生，一方面表明企业取得销售收入75 000元，应计入"主营业务收入"账户的贷方，另需要交纳增值税75 000×13%＝9 750(元)，计入应交税费——应交增值税(销项税额)的贷方；另一方面表明企业应收的货款已收到，企业的银行存款增加，应计入"银行存款"账户的借方。编制会计分录如下：

借：银行存款	84 750	
贷：主营业务收入——饮料甲		75 000

　　　应交税费——应交增值税(销项税额)　　　9 750

【例 3-31】 瑞科公司根据购销合同向 A 公司出售饮料乙 5 吨，每吨售价 8 000 元，货款共计 40 000 元，增值税率 13%，发票已经开出，产品也已经发出，但货款尚未收到。

这项经济业务的发生，一方面表明企业销售产品，取得销售收入 40 000 元，应计入“主营业务收入”账户的贷方；另一方面表明企业应收取的销货款没有收到，导致应收账款的增加，应计入“应收账款”账户的借方。编制会计分录如下：

借：应收账款——A 公司　　　45 200
　贷：主营业务收入——饮料乙　　　40 000
　　　应交税费——应交增值税(销项税额)　　　5 200

如后期收到该笔货款、存入银行时，编制会计分录如下：

借：银行存款　　　45 200
　贷：应收账款——A 公司　　　45 200

(假设本月没收到该笔款项，本分录不计入瑞科公司本期发生额，仅作示例)

【例 3-32】 瑞科公司向 B 公司出售饮料甲 20 吨，每吨售价 7 500 元，货款共计 150 000 元，产品已发出，增值税率 13%，发票已开出。企业收到为期 3 个月的商业汇票一张。

这项经济业务的发生，一方面表明企业销售产品，取得销售收入 150 000 元，应计“主营业务收入”账户的贷方；另一方面表明企业应收取的销货款没有收到，而是收到了一张商业汇票，应计入“应收票据”账户的借方。编制会计分录如下：

借：应收票据——B 公司　　　169 500
　贷：主营业务收入——饮料甲　　　150 000
　　　应交税费——应交增值税(销项税额)　　　19 500

待商业汇票到期收回、货款存入银行时，应编制的会计分录如下：

借：银行存款　　　169 500
　贷：应收票据——B 公司　　　169 500

(因票据期限为 3 个月，本月未收款，本分录不计入瑞科公司本期发生额，仅作示例)

【例 3-33】 瑞科公司根据合同预收 C 公司购货款 60 000 元，存入银行，发票尚未开出，纳税义务尚未产生。

这项经济业务的发生，一方面表明企业根据合同规定预收货款，使企业预收账款增加 60 000元，应计入“预收账款”账户的贷方；另一方面表明企业的预收款已存入银行，使得企业的银行存款增加，应计入“银行存款”账户的借方。编制会计分录如下：

借：银行存款　　　60 000
　贷：预收账款——C 公司　　　60 000

【例 3-34】 接上例，瑞科公司在预收货款后，向 C 公司发出饮料甲 6 吨，每吨售价8 000 元，货款共计 48 000 元。增值税发票已经开出，产品已发出。

这项经济业务的发生，一方面表明企业销售产品，取得销售收入 48 000 元，应计入“营业务收入”账户的贷方；另一方面表明企业已经预收了货款，向购货方发货后，应该冲销预收账款，导致预收账款的减少，应计入“预收账款”账户的借方。编制会计分录如下：

借：预收账款——C 公司　　　54 240
　贷：主营业务收入——饮料甲　　　48 000
　　　应交税费——应交增值税(销项税额)　　　6 240

企业通过银行向购货方退回多收的预收账款时，编制会计分录如下：

借：预收账款 ——C公司　　5 760

　贷：银行存款　　5 760

【例 3-35】 瑞科公司以银行存款支付销售产品的广告费 8 000 元(含税价)，收到安徽金娟广告有限公司增值税普通发票一张，因销售产品发生外包运输费 1 090 元(含税价)，收到运输公司增值税专用发票一张，增值税率 9%。上述款项均已用银行存款支付。

这项经济业务的发生，增值税普通发票的增值税额不能抵扣，因此广告费价税应全额计入销售费用，因此企业销售费用增加了 9 000 元[8 000＋1 090÷(1＋9%)]，计入“销售费用”账户的借方，增值税进项税额增加了 90 元；另一方面使企业的银行存款减少了 9 090 元，应计入“银行存款”账户的贷方。编制会计分录如下：

借：销售费用——广告费　　8 000

　　　　　——运输费　　1 000

　应交税费——应交增值税(进项税额)　　90

　贷：银行存款　　9 090

【例 3-36】 瑞科公司以现金支付甲产品的包装费 200 元，销售部门的办公费 300 元，以上业务仅收到收款方提供的增值税普通发票。

这项经济业务的发生，因为只收到增值税普通发票，因此税额不能抵扣。一方面使企业的销售费用增加了 500 元，应计入“销售费用”账户的借方；另一方面使企业的现金减少了 500 元，应计入“库存现金”账户的贷方。编制会计分录如下：

借：销售费用　　500

　贷：库存现金　　500

【例 3-37】 瑞科公司计算分配本月销售人员工资，专设销售机构职工的工资是 16 000元。

这项经济业务的发生，一方面表明企业本月应付而未付的职工工资增加了 16 000 元，应计入“应付职工薪酬”账户的贷方；另一方面表明企业的工资费用加了 16 000 元，销售部门职工的工资属于企业的销售费用，应计入“销售费用”账户的借方。编制会计分录如下：

借：销售费用　　16 000

　贷：应付职工薪酬——工资、奖金、津贴和补贴　　16 000

【例 3-38】 瑞科公司通过银行转账直接将销售人员上月工资 19 000 元发放到职工个人账户(假设不考虑税费和扣除项目)。

这项经济业务的发生，一方面使企业的应付职工工资减少了 19 000 元，应计入“应付职工薪酬”账户的借方；另一方面使企业的银行存款减少 19 000 元，应计入“银行存款”账户的贷方。编制会计分录如下：

借：应付职工薪酬——工资、奖金、津贴和补贴　　19 000

　贷：银行存款　　19 000

【例 3-39】 瑞科公司结转已销售的 18 吨饮料甲和 5 吨饮料乙的实际生产成本，假设饮料甲、乙的每吨单位成本分别为 5 000 元和 6 000 元。

这项经济业务的发生，使企业的销售成本增加，同时使企业的库存产成品减少。“主营业务成本”账户记借方，“库存商品”账户记贷方。编制会计分录如下：

借：主营业务成本　　120 000

贷:库存商品——饮料甲 90 000

——饮料乙 30 000

【例 3-40】 瑞科公司销售不适用 A 材料一批,出售价款 2 000 元,开出增值税发票,增值税率 13%,取得价税款存入银行。

因为瑞科公司的主业是生产销售饮料,所以这项经济业务为公司的非主营业务。该业务的发生,使企业银行存款增加,同时实现其他业务收入。"银行存款"账户记借方,"其他业务收入"账户记贷方。编制会计分录如下:

借:银行存款 2260

贷:其他业务收入 2 000

应交税费——应交增值税(销项税额) 260

【例 3-41】 接上例,瑞科公司结转已销售材料的实际成本 1 500 元。

这项经济业务的发生,使企业的其他业务成本增加,同时使企业的材料减少。"其他业务成本"账户记借方,"原材料"账户记贷方。编制会计分录如下:

借:其他业务成本 1 500

贷:原材料——A 材料 1 500

任务六　掌握期末账项调整业务核算

一、期末账项调整的原因

由于持续经营假设和会计分期假设的存在,在实践中往往出现企业交易或者事项的发生与相关货币资金收支的时间不在同一个会计期间的情况,如本月销售的商品货款要到下月收到,年初一次性支付了一年的房屋租金,等等。这就产生了如何确认、计量和报告各相关会计期间的收入、费用问题,也就是会计的记账基础问题。对此有两种处理方法,一种是在销售业务实现的时候计入当期收入,在货币资金支出的整个受益期间分摊费用,即权责发生制;另一种是在实际收到或支出货币资金的时候计入当期收入、费用,即收付实现制。

我国的《企业会计准则——基本准则》规定,企业应当以权责发生制为基础进行会计确认、计量和报告。采用权责发生制,可以正确反映各个会计期间所实现的收入和为实现收入所应负担的费用,从而可以把各期的收入与其相关的成本费用相配比,正确计算出各期的经营成果。

按照权责发生制基础的要求,不论款项是否支付,凡是本会计期间已经实现的收入和应该负担的费用都要计入本期的收入和费用,凡是不属于本期的收入和本期应该负担的费用即使相关款项已经收付,也不能计入本会计期间的收入和费用。因此,每个会计期末都要对已经入账和没有入账的相关收入、费用进行必要的调整,以便正确计算本期损益,这就是会计期末的账项调整。

二、账项调整业务涉及的主要账户

1.“合同资产”账户

“合同资产”是指企业已向客户转让商品而有权收取对价的权利，且该权利取决于时间流逝之外的其他因素。“合同资产”账户属于资产类账户，企业发生合同资产的商品销售时，应按照销售商品的全部价税款，借记“合同资产”账户，按销售商品的价款，贷记“主营业务收入”等账户，当与合同资产相关的商品交付实现销售时，将合同资产转为应收账款。

2.“合同负债”账户

“合同负债”账户属于负债类账户，是指企业已收或应收向客户销售商品或提供劳务价款后，而应向客户转让商品或提供服务的义务。企业按合同约定向客户预收销售商品或提供劳务款项的，应当首先将该款项确认为负债，贷记“合同负债”；待向客户提供了商品或者服务时再转为收入，借记“合同负债”，贷记“主营业务收入”“其他业务收入”等。

3.“财务费用”账户

“财务费用”账户属于损益类账户，用于核算企业为筹集生产经营所需资金而发生的各项费用，主要包括生产经营期间的利息支出（减利息收入）、金融机构手续费等。本账户借方登记企业发生的各项财务费用；贷方登记期末结转入“本年利润”的财务费用；本账户期末没有余额。本账户可按费用项目设置明细账户，进行明细核算。

4.“应付利息”账户

“应付利息”账户属于负债类账户，用来核算企业按照合同约定应支付的利息。在会计期末企业确认利息费用时，计入本账户的贷方；企业实际支付利息时，计入本账户的借方；本账户的期末余额通常在贷方，表示企业应付未付的利息。本账户可以按照贷款人设置明细账户，进行明细分类核算。

5.“信用减值损失”

“信用减值损失”账户属于损益类账户，用来核算企业在资产负债表日持有的金融资产形成的预期信用损失。如果预期信用损失大于该金融工具当前减值准备的账面金额，企业应当将其差额确认为减值损失，借记“信用减值损失”科目，贷记 “坏账准备”等科目。若反之，则作相反会计分录。结转后本账户无余额。

6.“坏账准备”

“坏账准备”账户属于资产类账户，是应收款项类账户的抵减账户。其贷方登记每期提取的坏账准备数额，借方登记实际发生坏账损失和冲减的坏账准备数额，期末余额一般在贷方，反映企业已经提取尚未转销的坏账准备数额。

7.“资产减值损失”

“资产减值损失”账户属于损益类账户，是指因资产的账面价值高于其可收回金额而造成的损失。资产负债表日，经过对资产的测试，判断资产的可收回金额低于其账面价值而计提资产减值损失准备所确认的相应损失。本账户适用于除金融资产以外的其他资产减值产生的损失，借方登记损失的增加，贷方登记损失的减少或转销。结转后本账户无余额。

8. “固定资产减值准备”

“固定资产减值准备”账户属于资产类账户，是固定资产账户的抵减账户。核算固定资产因发生损坏、技术陈旧或者其他经济原因，导致其可收回金额低于其账面价值造成的固定资产价值减损。其贷方登记固定资产减值金额的增加，借方登记处置固定资产时转销的固定资产减值准备金额，余额一般在贷方。

9. “存货跌价准备”

“存货跌价准备”账户属于资产类账户，是存货类资产的备抵账户。用于核算企业提取的存货跌价准备金额。其贷方登记存货可变现净值低于成本的差额，借方登记已计提存货跌价准备的存货价值以后又得以恢复的金额和其他原因冲减已计提存货跌价准备的金额，期末贷方余额反映企业已提取的存货跌价准备金。

10. “税金及附加”账户

“税金及附加”账户属于损益类账户，用来核算企业在销售环节缴纳的除增值税外的各种税金及附加。本账户的借方登记税金及附加的增加额，贷方登记期末转入“本年利润”账户的税金及附加；结转后本账户期末无余额。

三、期末账项调整的会计处理

期末账项调整一般可以分为五类：应计收入的确认、预收收入的确认、应计费用的确认、预付费用的调整确认、其他账项的确认，下面分别介绍其会计处理。

（一）应计收入的确认

应计收入是指本期已经实现，但尚未收到款项的收入，如应计出租包装物租金收入、应计银行存款利息收入、建筑施工单位按照工程进度确认的本期收入等，这些收入因尚未收到款项，平时未予记录，在期末必须查明，并予以调整入账，确认为本期收入。

例如，由于银行通常是每季度结算一次存贷款利息，因而企业在每季度的前两个月都要根据存款金额及利率估计利息收入并入账；出租固定资产租金收入后期收取，前期也应当确认。

仍以瑞科公司为例，截至【例 3-41】，瑞科公司各账户的余额如表 3-3 所示。

表 3-3　瑞科公司账户余额表(损益账户未结转)

单位:元

账户名称	借方金额	账户名称	贷方金额
库存现金	3 600	短期借款	150 000
银行存款	614 721	应付账款	252 950
其他货币资金	49 841	应付票据	10 170
交易性金融资产	310 000	预收账款	130 000
应收票据	169 500	应付利息	5 000
应收账款	225 200	应交税费	48 292
预付账款	10 000	合同负债	40 000

续表

账户名称	借方金额	账户名称	贷方金额
原材料	276 000	应付职工薪酬	94 000
库存商品	895 800	长期借款	200 000
生产成本	10 000	实收资本	2 000 000
固定资产	835 000	本年利润	800 000
无形资产	500 000	主营业务收入	313000
销售费用	25 500	其他业务收入	2 000
管理费用	16 740	累计折旧	18 140
主营业务成本	120 000		
其他业务成本	1 500		
投资收益	150		
合计	4 063 552	合计	4 063 552

其202×年12月发生如下经济业务：

【例3-42】 瑞科公司于当年12月1日将其某项固定资产出租给甲公司，根据合同约定，租金每月5 000元(不含税)，租期半年，甲公司于租期届满时一次性将租金支付给瑞科公司，同时瑞科公司开具发票(不考虑相关税费)。

当年12月末，瑞科公司虽然没有收到钱，但应根据本月已提供租赁服务，按权责发生制确认一个月的收入。编制会计分录如下：

借:其他应收款——租金　　　　5 000

　贷:其他业务收入　　　　5 000

(二) 预收收入的确认

预收收入是指已经收到款项，但尚未交付商品或提供劳务的收入。这些款项所代表的收入，在后续会计期间随着商品的交付或劳务的提供而实现。因此在会计期末需要作相应的调账处理，将已实现的部分计为本期收入，未实现的部分递延到下期，作为负债处理(相当于从付款单位借款)。

【例3-43】 瑞科公司于202×年10月1日将某种专用设备出租给了乙公司，租期半年，每月不含税租金10 000元。根据合同约定，瑞科公司于租赁开始日收到全部6个月的租金60 000元(纳税义务已在收到租金时产生)，存入银行。

按照权责发生制，瑞科公司虽然于202×年10月收到了全部租金，但应该递延到后面半年内每个月分别确认收入，此项业务于202×年12月初合同负债余额应为40 000元(见表3-2)，则于202×年12月份应该确认10 000元收入，编制会计分录如下：

借:合同负债　　　　10 000

　贷:其他业务收入　　　　10 000

(三) 应计费用的确认

应计费用是指本期已经发生，或已经有本期收益，但尚未入账，也未付现金或银行存款的费用。如应计借款利息、应计水电费、应计设备维修费等。这些费用应该归属本期负担，所以应在期末予以调整入账。

【例 3-44】 瑞科公司 202×年 10 月、11 月分别估计当月短期借款利息为 2 500 元，12 月末接到银行通知，本季度短期借款利息 8 000 元已经从公司银行存款账户划拨。收到相关单据。

202×年 10 和 11 月月末将估计的当月短期借款利息确认为当期费用入账，会计分录分别为：

借：财务费用　　2 500

　　贷：应付利息　　2 500

因此 202×年 12 月初，共有"应付利息"合计 5 000 元，参见表 3-2。

则瑞科公司在 202×年 12 月末实际支付四季度短期借款利息时，编制会计分录如下：

借：财务费用　　3 000

　　应付利息　　5 000

　　贷：银行存款　　8 000

（四）预付费用的确认

预付费用是指在本期或前期已经支付入账，但系后续会计期间受益而应归属于后续会计期间负担的费用，如预付房屋租金、预付财产保险费、预付报刊订阅费等。预付费用应根据后续会计期间的受益比例，分期摊销。

【例 3-45】 瑞科公司于 202×年 9 月 20 日以银行存款支付第四季度某办公用房屋租金 30 000 元(不含税)，当日收到出租方开来的租赁发票。

按权责发生制，瑞科责任公司应该在当年 10、11、12 三个月分摊 30 000 元租金，分别计入各月费用各 10 000 元，编制会计分录如下：

12 月份确认一笔费用的分录为：

借：管理费用　　10 000

　　贷：预付账款　　10 000

（五）其他账项的确认

除上述应计收入、预收收入、应计费用、预付费用的调整确认以外，会计期末账项调整的内容还包括计提固定资产折旧、计提各类资产减值准备、计提应交税费等其他项目。现简要说明如下。

1. 固定资产折旧

固定资产是企业为生产商品、提供劳务、出租或者经营管理而持有的使用寿命超过一个会计年度的有形资产，如房屋、建筑物、机器设备、运输工具等。

固定资产通常单位价值高，使用寿命长，可以在多个会计期间参与企业的生产经营活动，因此固定资产使用过程中消耗掉的全部价值应该在它完整的收益期里进行分配。

固定资产折旧就是把购置或建造固定资产所支付的费用，扣除预计处置收入和净残值后在整个固定资产使用期间进行分期摊销，其意义一是使各会计期间的收入与为取得这些收入所支出的费用进行合理配比以正确计算经营成果；二是通过收回销售货款或劳务收入，使固定资产使用中的磨损价值得到补偿，为最终固定资产报废更新提供资金储备。

【例 3-46】 瑞科公司于 202×年 12 月末计提当月固定资产折旧，【例 3-24】已计提了生产车间的折旧，假设销售部门使用固定资产提折旧额 15 000 元，行政管理部门办公用房屋及设备应提折旧额为 9 600 元。编制会计分录如下：

借：销售费用　　15 000
　　管理费用　　9 600
　贷：累计折旧　　24 600

2. 资产减值准备

根据《企业会计准则——基本准则》有关规定，企业对交易或者事项进行会计确认、计量和报告时应当保持应有的谨慎，不应高估资产或者收益、低估负债或者费用，这就是会计信息质量要求中的"谨慎性"要求。因此，企业应定期对各项资产的账面价值与可收回金额进行比较，当资产的可收回金额(指资产的公允价值减去处置费用后的净额与资产预计未来现金流量的现值两者之间较高者)低于其账面价值时，应当确认资产减值损失，同时建立相应的准备金，如坏账准备、存货跌价准备、固定资产减值准备、无形资产减值准备、长期股权投资减值准备等。

当资产减值成为现实时，则冲减相应的减值准备金。计提减值准备也是会计期末账项调整的内容之一，下面以坏账准备、存货跌价准备、固定资产减值准备为例，简要说明其计提的账务处理方法(详细核算方法将在后续财务会计课程中介绍)。

(1) 坏账准备。企业因赊销商品等业务而产生的应收账款、其他应收款、长期应收款、应收票据以及预付账款等应收款项，是企业的债权资产。这些债权有可能不能如数收回，从而使企业遭受损失。满足一定条件确定不能收回的债权称为坏账，但坏账损失并不全是在满足坏账条件的期间产生的，因此企业在各期间对可能发生的坏账损失应当事前作出估计，以便将由此带来的损失分散到有关会计期间，并依此准确地反映各期的损益和资产。计提坏账准备就是对可能发生的坏账进行事前的处理。

【例 3-47】 根据表 3-3，瑞科公司 202×年年末应收账款账户借方余额为 225 200 元，企业按应收账款余额的 3%计提坏账准备("坏账准备"账户期初余额为 0)。

根据资产减值准备的含义，期末应收账款 225 200 元中，可能已经发生损失的金额为 225 200×3%＝6 756(元)

其账务处理步骤为：

第一步，计算本期应计提的坏账准备金，公式如下：

期末应计提坏账准备＝期末预计坏账准备金额－坏账准备贷方余额(＋坏账准备借方余额)

应计提坏账准备＝225 200×3% ＝6 756(元)

第二步，编制会计分录如下：

借：信用减值损失　　6 756
　贷：坏账准备　　6 756

假设 202×年的第二年 1 月 20 日，甲公司确认有 2 000 元的应收账款确实无法收回，即满足了坏账的确认条件，此时应编制会计分录如下：

借：坏账准备　　2 000
　贷：应收账款　　2 000

(本月未发生坏账，本分录不计入瑞科公司本期发生额，仅作示例)

(2) 存货跌价准备。企业应当定期或至少每年度终了对存货进行全面清查，如有因存货毁损、陈旧过时或销售价格低于成本等而使存货成本高于其可变现净值的，应按可变现净值低于存货成本的部分，计提存货跌价准备。

【例 3-48】 根据表 3-3，瑞科公司于 202×年年末存货的账面价值为 1 181 800 元，经测算其可变现净值为 1 170 000 元，应计提存货跌价准备 11 800 元。编制会计分录如下：

借：资产减值损失　　11 800

　贷：存货跌价准备　　11 800

(3) 固定资产减值准备。企业应当定期或至少每年度终了对固定资产进行逐项检测，如查明某项资产由于市价持续下跌，或技术陈旧、损坏、长期闲置等原因导致其可收回金额低于账面价值的，应当按可收回金额与其账面价值(账面实际余额减去已计提的累计折旧和已提取的减值准备)的差额计提固定资产减值准备。

【例 3-49】 202×年年末，瑞科公司根据测试和计算结果，确认其某项固定资产发生减值 20 000 元。编制会计分录如下：

借：资产减值损失　　20 000

　贷：固定资产减值准备　　20 000

3. 应交税费

企业应于会计期末(月末)根据各项收入及利润计算应缴纳的相关税费，包括消费税、城建税、企业所得税等。企业计算出这些税费后，不一定立即交付税务部门，从而形成企业对税务部门的负债，因此计提应交税费也是会计期末会计确认处理的内容。

【例 3-50】 202×年 12 月末，瑞科公司计算出本月应交消费税为 3 000 元，应交城市维护建设税 770 元，应交教育费附加 330 元。编制会计分录如下：

借：税金及附加　　4 100

　贷：应交税费——应交消费税　　3 000

　　　　　　——应交城市维护建设税　　770

　　　　　　——应交教育费附加　　330

此外，对于以公允价值进行后续计量的资产，如交易性金融资产等，在会计期末还要对公允价值和账面余额之间的差额进行会计处理，计入当期损益或者所有者权益，此部分内容将在财务会计里详细讲述。

任务七　掌握利润形成与分配业务核算

一、财务成果业务的核算内容

企业财务成果业务的核算内容包括利润的形成和利润的分配两个部分。

(一) 利润的形成

利润是企业在一定会计期间的经营成果，包括营业利润、利润总额和净利润。其中，净利润是企业全部收入(广义)与费用(广义)相抵以后的差额,如果收入大于费用,其差额为利润,反之为亏损。

利润是综合反映企业一定时期生产经营成果的重要指标:企业各方面的情况,诸如劳动生产率的高低、产品是否适销对路、产品成本和期间费用的节约与否,都会通过利润指标得到综合反映。因此,通过利润指标可以发现企业在生产经营中存在的问题,使企业能够不断改善经营管理,提高经济效益。

利润是通过将一定时期内相对应的收入与费用进行配比计算得出来的,收入大于费用的部分为利润,反之则为亏损。利润的确认以企业生产经营活动过程中所产生的收入和费用的确认为基础,此外还包括通过投资活动而获得的投资收益以及那些与生产经营活动无直接关系的营业外收入和营业外支出。

有关利润的计算公式如下:

净利润=利润总额-所得税费用

利润总额=营业利润+营业外收入-营业外支出

营业利润=营业收入-营业成本-税金及附加-销售费用-管理费用-财务费用-资产减值损失-信用减值损失+其他收益+投资收益+公允价值变动收益+资产处置收益

其中:

营业收入=主营业务收入+其他业务收入

营业成本=主营业务成本+其他业务成本

"其他收益"反映企业收到的与日常活动相关的计入当期收益的政府补助。

"公允价值变动收益"反映企业划分为以公允价值计量的"交易性金融资产"等的公允价值变动产生的收益或损失。

"资产处置收益"反映企业出售划分为持有待售的非流动资产或处置组时确认的处置利得或损失,以及处置未划分为持有待售固定资产、无形资产等而产生的处置利得或损失。

(二)利润的分配

企业实现的净利润,就是企业利润总额扣除企业所得税费用以后的数额,即税后利润。企业取得的净利润加上年初留存的未分配利润,形成可供分配的利润,对其应当按规定的顺序进行分配。利润的分配过程和结果,不仅关系着所有者的合法权益能否得到保护,而且还关系着企业能否长期、稳定地发展。企业的利润分配一般按下列程序进行:

1. 提取法定盈余公积

按照现行制度规定,公司制企业的法定盈余公积按照税后利润(如有累积未弥补亏损,应先弥补可弥补的亏损)的10%提取。企业提取的法定盈余公积累计数额为其注册资本的50%以上时,可以不再提取。

2. 提取任意盈余公积

公司在提取法定盈余公积后,经股东会或者股东大会决议,还可以从税后利润中提取任意盈余公积,任意盈余公积的提取比例由企业视自身的情况而定。

3. 向投资者分配利润

公司在弥补亏损和提取盈余公积后,按规定可以向投资者分配利润。

公司实现的净利润经过上述分配之后，如果有余额，称为未分配利润，可留待以后年度分配，此项未分配利润应在资产负债表上单独反映。

需要说明的是，上述利润分配程序是在企业连年盈利情况下进行的。如果企业发生亏损，现行法规规定可以用以后年度实现的利润弥补，也可以用以前年度提取的盈余公积弥补。企业以前年度亏损未弥补完，不能提取法定盈余公积。在提取法定盈余公积前，不得向投资者分配利润。

二、利润业务核算涉及的主要账户

除前面已经介绍的部分账户之外，为组织利润业务的核算，企业还需要设置“营业外收入”“营业外支出”“所得税费用”“本年利润”“利润分配”“盈余公积”“应付股利”等账户进行核算。

1. “营业外收入”账户

“营业外收入”账户属于损益类账户，核算与企业发生的除营业利润以外的收益，主要包括债务重组利得、与企业日常活动无关的政府补助、盘盈利得、捐赠利得、罚没利得等。本账户贷方登记企业取得的各项营业外收入；借方登记期末转入“本年利润”账户的营业外收入，结转后本账户无余额。本账户可按营业外收入的项目设置明细账户，进行明细核算。

2. “营业外支出”账户

“营业外支出”账户属于损益类账户，核算与企业除营业利润以外的各项支出，主要包括债务重组损失、公益性捐赠损失、非常损失、捐赠支出、盘亏损失、非流动资产毁损和报废损失等。本账户借方登记企业发生的各项营业外支出；贷方登记期末转入“本年利润”账户的营业外支出；结转后本账户无余额。本账户可按营业外支出的项目设置明细账户，进行明细核算。

3. “所得税费用”账户

“所得税费用”账户属于损益类账户，用来核算企业确认的从当期利润总额中扣除的所得税费用。本账户的借方登记企业计入当期损益的所得税费用；贷方登记期末结转入“本年利润”账户的所得税费用；结转后本账户无余额。本账户无需进行明细核算。

4. “本年利润”账户

“本年利润”账户属于所有者权益类账户，用于核算企业实现的利润或亏损总额。贷方登记由损益类账户中的各项收入账户转入的收入，包括主营业务收入、其他业务收入、营业外收入、投资收益(也可能从相反方向转入)等。借方登记由损益类账户中的各项费用账户转入的费用，包括主营业务成本、其他业务成本、税金及附加、销售费用、管理费用、财务费用、营业外支出等。余额若在贷方，表示企业本年内实现的利润；余额若在借方，表示企业本年内发生的亏损。按规定将所得税费用转入本账户的借方后，此时本账户的贷方余额为企业的税后净利润。年末，将“本年利润”全部转入“利润分配”账户，结转后本账户无余额。

5. “利润分配”账户

“利润分配”账户属于所有者权益类账户，用于核算企业税后净利润的分配。本账户的借方登记已分配的利润和从“本年利润”账户转入的企业当年净亏损，其中已分配的利润包括提取的盈余公积金、向投资者分配的利润等；贷方登记从“本年利润”账户转入的企业税后净利润；余额在贷方，表示未分配的利润。如果出现借方余额，表示企业累计未弥补的亏损。

本账户下应设置“利润分配——提取法定盈余公积”“利润分配——提取任意盈余公积”“利润分配——应付现金股利或利润”“利润分配——未分配利润”等明细账户。年终将企业实现的税后净利润从“本年利润”账户转入“利润分配——未分配利润”明细账户的贷方，同时再将“利润分配”中其他明细账户的余额转入“利润分配——未分配利润”明细账户的借方；结转后，“利润分配”账户除“利润分配——未分配利润”外，其他明细账户应无余额。

6. “盈余公积”账户

“盈余公积”账户属于所有者权益类账户，用于核算企业盈余公积的提取和使用。本账户的贷方登记企业提取的盈余公积；借方登记使用的盈余公积，如弥补亏损、转增资本等；期末余额在贷方，表示企业结余的盈余公积。本账户应分别设置“法定盈余公积”“任意盈余公积”两个明细账户，进行明细核算。

7. “应付股利”账户

“应付股利”账户属于负债类账户，用于核算企业应付给投资者的利润。本账户的贷方登记企业计算出的应付给投资者的利润；借方登记已支付给投资者的利润；余额在贷方，表示应付但尚未支付给投资者的利润。本账户应按照投资者名称设置明细账户，进行明细核算。

三、主要利润业务的核算

接前例，瑞科公司 202×年 12 月末发生的财务成果核算业务如下：

【例 3-51】 以现金支付税费滞纳金罚款 800 元。

税费滞纳金罚款属于非正常的支出，这项业务的发生，使企业的营业外支出增加，同时企业的现金减少。“营业外支出”账户记借方，“库存现金”账户记贷方。编制会计分录如下：

借：营业外支出　　800

　贷：库存现金　　800

【例 3-52】 从某供货单位取得合同违约金 20 000 元，款项收到存入银行。

这项经济业务的发生，使企业银行存款增加，同时使企业的营业外收入增加。“银行存款”账户记借方，“营业外收入”账户记贷方。编制会计分录如下：

借：银行存款　　20 000

　贷：营业外收入　　20 000

【例 3-53】 接【例 3-52】瑞科公司 12 月末结账前，各损益类账户的余额及其方向资料如表 3-4 所示。

表 3-4　瑞科公司 202×年 12 月末损益类账户结转前累计发生额

单位：元

账　户	借　方	贷　方
主营业务收入		313 000
其他业务收入		17 000

续表

账　户	借　方	贷　方
营业外收入		20 000
投资收益	150	
主营业务成本	120 000	
其他业务成本	1 500	
税金及附加	4 100	
管理费用	36 340	
财务费用	3 000	
销售费用	40 500	
资产减值损失	31 800	
信用减值损失	6 756	
营业外支出	800	
合　计	244 946	350 000

将上述损益类账户余额结转入“本年利润”账户，计算并结转本月利润总额。

损益类账户结转入“本年利润”账户的原则是：凡是有贷方余额的账户全部从借方转出，凡是有借方余额的账户全部从贷方转出，结转后各损益类账户没有余额。

因此，12月末应编制损益类账户结转会计分录如下：

借：主营业务收入　　313 000
　　其他业务收入　　17 000
　　营业外收入　　20 000
　　贷：本年利润　　350 000

同时：

借：本年利润　　244 946
　　贷：主营业务成本　　120 000
　　　　其他业务成本　　1 500
　　　　销售费用　　40 500
　　　　管理费用　　36 340
　　　　财务费用　　3 000
　　　　税金及附加　　4 100
　　　　信用减值损失　　6 756
　　　　资产减值损失　　31 800
　　　　营业外支出　　800
　　　　投资收益　　150

以上各项收入（合计额登记在“本年利润”账户贷方）抵补各项费用、损失（合计额登记在

“本年利润”账户的借方）后的差额105 054（350 000－244 946）元为瑞科公司202×年12月份实现的利润总额，为“本年利润”账户的贷方余额。

【例3-54】 假定瑞科公司202×年1—11月累计已形成利润总额800 000元（见表3-2），年末，假设瑞科公司无其他纳税调整项目，按规定税率25%计算企业应缴纳的企业所得税。

首先应计算企业的应纳税所得额，因无其他纳税调整事项，此处即等于企业实现的利润总额，然后计算应缴纳所得税额。

202×年12月份利润计算过程如下：

营业利润＝营业收入－营业成本－税金及附加－销售费用－管理费用－财务费用－信用减值损失－资产减值损失＋投资收益

＝（313 000＋17 000）－（120 000＋1 500）－41 00－40 500－36 340－3 000－6 756－31 800－150

＝85 854（元）

利润总额＝营业利润＋营业外收入－营业外支出

＝85 854＋20 000－800＝105 054（元）

瑞科公司202×年1—11月累计已形成利润总额800 000元，则全年累计利润总额为905 054元，无其他纳税调整事项，全年利润总额等于应纳税所得额，则应纳所得税额为：

应纳所得税额＝应纳税所得额×所得税税率

＝905 054×25%＝226 263.5（元）

这项经济业务的发生，使企业的所得税费用增加，同时使企业的应交所得税增加。“所得税费用”账户记借方，“应交税费”账户记贷方。编制会计分录如下：

借：所得税费用　　226 263.5

　贷：应交税费——应交所得税　　226 263.5

需要说明的是，因为税法在确定应纳税所得额时与会计准则确认利润的口径有差异等，企业年末利润总额与应纳税所得额一般并不是相等的。

【例3-55】 年末，瑞科公司将所得税费用结转入“本年利润”账户。

由于“所得税费用”账户也是损益类账户，因此这项经济业务是将“所得税费用”账户余额结平。“本年利润”账户记借方，“所得税费用”账户记贷方。编制会计分录如下：

借：本年利润　　226 263.5

　贷：所得税费用　　226 263.5

【例3-56】 年末，瑞科公司将实现的全年净利润678 790.5（905 054－226 263.5）元转入“利润分配——未分配利润”账户。

这项经济业务是结平“本年利润”账户。由于企业实现了净利润，“本年利润”有贷方余额，所以在结平时，“本年利润”账户记借方，“利润分配——未分配利润”账户记贷方。编制会计分录如下：

借：本年利润　　678 790.5

　贷：利润分配——未分配利润　　678 790.5

【例3-57】 年末，瑞科公司按净利润的10%提取法定盈余公积金。

应提盈余公积＝净利润×提取比例＝678 790.5×10% ＝67 879.05（元）

这项经济业务的发生，使瑞科公司的利润分配增加，同时使瑞科公司的盈余公积增加。利润分配的增加实质上是企业净利润的减少，应计入“利润分配——提取法定盈余公积”账户的借方；盈余公积的增加应计入“盈余公积——法定盈余公积”账户的贷方。会计分录如下：

借：利润分配——提取法定盈余公积　　67 879.05

　　贷：盈余公积——法定盈余公积　　67 879.05

【例 3-58】 年末，瑞科公司决定向投资者分配利润 450 000 元。

这项经济业务的发生，使瑞科公司的利润分配增加，同时使瑞科公司应付投资者的利润增加。利润分配的增加是企业净利润的减少，应计入“利润分配——应付利润”账户的借方；应付利润的增加是负债的增加，应计入“应付股利”账户的贷方。编制会计分录如下：

借：利润分配——应付利润　　450 000

　　贷：应付股利　　450 000

【例 3-59】 年末，瑞科公司将“利润分配”账户下其他两个明细账户的余额转入“利润分配——未分配利润”明细账户：编制会计分录如下：

借：利润分配——未分配利润　　517 879.05

　　贷：利润分配——提取法定盈余公积　　67 879.05

　　　　利润分配——应付利润　　450 000

年终，该企业“利润分配——未分配利润”账户的贷方余额为 160 911.45(678 790.5－517 879.05)元，表示该企业年末的未分配利润，是其所有者权益的组成部分，即未分配利润。

表 3-2 数据为瑞科公司 202×年 12 月的期初余额，根据瑞科公司 202×年 12 月编制的会计分录，登记瑞科公司 12 月份有关账户的总分类账如下(以“T”型账户代替)。

库存现金

借方	贷方
期初余额：1 700	
(25)4 000	(26)2 000
(27)400	(36)500
	(51)800
本期发生额：4 400	本期发生额：3 300
期末余额：2 800	

在途物资

借方	贷方
期初余额：0	
(11) 2 500	(11) 2 500
(18)73 000	(18)73 000
本期发生额：75 500	本期发生额：75 500
期末余额：0	

其他货币资金

借方	贷方
期初余额：200 000	
	(17)150 000
	(17)　159
本期发生额：0	本期发生额：150 159
期末余额：49 841	

交易性金融资产

借方	贷方
期初余额：160 000	
(17) 150 000	
本期发生额：150 500	本期发生额：0
期末余额：310 000	

借方	银行存款	贷方
期初余额:470 000		
(3) 20 000		(10) 45 200
(7) 100 000		(11) 2 825
(8) 200 000		(14) 50 000
(15) 4 800		(16) 39 550
(30)84 750		(18) 82 370
(33)60 000		(21) 65 000
(40) 2 260		(23) 4 294
(52) 20 000		(25) 40 000
		(34) 5 760
		(35) 9 090
		(38) 19 000
		(44) 8 000
本期发生额:491 810		本期发生额:335 089
期末余额:626 721		

借方	原材料	贷方
期初余额:135 000		
(5)100 000		(19)147 000
(10)40 000		(41)1 500
(11)2 500		
(12)25 000		
(13)9 000		
(15)40 000		
(18)73 000		
本期发生额:289 500		本期发生额:148 500
期末余额:276 000		

借方	预付账款	贷方
期初余额:10 000		
(14) 50 000		(15)45 200
		(15)4 800
		(45)10 000
本期发生额:50 000		本期发生额:60 00
期末余额:0		

借方	应收账款	贷方
期初余额:180 000		
(31) 45 200		
本期发生额:45 200		本期发生额:0
期末余额:225 200		

借方	其他应收款	贷方
期初余额:0		
(26) 2 000		(27)2 000
(42) 5 000		
本期发生额:7 000		本期发生额:2 000
期末余额:5 000		

借方	应收票据	贷方
期初余额:0		
(32) 169 500		
本期发生额:169 500		本期发生额:0
期末余额:169 500		

借方	库存商品	贷方
期初余额:810 000		
(29) 205 800		(39)120 000
本期发生额:205 800		本期发生额:120 000
期末余额:895 800		

借方	固定资产	贷方
期初余额:420 000		
(4) 380 000		
(16) 35 000		
本期发生额:415 000		本期发生额:
期末余额:835 000		

借方	累计折旧　贷方
	期初余额:10 000 (24) 8 140 (46) 24 600
本期发生额:0	本期发生额:32 740 期末余额:42 740

借方	无形资产　贷方
期初余额:0 (6) 500 000	
本期发生额:500 000 期末余额:500 000	本期发生额:0

借方	坏账准备　贷方
	期初余额:0 (47) 6 756
本期发生额:0	本期发生额:6 756 期末余额:6 756

借方	存货跌价准备　贷方
	期初余额:0 (48) 11 800
本期发生额:0	本期发生额:11 800 期末余额:11 800

借方	固定资产减值准备　贷方
	期初余额:0 (49) 20 000
本期发生额:0	本期发生额:20 000 期末余额:20 000

借方	短期借款　贷方
	期初余额:50 000 (7) 100 000
本期发生额:0	本期发生额:100 000 期末余额:150 000

借方	长期借款　贷方
	期初余额:0 (8) 200 000
本期发生额:0	本期发生额:200 000 期末余额:200 000

借方　应交税费　贷方

借方	贷方
	期初余额:37 000
(10) 5 200	(30) 9 750
(11) 325	(31) 5 200
(12) 3 250	(32) 19 500
(13) 1 170	(34) 6 240
(15) 5 200	(40) 260
(16) 4 550	(50) 4 100
(17) 9	(54) 226 263.5
(18) 9 370	
(23) 494	
(35) 90	
本期发生额:29 658	本期发生额:271 313.5
	期末余额:278 655.5

借方　应付账款　贷方

借方	贷方
	期初余额:224 700
	(12) 28 250
本期发生额:0	本期发生额:28 250
	期末余额:252 950

借方　应付票据　贷方

借方	贷方
	期初余额:0
	(13) 10 170
本期发生额:0	本期发生额:10 170
	期末余额:10 170

借方　预收账款　贷方

借方	贷方
	期初余额:5 000
(44) 5 000	
本期发生额:5 000	本期发生额:0
	期末余额:0

借方　应付职工薪酬　贷方

借方	贷方
	期初余额:90 000
	(20) 64 000
(21)65 000	(22)8 000
(38)19 000	(37)16 000
本期发生额:84 000	本期发生额:88 000
	期末余额:94 000

借方　应付利息　贷方

借方	贷方
	期初余额:5 000
(44) 5 000	
本期发生额:5 000	本期发生额:0
	期末余额:0

借方　应付股利　贷方

借方	贷方
	期初余额:0
	(58) 450 000
本期发生额:0	本期发生额:450 000
	期末余额:450 000

借方　合同负债　贷方

借方	贷方
	期初余额:40 000
(43) 10 000	
本期发生额:10 000	本期发生额:0
	期末余额:30 000

实收资本

借方	贷方
	期初余额:1 000 000
	(3) 20 000
	(4) 380 000
	(5) 100 000
	(6) 500 000
本期发生额:0	本期发生额:1 000 000
	期末余额:2 000 000

本年利润

借方	贷方
	期初余额:800 000
(53) 244 946	(53) 350 000
(55) 226 263.5	
(56) 678 790.5	
本期发生额:1 150 000	本期发生额:350 000
	期末余额:0

盈余公积

借方	贷方
	期初余额:0
	(57) 67 879.05
本期发生额:0	本期发生额:67 879.05
	期末余额:67 879.05

利润分配

借方	贷方
	期初余额:0
(57) 67 879.05	(56) 67 879.05
(58) 450 000	
(59) 517 879.05	
本期发生额:1 035 758.1	本期发生额:1 196 669.55
期末余额:160 911.45	

资产减值损失

借方	贷方
(48) 11 800	(53) 31 800
(49) 20 000	
本期发生额:31 800	本期发生额:31 800

信用减值损失

借方	贷方
(47) 6 756	(53) 6 756
本期发生额:6 756	本期发生额:6 756

制造费用

借方	贷方
期初余额:0	
(19) 5 000	(28) 20 800
(20) 4 000	
(22) 1 000	
(23) 2 600	
(24) 8 200	
本期发生额:20 800	本期发生额:20 800

生产成本

借方	贷方
(19) 140 000	(29) 205 800
(20) 50 000	
(22) 5 000	
(28) 20 800	
本期发生额:215 800	本期发生额:205 800
期末余额:10 000	

借方　主营业务成本	贷方
(39) 120 000	(53) 120 000
本期发生额:120 000	本期发生额:120 000

借方　其他业务成本	贷方
(41) 1 500	(53) 1 500
本期发生额:1 500	本期发生额:1 500

借方　营业外支出	贷方
(51) 800	(53) 800
本期发生额:800	本期发生额:800

借方　税金及附加	贷方
(50) 4 100	(53) 4 100
本期发生额:4 100	本期发生额:4 100

借方　销售费用	贷方
(35) 9 000 (36) 500 (37) 6 000 (46) 15 000	(53) 40 500
本期发生额:40 500	本期发生额:40 500

借方　管理费用	贷方
(19) 2 000 (20) 10 000 (22) 2 000 (23) 1 140 (27) 1 600 (45) 10 000 (46) 9 600	(53) 36 340
本期发生额:36 340	本期发生额:36 340

借方　主营业务收入	贷方
(53) 313 000	(30) 75 000 (31) 40 000 (32) 150 000 (34) 48 000
本期发生额:313 000	本期发生额:313 000

借方　其他业务收入	贷方
(53) 17 000	(40) 2 000 (42) 5 000 (43) 10 000
本期发生额:17 000	本期发生额:17 000

借方　财务费用	贷方
(44) 3 000	(53) 3 000
本期发生额:3 000	本期发生额:3 000

借方　营业外收入	贷方
(53) 20 000	(52) 20 000
本期发生额:20 000	本期发生额:20 000

借方　投资收益	贷方
(17) 150	(53) 150
本期发生额:150	本期发生额:150

借方　所得税费用	贷方
(54) 226 263.5	(55) 226 263.5
本期发生额:226 263.5	本期发生额:226 263.5

注:上述账户登记的金额前的序号为其在本项目中的例题编号。

将上述总分类账户的期初余额、本期发生额和期末余额编制试算平衡表如表 3-5 所示。

表 3-5　总分类账试算平衡表

编制单位:瑞科公司　　　　202×年 12 月 31 日　　　　单位:元

账户名称	期初余额		本期发生额		期末余额	
	借方	贷方	借方	贷方	借方	贷方
库存现金	1 700		4 400	3 300	2 800	
银行存款	470 000		491 810	335 089	626 721	
其他货币资金	200 000			150 159	49 841	
交易性金融资产	160 000		150 000		310 000	
应收账款	180 000		45 200		225 200	
应收票据			169 500		169 500	
预付账款	10 000		50 000	60 000		
其他应收款			7 000	2 000	5 000	
坏账准备				6 756		6 756
原材料	135 000		289 500	148 500	276 000	
在途物资			75 500	75 500		
生产成本			215 800	205 800	10 000	
制造费用			20 800	20 800		
库存商品	810 000		205 800	120 000	895 800	
存货跌价准备				11 800		11 800
固定资产	420 000		415 000		835 000	
累计折旧		10 000		32 740		42 740
固定资产减值准备				20 000		20 000
无形资产			500 000		500 000	
短期借款		50 000		100 000		150 000
应付账款		224 700		28 250		252 950
应付票据				10 170		10 170
预收账款		130 000	60 000	60 000		130 000
应交税费		37 000	29 658	271 313.5		278 655.5
应付职工薪酬		90 000	84 000	88 000		94 000
应付利息		5 000	5 000			
应付股利				450 000		450 000
合同负债		40 000	10 000			30 000
长期借款				200 000		200 000

续表

账户名称	期初余额		本期发生额		期末余额	
	借方	贷方	借方	贷方	借方	贷方
实收资本		1 000 000		1 000 000		2 000 000
盈余公积				67 879.05		67 879.05
本年利润		800 000	1 150 000	350 000		
利润分配			1 035 758.1	1 196 669.55		160 911.45
主营业务收入			313 000	313 000		
其他业务收入			17 000	17 000		
营业外收入			20 000	20 000		
投资收益			150	150		
主营业务成本			120 000	120 000		
其他业务成本			1 500	1 500		
税金及附加			4 100	4 100		
销售费用			40 500	40 500		
管理费用			36 340	36 340		
财务费用			3 000	3 000		
信用减值损失			6 756	6 756		
资产减值损失			31 800	31 800		
营业外支出			800	800		
所得税费用			226 263.5	226 263.50		
合计	2 386 700	2 386 700	5 835 935.6	5 835 935.60	3 905 862	3 905 862

通过试算平衡可见，瑞科公司202×年12月全部账户本期借方发生额合计等于全部账户本期贷方发生额合计，全部账户的期末借方余额也等于全部账户的贷方余额合计。瑞科公司的账簿记录基本正确，据此，可进一步进行结账和会计报表编制等工作。

同步实训

一、理论思考题

1. 会计核算的基本前提有哪些？会计核算的含义和作用分别是什么？
2. 会计计量的方法有哪些？
3. 企业物资采购的成本构成有哪些？
4. 增值税是如何计算的？

5. 企业生产业务包含哪些内容？产品的成本构成有哪些？
6. 产品销售业务的核算内容主要有哪些？
7. 期末账项调整的主要业务内容有哪些？为何要调整？
8. 权责发生制下收入和费用确定的原则是什么？
9. 企业的净利润是如何形成的？
10. 企业税后利润的分配程序是怎么样的？

二、技能实训题

(一) 单选题

1. “累计折旧”账户贷方余额表示(　　)。

A. 折旧的增加数　B. 折旧的减少数
C. 折旧的累计数　D. 折旧的转销数

2. 在下列账户中,期末需直接结转到“本年利润”账户的是(　　)。

A. 生产成本　B. 管理费用　C. 制造费用　D. 应交税费

3. “利润分配”账户在年终结算后出现借方余额,表示(　　)。

A. 未分配的利润额　B. 已分配的利润额
C. 未弥补的亏损额　D. 已实现的利润额

4. 某企业购进材料一批,买价 15 000 元,运输费 600 元,入库前整理挑选费 400 元,假设以上均为不含税价格。该批材料的采购成本是(　　)元。

A. 15 400　B. 15 600　C. 16 000　D. 15 000

5. 6 月 30 日,某企业“本年利润”账户有借方余额 200 000 元,表示(　　)。

A. 该企业 1 月 1 日至 6 月 30 日累计实现利润 200 000 元
B. 该企业 6 月 30 日实现利润 200 000 元
C. 该企业 1 月 1 日至 6 月 30 日累计发生亏损 200 000 元
D. 该企业 6 月 30 日发生亏损 200 000 元

6. 下列各项目中,属于营业外收入的是(　　)。

A. 销售产品的收入　B. 销售材料的收入
C. 罚款收入　D. 出租固定资产收入

7. 下列账户不属于资产账户的有(　　)。

A. 资产减值损失　B. 固定资产减值准备
C. 坏账准备　D. 累计折旧

(二) 多选题

1. 下列账户期末结账后有余额的账户有(　　)。

A. 生产成本　B. 在途物资　C. 管理费用　D. 主营业务收入

2. 下列各项目中,计入材料采购成本的有(　　)。

A. 材料买价　B. 材料的运输费
C. 入库前的整理挑选费用　D. 运输途中的合理损耗

3. 关于“本年利润”账户,下列说法正确的是(　　)。

A. 借方登记期末转入的各项费用　B. 贷方登记期末转入的各项收入
C. 贷方余额为本年实现的利润额　D. 年末结算后无余额

4. 企业实现的净利润应进行下列分配(　　)。

A. 计算缴纳所得税　　B. 支付子弟学校经费

C. 提取法定盈余公积金　　D. 提取任意盈余公积金

5. 下列各项目中,可以用来作为分配材料采购费用标准的有(　　)。

A. 材料的买价　　B. 材料的重量　　C. 材料的种类　　D. 材料的体积

6. 某车间领用材料一批,价值 36 000 元,直接用于产品生产,编制会计分录时,应使用的会计科目有(　　)。

A. 制造费用　　B. 在途物资　　C. 原材料　　D. 生产成本

7. 财务费用是指企业为筹集生产经营所需资金而发生的费用,包括(　　)。

A. 利息支出　　B. 利息收入

C. 金融机构手续费　　D. 广告费

8. 下列各项税费中,应通过"税金及附加"账户核算的有(　　)。

A. 增值税　　B. 消费税　　C. 印花税　　D. 教育费附加

9. 下列各项需要进行账项调整的业务有(　　)。

A. 应计收入　　B. 预付费用　　C. 计提累计折旧　　D. 确认坏账准备

(三) 业务核算与分析题

1.**【资料】** 某公司为增值税一般纳税人,增值税率 13%,202×年 11 月发生下列经济业务:

(1) 采购员李明预借差旅费 800 元,以现金支付。

(2) 购入原材料如下:甲材料 160 000 千克,单价 1 元;乙材料 80 000 千克,单价1.6 元。企业收到供应商开具的增值税专用发票,向供应商出具 3 个月的商业承兑汇票。

(3) 以银行存款支付上述材料运费 1 200 元,以现金支付材料到达仓库后的装卸费 360 元。按照甲、乙材料的重量分配运杂费(假设不考虑增值税)。

(4) 上述购买的甲、乙材料已验收入库,按材料的实际成本入账。

(5) 向 Y 公司购入丙材料 2 000 千克,单价 2 元,共计 4 000 元,材料已经验收入库,增值税专用发票已经收到,款项尚未支付。

(6) 前述购买甲、乙材料的商业承兑汇票到期,企业以银行存款支付。

(7) 以银行存款支付前述购入丙材料款。

【要求】 根据上述资料编制会计分录。

2.**【资料】** 某公司为增值税一般纳税人,适用增值税率为 13%,202×年 11 月发生下列有关生产的经济业务:

(1) 从仓库领用材料一批,用于生产 A 产品和其他耗用,具体情况如表 3-6 所示。

表 3-6

项目	甲材料		乙材料		丙材料		金额合计(元)
	数量(kg)	金额(元)	数量(kg)	金额(元)	数量(kg)	金额(元)	
A 产品耗用	46 000	46 000	6 200	9 920	1 400	2 800	58 720
生产车间一般耗用	6 000	6 000	200	320			6 320
管理部门耗用	2 400	2 400			150	300	2 700
合计	54 400	54 400	6 400	10 240	1 550	3 100	67 740

(2) 结算本月应付职工工资,按用途归集如下:A 产品生产工人工资 15 000 元;B 产品生产工人工资 5 000 元;车间管理人员工资 3 000 元;企业行政管理人员工资 6 500 元。

(3) 以现金 800 元支付生产车间的办公经费。

(4) 计提本月的固定资产折旧费 4 800 元,其中:生产用固定资产折旧 2 900 元,企业行政管理部门用固定资产折旧 1 900 元。

(5) 以银行存款支付本月水电费 1 400 元,其中:生产用水电费 800 元,企业行政管理部门水电费 600 元(假设不考虑增值税)。

(6) 月末,将本月的制造费用分配结转入 A、B 产品的生产成本中(按工资比例结转)。

(7) 假设本月 A 产品全部完工,完工产品成本按照实际成本结转。

【要求】 根据上述资料编制会计分录。

3.**【资料】** 某公司为增值税一般纳税企业,适用增值税率为 13%。202×年 11 月发生下列有关销售的经济业务:

(1) 向甲公司出售 A 产品 400 件,每件不含税售价 80 元,发票已开出,款项已经收到并存入银行。

(2) 向乙公司出售 B 产品 250 件,每件不含税售价 110 元,发票已开出,货款尚未收到。

(3) 按所出售产品的实际成本结转已销售产品成本,其中 A 产品单位成本 50 元,B 产品单位成本 75 元。

(4) 以银行存款支付 A、B 两种产品在销售过程中的含税运输费 1 090 元(增值税率 9%)和保险费 318 元(增值税率 6%),发票已经收到。

(5) 确认本月专设销售人员工资 9 500 元。

(6) 全额收回前述销售给乙公司 B 产品的账款,款项存入银行。

【要求】 根据上述资料编制会计分录。

4.**【资料】** 某公司 202×年 12 月有关资料如下,要求编制有关期末调整业务的会计分录。

(1) 本年 1 月曾预付本年度房屋租金 84 000 元。

(2) 本年 1 月曾预付本年度厂房设备财产保险费 12 000 元。

(3) 月末应计提折旧的固定资产中,机器设备原价 880 000 元,年折旧率 12%,房屋原价 1 664 000 元,年折旧率 6%。其中生产车间折旧占 80%,行政管理部门占 15%,销售部门占 5%。

(4) 本年 6 月曾预收下半年某设备租金 6 000 元,租期半年。

(5) 年末应收账款总额为 200 000 元,假设期初应收账款坏账准备余额为 0,计提坏账准备金。

(6) 年末存货账面价值为 185 000 元,可变现净值为 170 000 元,计提存货跌价准备金。

【要求】 根据上述资料,编制相关会计分录。

5.**【资料】** 某公司 202×年 12 月初成立,为增值税一般纳税企业,增值税率 13%,成立当月发生部分经济业务如下:

(1) 出售 A 产品一批,售价 1 000 000 元(不含税),货款收到并存入银行,增值税专用发票已开出。

(2) 结转已销售 A 产品的成本 650 000 元。

(3) 按售价的 10%计算销售产品应交纳的消费税 100 000 元。

(4) 以现金支付A产品销售过程中的运输费4360元(含税,增值税率9%),增值税发票已经收到。

(5) 以银行存款支付行政管理部门的办公用品费1 130元(含税,增值税率13%),增值税发票已经收到。

(6) 以银行存款1 500元支付借款利息,其中1 000元是前期已确认但尚未支付的利息,500元属于本月的利息。

(7) 以现金支付违约金300元。

(8) 取得罚款净收入1 400元,款项收存银行。

(9) 向丙工厂出售闲置的材料物资1 000千克,销售不含税单价10元,货款已收到并存入银行,增值税发票已经开出。

(10) 接上笔业务,按出售材料的实际成本结转已售材料成本,单位成本7元。

【要求】

(1) 根据上述资料编制会计分录。

(2) 计算该公司12月的利润总额,并编制将全部损益类账户余额结转入"本年利润"账户的会计分录。

(3) 假设全年利润即为12月利润,按利润总额的25%计算应缴纳的所得税,并编制提取和结转会计分录。

(4) 结转净利润至"利润分配——未分配利润"账户。

(5) 接上题按税后利润的10%计算应提取的法定盈余公积,并编制相关会计分录。

(6) 编制会计分录,将企业"利润分配"账户下属除"未分配利润"明细科目外的其他明细科目结平。

三、能力提高题

1. 想一想在企业日常经营过程中,还会发生哪些经济业务?你能写出相应的会计分录吗?

2. 制造业企业日常核算的内容和商品流通企业或者金融业一样吗?了解这些类型的企业的日常核算内容。

项目四　填制和审核会计凭证

本项目主要讲述原始凭证和记账凭证的相关理论知识和基本技能，通过本章学习，要求学生认识到会计凭证是会计资料的重要组成部分，会计核算工作的起点是从会计凭证的取得和填制开始的，掌握原始凭证和记账凭证的审核、填制和更正方法。

知识目标

1. 了解会计凭证的概念、作用和种类。
2. 掌握原始凭证的填制和审核方法。
3. 掌握记账凭证的填制和审核方法。
4. 了解会计凭证的传递和保管方法。

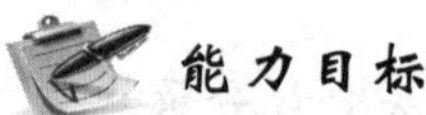

能力目标

1. 能识别、审核和正确填制各类型原始凭证。
2. 能根据经济业务内容正确填制和审核记账凭证。

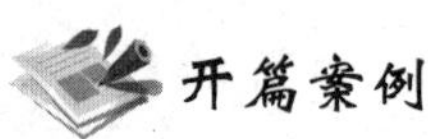

开篇案例

刘涛是张华超市的财务负责人，一次在凭证复核时发现会计小陈丢了 3 张记账凭证，刘涛在审核原始凭证后，让小陈重新编制 3 张记账凭证。另外刘涛在复核时还发现小陈编制的银行存款付款凭证所附 20 万元的现金支票存根丢失，同时发现还有几张现金付款凭证所附原始凭证与凭证所注张数不符，刘涛马上让小陈停止工作，并且与他一起回忆、追查这些票据的去向。小陈对此非常不满，认为刘涛对其工作失误小题大做，故意刁难。

请问：你如何看待这件事以及小陈的想法？

任务一　认知会计凭证

一、会计凭证的概念及作用

会计凭证是重要的会计资料，是记录经济业务发生和完成情况、明确经济责任并作为记账依据的一种具有法律效力的书面证明文件。会计核算工作是从会计凭证的取得和填制开始的，填制和审核会计凭证是会计核算的方法之一，也是对经济业务进行日常核算和监督的基础环节。

各单位处理任何经济业务时都必须按照《会计法》和《会计基础工作规范》的有关规定，由办理经济业务的有关人员填制或取得会计凭证，在会计凭证上写明经济业务内容，并签名盖章，对会计凭证内容的真实性和正确性负责，只有经过有关人员的严格审核并确认无误后，才可以作为登记账簿的依据。

会计凭证的取得和填制的真实性与可靠性，对会计信息具有至关重要的影响；会计凭证在企业合理的传递和妥善的保管，对提高会计工作质量具有重要意义。

填制会计凭证，可以正确、及时地反映各项经济业务的执行和完成情况，为经济管理提供真实、可靠的原始资料；通过对会计凭证进行审核，可以检查和监督经济业务的真实性、正确性、合法性和合理性；根据审核无误的会计凭证登记账簿，可以保证会计记录的真实性和正确性；通过由经办业务人员在会计凭证上签章，可以促使经办部门和人员对经济业务的真实性、合法性负责，担负起经济管理的岗位职责。

二、会计凭证的种类

会计凭证是多种多样的，按会计凭证填制程序和用途不同，可分为原始凭证和记账凭证两大类。

原始凭证又称单据，是指在经济业务发生或完成时取得或填制的，记录经济业务的发生和完成情况，明确经济责任的原始依据，如购货发票、销货发票、材料入库单、领料单、产品入库单、产品出库单、现金支票、转账支票等。真实、正确的原始凭证是记账的原始依据，是会计核算的原始资料和重要依据，其具体分类参见图 4-1。

记账凭证是财会部门根据审核无误的原始凭证，按照经济业务的内容加以归类，并据以确定会计分录后所填制的会计凭证，是登记账簿的直接依据。记账凭证是原始凭证与会计账簿的中间环节，在实际工作中，原始凭证来自不同的单位，种类繁多、数量庞大、格式不一，直接根据原始凭证登记账簿容易发生记账错误。为了正确地登记账簿，在记账前，会计人员应运用借贷记账法，将原始凭证所反映的经济业务内容加以归类整理，编写会计分录，并将其填制在具有统一格式的记账凭证上，作为记账的直接依据。同时为了方便对账和查账以及对原始凭证的保管，会计人员应将原始凭证附在相应的记账凭证后面，以确保真实可靠性。其具体分类参见图 4-1。

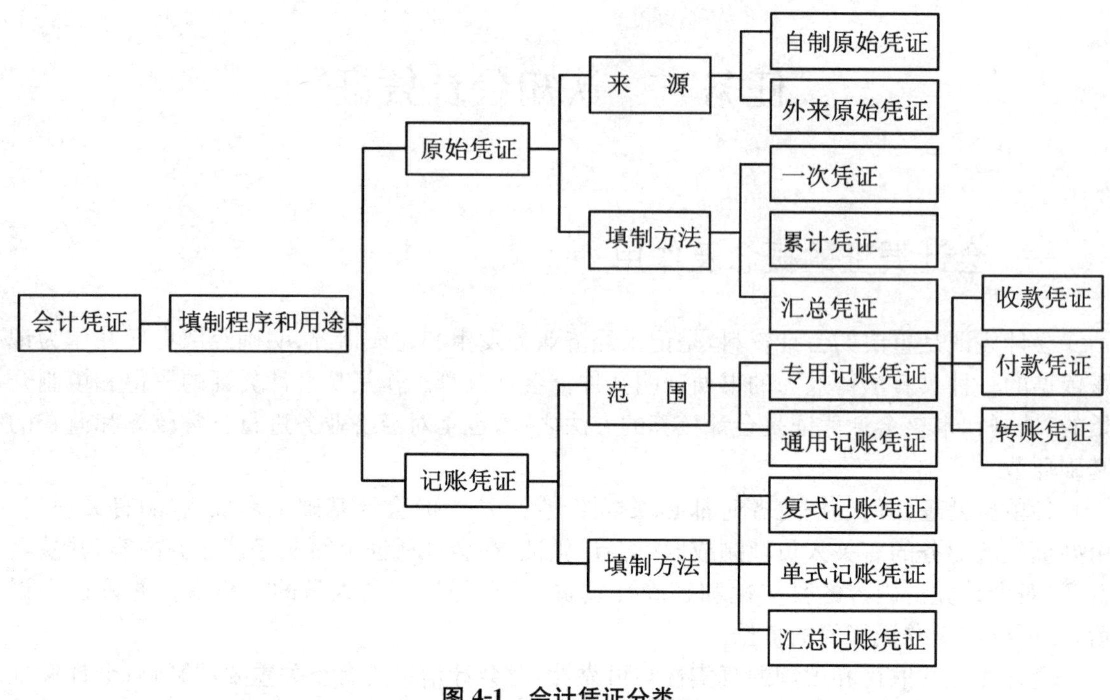

图 4-1　会计凭证分类

任务二　掌握原始凭证的填制与审核

一、原始凭证的概念及分类

原始凭证又称单据，是指在经济业务发生或完成时取得或填制的，记录经济业务的发生和完成情况，明确经济责任的原始文字凭据，如购货发票、领料单等。

（一）按取得来源不同划分

原始凭证按其取得来源不同，可分为外来原始凭证和自制原始凭证。

外来原始凭证是指本单位与外单位或个人之间发生经济业务往来时，从对方取得的原始凭证。例如，购买货物时从销货单位取得的购货发票，出差使用的飞机票、火车票等。如本书“项目三”中【例 3-10】，瑞科公司购买原材料收到的增值税发票发票联和抵扣联即为外来原始凭证，其基本格式如图 4-2、图 4-3 所示。

自制原始凭证是由本单位业务部门或人员在办理某项经济业务时自行填制或开出的原始凭证。例如，仓库收发材料时开出的材料入库单、领料单、销货发票、产品入库单、产品出库单、职工出差借款填写的借款单以及差旅费报销单等。部分自制原始凭证的格式及内容如表 4-1、表 4-2、表 4-3 所示。

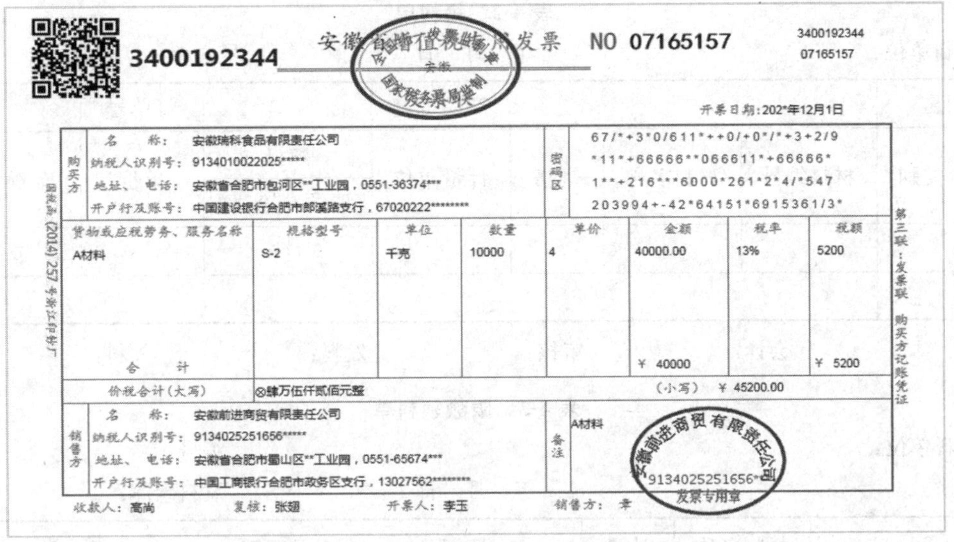

3400192344　安徽省增值税专用发票　NO 07165157　3400192344 07165157

开票日期：202*年12月1日

购买方	名称：安徽瑞科食品有限责任公司 纳税人识别号：9134010022025***** 地址、电话：安徽省合肥市包河区**工业园，0551-36374*** 开户行及账号：中国建设银行合肥市郎溪路支行，67020222********	密码区	67/*+3*0/611*++0/+0*/*+3+2/9 *11*+66666**066611*+66666* 1**+216***6000*261*2*4/*547 203994+-42*64151*6915361/3*

货物或应税劳务、服务名称	规格型号	单位	数量	单价	金额	税率	税额
A材料	S-2	千克	10000	4	40000.00	13%	5200
合　计					¥ 40000		¥ 5200
价税合计（大写）	⊗肆万伍仟贰佰元整				（小写）¥ 45200.00		

销售方	名称：安徽前进商贸有限责任公司 纳税人识别号：9134025251656***** 地址、电话：安徽省合肥市蜀山区**工业园，0551-65674*** 开户行及账号：中国工商银行合肥市政务区支行，13027562********	备注	A材料

收款人：高尚　复核：张翅　开票人：李玉　销售方：章

第三联：发票联 购买方记账凭证

国税函（2014）257号浙江印钞厂

图 4-2　增值税专用发票（发票联）

3400192344　安徽省增值税专用发票　NO07165157　3400192344 07165157

开票日期：202*年12月1日

购买方	名称：安徽瑞科食品有限责任公司 纳税人识别号：9134010022025***** 地址、电话：安徽省合肥市包河区**工业园，0551-36374*** 开户行及账号：中国建设银行合肥市郎溪路支行，67020222********	密码区	67/*+3*0/611*++0/+0*/*+3+2/9 *11*+66666**066611*+66666* 1**+216***6000*261*2*4/*547 203994+-42*64151*6915361/3*

货物或应税劳务、服务名称	规格型号	单位	数量	单价	金额	税率	税额
A材料	S-2	千克	10000	4	40000.00	13%	5200
合　计					¥ 40000		¥ 5200
价税合计（大写）	⊗肆万伍仟贰佰元整				（小写）¥ 45200.00		

销售方	名称：安徽前进商贸有限责任公司 纳税人识别号：9134025251656***** 地址、电话：安徽省合肥市蜀山区**工业园，0551-65674*** 开户行及账号：中国工商银行合肥市政务区支行，13027562********	备注	A材料

收款人：高尚　复核：张翅　开票人：李玉　销售方：章

第二联：抵扣联 购买方扣税凭证

国税函（2014）257号浙江印钞厂

图 4-3　增值税专用发票（抵扣联）

表 4-1　收料单

年　月　日　　　　　号仓库　　　编号：

<table>
<tr><td>付款单号</td><td></td><td>供货单位</td><td></td><td>材料来源</td><td colspan="2"></td><td>备注</td><td></td></tr>
<tr><td rowspan="2">材料类别</td><td rowspan="2">材料编号</td><td rowspan="2">材料名称</td><td rowspan="2">规格</td><td rowspan="2">计量单位</td><td colspan="2">数量</td><td rowspan="2">单价</td><td rowspan="2">金额</td></tr>
<tr><td>发票</td><td>实收</td></tr>
<tr><td></td><td></td><td></td><td></td><td></td><td></td><td></td><td></td><td></td></tr>
<tr><td rowspan="2">实际成本</td><td>原价</td><td>运杂费</td><td></td><td rowspan="2">附注</td><td colspan="4" rowspan="2"></td></tr>
<tr><td>加成</td><td>合计</td><td></td></tr>
</table>

二 财务存

主管：　　会计：　　审核：　　保管：　　交库：

表 4-2 领料单

领料单位： 年 月 日 号仓库 编号：

用途				产品批量			订单号	
材料类别	材料编号	材料名称	规格	计量单位	数量		单价	金额
					请领	实发		
备 注								

二 财务存

主管： 会计： 审核： 发料： 领料：

表 4-3 限额领料单

领料单位： 编号：

用途： 年 月 日 发料仓库：

材料类别	材料编号	材料名称规格	计量单位	计划单价	全月领用限额	全月实领	
						数量	金额

日期	请领		实发			退料			限额结余
	数量	领料单位负责人	数量	发料人	领料人	数量	退料人	收料人	
合计									

供应部门负责人： 生产计划部门负责人： 仓库负责人：

（二）按填制方法不同划分

原始凭证按填制方法不同，分为一次原始凭证、累计原始凭证和汇总原始凭证。

一次原始凭证是指反映一项经济业务或同时反映若干同类经济业务时，填制手续一次完成的原始凭证。它是一次有效的凭证，即一次填写完毕就不能再次填写使用的凭证。外来原始凭证都是一次原始凭证，如增值税专用发票、普通发票，自制原始凭证也大都是一次原始凭证，如领料单、借款单等。

累计原始凭证是指在一定时期内，在一张凭证中连续登记不断重复发生的若干同类经济业务的原始凭证。它是多次有效的凭证，即可多次填写使用的凭证。典型的是限额领料单（如表 4-3）、领料登记表等。

汇总原始凭证，又称原始凭证汇总表，是指在会计核算工作中，为简化记账凭证的编制工作，将一定时期内若干张反映同类经济业务的原始凭证汇总填制在一张凭证上，用以反映某类经济业务发生的会计凭证，如收料凭证汇总表、发料凭证汇总表、工资分配汇总表等。

（三）按格式不同划分

原始凭证按其格式不同分类，可以分为通用凭证和专用凭证两种。

通用凭证是指全国或某一地区、某一部门统一格式的原始凭证。如由银行统一印制的结算凭证、某一地区使用的“收款收据”和税务部门统一印制的发票等。

专用凭证是指一些单位具有特定内容、格式和专门用途的原始凭证。如高速公路通行费收据、养路费缴款单等。

二、原始凭证的基本内容

原始凭证是反映经济业务的最初书面证明。经济业务的内容是复杂多样的，这就决定了记录经济业务的原始凭证在具体内容上也是多种多样的，各有其不同的要求和特点。但无论哪一种原始凭证，在会计核算过程中所起的作用是相同的，都必须真实记录和反映有关经济业务的发生和完成情况，明确相关单位、部门及人员的经济责任。因此，原始凭证一般应具备以下几方面的基本内容（又称原始凭证的基本要素）：

(1) 凭证的名称。

(2) 接受凭证的单位名称。

(3) 填制凭证的日期和编号。

(4) 经济业务的内容、摘要。

(5) 经济业务的数量、金额。

(6) 填制单位和编制人员以及有关人员的签章。

三、原始凭证的填制

（一）原始凭证的填制的基本要求

原始凭证是具有法律效力的证明文件，是进行会计核算的重要原始依据。它的填制是否符合要求，直接影响到会计记录、会计报表的质量。因此，应保证原始凭证能够正确、真实、完整、及时地反映经济业务的执行或完成情况。原始凭证在填制时必须符合以下要求：

1. 记录要真实

要求严肃、认真地记录各项经济业务实际发生或完成情况，凭证上填列的经济业务内容、数字、日期必须真实可靠，不允许弄虚作假，更不得伪造凭证。

2. 内容要完整，手续要齐备

要求严格按规定的格式和内容逐项填写齐全，不得省略或漏填；经办业务的有关部门和人员要认真审核，签字盖章，明确经济责任。

3. 填制要及时

所有经办业务的有关部门和人员，在经济业务实际发生或完成时，必须及时填制原始凭证，做到不拖延、不积压，按规定的程序及时将原始凭证送交会计部门，由会计部门审核后据以编制记账凭证。

4. 书写要清晰、规范

原始凭证上的文字和数字必须按国家统一要求书写；使用印有编号的原始凭证，应按编号连续使用。

(1) 汉字大写数字的书写要求：

① 大写数字的书写："汉字大写数字金额一律用零、壹、贰、叁、肆、伍、陆、柒、捌、玖、拾、佰、仟、万、亿等，用正楷或者行书体书写，不得用○、一、二、三、四、五、六、七、八、九、十等代替，不得使用未经国务院公布的简化汉字。"大写金额数字写到元或者角为止的，在"元"或者"角"字之后应当写"整"字或"正"字；大写金额数字有"分"的，"分"字后面不写"整"字或"正"字。

② 货币名称的书写："大写金额数字前未印有货币名称的，应当加填货币名称，货币名称与金额数字之间不得留有空白。"在发货票等需填写大写金额数字的原始凭证上，如果有关货币名称事先未能印好，在填写大写金额数字时应加填有关的货币名称，然后在其后紧接着填写大写金额数字，如人民币 96 479 元，应当写成"人民币玖万陆仟肆佰柒拾玖元整"，不能分开写成"人民币　玖万捌仟肆佰柒拾玖元整"。

③ "零"字的写法："阿拉伯数字金额中间有 0 时，汉字大写金额要写零字；阿拉伯数字金额中间连续有几个 0 时，汉字大写金额中可以只写一个零字；阿拉伯数字金额元位是 0，或者数字中间连续有几个是 0、元位也是 0 但角位不是 0 时，汉字大写金额可以只写一个零字，也可以不写零字。"如 7 800.65 写为汉字大写金额时，应写为"人民币柒仟捌佰元零陆角五分"，或者写为"人民币柒仟捌佰元陆角五分"。

(2) 阿拉伯数字的书写要求。"阿拉伯数字应当一个一个地写，不得连笔写。"特别在要连着写几个 0 时，一定要单个地写，不能将几个"0"连在一起一笔写完。数字的排列要整齐，数字之间的空隙要均匀，不宜过大。此外，阿拉伯数字的书写还应有高度标准，一般要求数字的高度占凭证横格高度的 1/2 为宜。书写时还要注意紧靠横格底线，使上方能留一定的空位，以便需要进行更正时可以再次书写，如图 4-4 所示。

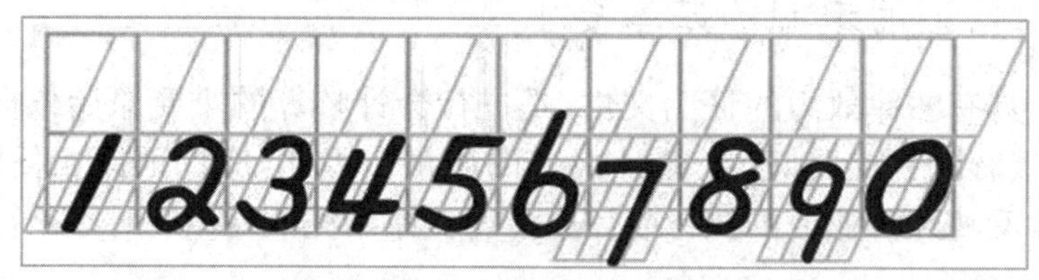

图 4-4　阿拉伯数字的书写

(3) 货币符号的书写要求。阿拉伯金额数字前面应当书写货币币种符号或者货币名称简写，如"RMB(￥)""USD($)"和"HKD"等。币种符号与阿拉伯金额数字之间不得留空白。凡阿拉伯数字前写有币种符号的，数字后面不再写货币单位。所有以元为单位的阿拉伯数字，除表示单价等情况外，一律填写到角分，无角分的角位和分位可写"00"，或者符号"—"。有角无分的，分位应当写"0"，不得用符号"—"代替。

5. 编号要连续

即收付款项或实物的凭证要按顺序或分类编号，在填制时按编号的次序使用，跳号的凭证应加盖"作废"戳记，连同存根一起保管，不得撕毁。

6. 不得涂改、刮擦和挖补

原始凭证有错误的，应当由出具单位重开或更正，更正处应加盖出具单位印章；原始凭证金额有错误的，应当由出具单位重开，不得在原始凭证上更正。

（二）典型原始凭证的填制方法

1. 发票类原始凭证的填制

（1）纸质增值税发票的填制。纸质增值税发票分为增值税专用发票和增值税普通发票两种，增值税专用发票是一般纳税人开出后，收票人可以据此进行增值税“进项税额”抵扣的发票；增值税专用发票一般一式三联，发票联和抵扣联归购货单位，记账联由开票企业留存记账。购货单位向一般纳税人购货，如需进行“进项税额”抵扣，应取得增值税专用发票，因为只有专用增值税发票税款抵扣联支付的进项税才能在购货单位作为“进项税额”列账。其格式如图 4-2 和图 4-3 所示。

增值税普通发票是增值税一般纳税人或者小规模纳税人于销售货物时开具，收票人无论是增值税一般纳税人还是小规模纳税人均不可将税额计入“进项税额”抵扣的销货发票，其基本格式和填写内容与增值税专用发票类似，但填写时购货单位项目常常可以只填前两项。如本书“项目三”中【例 3-35】，瑞科公司收到广告公司开来的是增值税普通发票，增值税不能抵扣，该业务发票如图 4-5 所示。

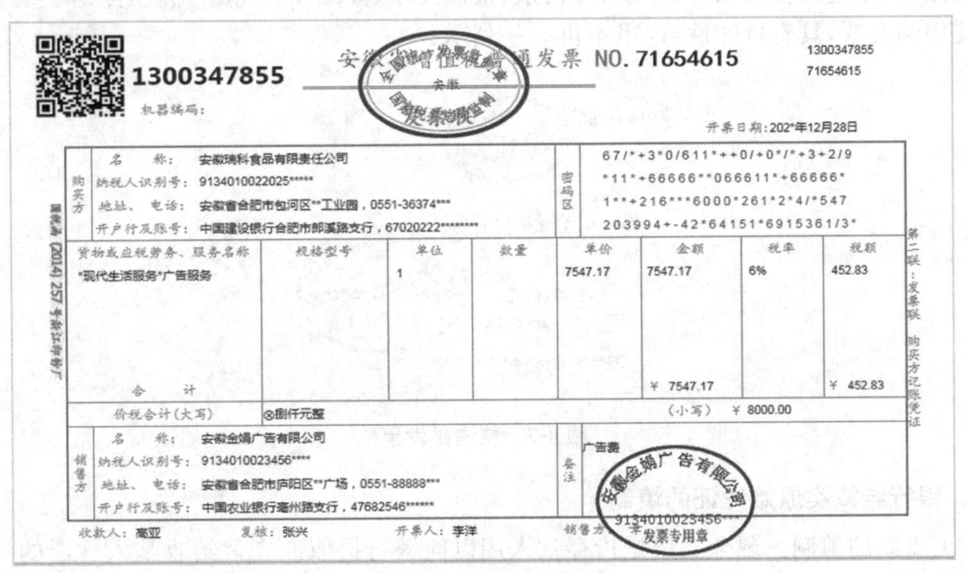

1300347855　　安徽增值税普通发票　NO. 71654615　　1300347855 71654615

机器编码：

开票日期：202*年12月28日

购买方	名　　称：安徽瑞科食品有限责任公司 纳税人识别号：9134010022025***** 地址、电话：安徽省合肥市包河区**工业园，0551-36374*** 开户行及账号：中国建设银行合肥市郎溪路支行，67020222********	密码区	67/*+3*0/611*++0/+0*/*+3+2/9 *11*+66666**066611*+66666* 1**+216***6000*261*2*4/*547 203994+-42*64151*6915361/3*

货物或应税劳务、服务名称	规格型号	单位	数量	单价	金额	税率	税额
*现代生活服务*广告服务		1		7547.17	7547.17	6%	452.83
合　　计					¥ 7547.17		¥ 452.83
价税合计（大写）	⊗捌仟元整				（小写）¥ 8000.00		

销售方	名　　称：安徽金娟广告有限公司 纳税人识别号：9134010023456**** 地址、电话：安徽省合肥市庐阳区**广场，0551-88888*** 开户行及账号：中国农业银行亳州路支行，47682546******	备注	广告费

收款人：高亚　　复核：张兴　　开票人：李洋　　销售方：（章）

安徽金娟广告有限公司 9134010023456*** 发票专用章

第二联：发票联　购买方记账凭证

图 4-5　增值税普通发票

（2）增值税电子发票的填制。随着网络经济、信息技术的迅速发展，纸质发票效率低下、不够环保等弊端逐渐显现，电子发票应运而生。电子发票与纸质发票一样，都是税务机关统一发放给商家，采用全国统一编码和防伪技术，而且电子发票都附有电子税务局的签名。电子发票与纸质发票相比有诸多优点：可以跟企业内部的 ERP 等系统无缝对接、数据整理和账务处理更及时等，目前电子发票一般只有普通发票。如本书“项目三”中【例 3-27】，差旅费中有一张餐饮电子发票，其填写格式如图 4-6 所示。

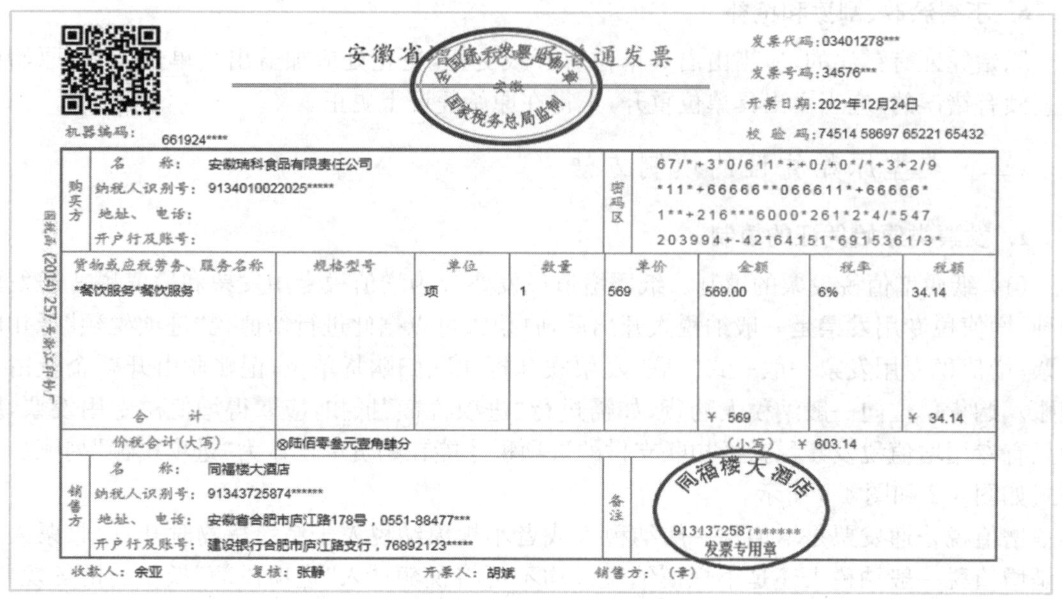

安徽省增值税电子普通发票

机器编码: 661924****

发票代码:03401278***
发票号码:34576***
开票日期:202*年12月24日
校验码:74514 58697 65221 65432

购买方	
名称:	安徽瑞科食品有限责任公司
纳税人识别号:	9134010022025*****
地址、电话:	
开户行及账号:	

密码区:
67/*+3*0/611*++0/+0*/*+3+2/9
11+66666**066611*+66666*
1**+216***6000*261*2*4/*547
203994+-42*64151*6915361/3*

货物或应税劳务、服务名称	规格型号	单位	数量	单价	金额	税率	税额
*餐饮服务*餐饮服务		项	1	569	569.00	6%	34.14
合计					¥569		¥34.14
价税合计(大写)	⊗陆佰零叁元壹角肆分				(小写) ¥603.14		

销售方	
名称:	同福楼大酒店
纳税人识别号:	91343725874******
地址、电话:	安徽省合肥市庐江路178号，0551-88477***
开户行及账号:	建设银行合肥市庐江路支行，76892123*****

备注: 同福楼大酒店 9134372587****** 发票专用章

收款人: 余亚　复核: 张静　开票人: 胡斌　销售方: (章)

图 4-6　增值税电子普通发票

(3) 其他发票。除了增值税发票外，企业日常经济业务中还经常接触到其他类型的发票，如高速公路通行费发票、火车票、飞机票、快递发票(如图 4-7)等，它们往往是在某一专业领域使用的发票，具有特殊性，这里不再一一列示。

福州顺丰速运有限公司通用定额发票

发票联

发票代码 135011396306
发票号码 00838721

金额: 23.00元
(加盖发票专用章有效)

福州顺丰速运有限公司 350100775392994 发票专用章

图 4-7　快递类发票

2. 银行结算类原始凭证的填制

(1) 支票的填制。现金支票是指存款人用以向银行提取或支付给收款人现金的一种支票。我国现金管理制度和结算办法规定，在银行开户的各企业、事业、机关、团体等单位，只能在允许使用现金的范围内使用现金支票，并应写明款项用途，接受银行的监督。现金支票不可用于转账。已签发的现金支票遗失，可向银行申请挂失。挂失前已支付的，银行不予受理。本书“项目三”中【例 3-25】瑞科公司开出现金支票提取备用金，假设其开户银行为中国工商银行，其现金支票填写如图 4-8 所示。

需要说明的是，现金支票在提现时，交给银行前需要将左侧存根联沿虚线剪下，作为企业自身记账的原始凭证，正联交予银行即可。现金支票日期需要大写，且日、月前的数字要严防篡改，支票正联需要盖公司财务章和法人章。

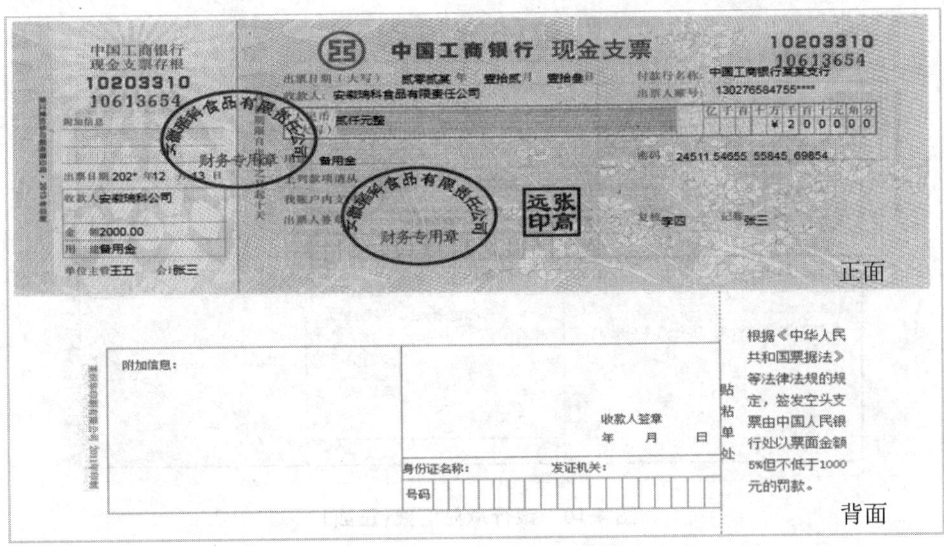

图 4-8　现金支票正反面示例

转账支票的填制方法与现金支票类似，在此不再赘述。

(2) 银行汇票。银行汇票是指由出票银行签发的，由其在见票时按照实际结算金额无条件付给收款人或者持票人的票据。银行汇票的出票银行为经中国人民银行批准办理银行汇票的银行。多用于办理异地转账结算和支取现金，由其在见票时，按照实际结算金额无条件支付给收款人或持票人的票据。银行汇票有使用灵活、票随人到、兑现性强等特点，适用于先收款后发货或钱货两清的商品交易。银行汇票由出票行签发填写，在此不再举例，其基本票样如图 4-9 所示。

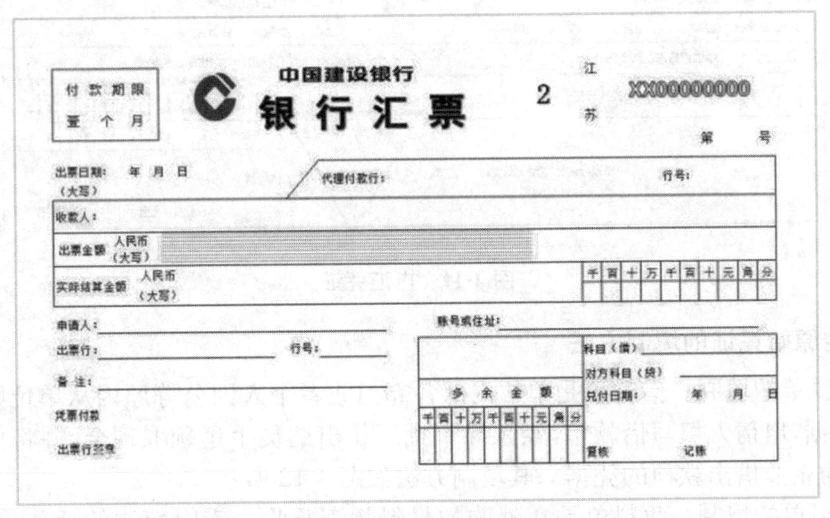

图 4-9　银行汇票(正面)

(3) 银行承兑汇票。银行承兑汇票是商业汇票的一种，指由在承兑银行开立存款账户的存款人签发，向开户银行申请并经银行审查同意承兑的，保证在指定日期无条件支付确定的金额给收款人或持票人的票据。对出票人签发的商业汇票进行承兑是银行基于对出票人资信的认可而给予的信用支持。银行承兑汇票由银行签发，其票样如图 4-10 所示。

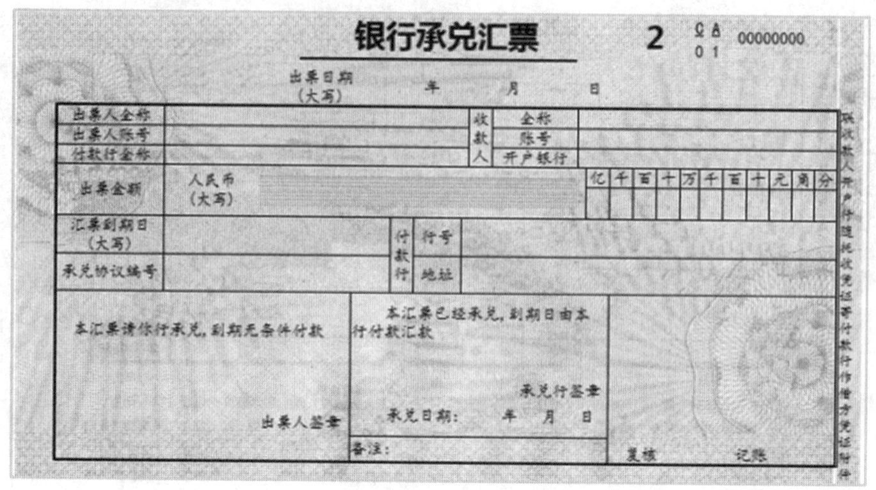

银行承兑汇票　　2　　00000000

出票日期（大写）　年　月　日

出票人全称		收款人	全称	
出票人账号			账号	
付款行全称			开户银行	
出票金额	人民币（大写）	亿 千 百 十 万 千 百 十 元 角 分		
汇票到期日（大写）		付款行	行号	
承兑协议编号			地址	

本汇票请你行承兑，到期无条件付款　　出票人签章

本汇票已经承兑，到期日由本行付款汇款　　承兑行签章　　承兑日期：　年　月　日

备注：　　复核　　记账

联 收款人开户行随托收凭证寄付款行作借方凭证附件

图 4-10　银行承兑汇票(正面)

(4) 电汇凭证。银行电汇是指汇出行接受汇款(申请)人委托后，以电传方式将付款委托通知收款人当地的汇入行，委托它将一定金额的款项解付给指定的收款人。电汇因其交款迅速，在银行汇付方式中使用最广。

【例 4-1】 假设瑞科公司从安徽家园农业科技有限公司购入原材料，从其开户银行中信银行汇出 237 680.00 元，其需要填写的电汇凭证如图 4-11 所示。

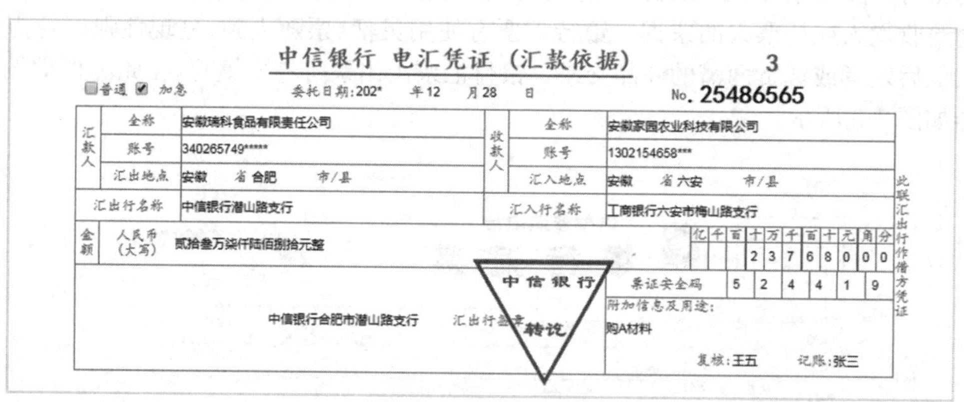

中信银行　电汇凭证（汇款依据）　3

□普通 ☑加急　　委托日期:202*　年12　月28　日　　No. 25486565

汇款人	全称	安徽瑞科食品有限责任公司	收款人	全称	安徽家园农业科技有限公司
	账号	340265749*****		账号	1302154658***
	汇出地点	安徽　省 合肥　市/县		汇入地点	安徽　省 六安　市/县
汇出行名称		中信银行潜山路支行	汇入行名称		工商银行六安市梅山路支行
金额	人民币（大写）	贰拾叁万柒仟陆佰捌拾元整		亿 千 百 十 万 千 百 十 元 角 分	2 3 7 6 8 0 0 0

中信银行合肥市潜山路支行　汇出行签章　中信银行 转讫

支付密码：5 2 4 4 1 9

附加信息及用途：购A材料

复核:王五　　记账:张三

此联汇出行作借方凭证

图 4-11　电汇凭证

3. 其他原始凭证的填制方法

(1) 借款单的填制。借款单是单位内部各部门或者个人因公等原因从单位财务部门预借现金的凭据，申请人填写借款单，经领导审批后从出纳员手里领取现金，并将借款单交付出纳员，作为企业借出款项的凭据。其填制方法如图 4-12 所示。

(2) 收料单的填制。收料单是在外购的材料物资验收入库时填制的凭证，一般一式三联，一联由验收人员留底，一联交仓库保管人员据以登记明细账，一联连同发货票交财会部门办理结算。其格式如图 4-13 所示。

借款单

202*　年　12　月　10　日

资金性质：备用金

部门:	人事部	借款人:	张德宏
借款理由:	出差备用		
金额:	大写：贰仟元整	小写：¥ 2000.00	
领导批示:	同意	财务主管:	高余
部门主管:	出纳:　胡斌	领款人签收:	张德宏

图 4-12　借款单

收　料　单

物料类别：　A材料　　日期：　202*年12月1日　　车号：　2-15　　编号：　2-2354

供应单位：　安徽前进商贸　　结算方式：　电汇　　合同号：　RK202*1107QJ

供应方式：　　点收形式：　　发票号：　No.07165157

材料/编号	物料名称	规格型号	单位	数量	账面价		采购价		价差	出产厂商出厂日期	炉号批号等级强度
					单价	金额	单价	金额			
1-2-S2	原材料A材料	S2	千克	10 000	4	40 000	4	40 000		202*年11月20日	****
合计						40 000					

物资主管：钱六　　收料人：王五　　交料人：李四　　制单：张三

图 4-13　收料单

(3) 领料单的填制。为了便于分类汇总，领料单要“一料一单”地填制，即一种原材料填写一张单据。领用原材料须经领料车间负责人批准后，方可填制领料单；车间负责人、收料人、仓库管理员和发料人均须在领料单上签章，无签章或签章不全的均属无效，不能作为记账的依据，如图 4-14 所示。

领料单

仓库：　1号仓库　　202*　年　12　月　20　日

编号	类别	材料名称	规格	单位	数量		实际价格	
					请领	实发	单价	金额
1-1-S2	材料	原材料A	S-2	千克	5 000	5 000	4	20 000
合计					5000	5000		20 000
用途	生产甲产品		领料部门		发料部门		财务部门	
			负责人	领料人	核准人	发料人	审核	会计
			张三	李四	王五	钱六	张兴	张静

会计记账联

图 4-14　领料单

(4) 限额领料单的填制。限额领料单是一种一次开设、多次使用、领用限额已定的累计凭证。在有效期(最长 1 个月)内，只要领用数量累计不超过限额就可以连续使用，如图 4-15 所示。

每月开始以前，应由供应部门根据生产计划、材料消耗定额等有关资料，按照产品和材料分别填制限额领料单。在限额领料单中，要填明领料单位、材料用途、发料仓库、材料名称以及根据本月产品计划产量和材料消耗定额计算确定的全月领料限额等项目。限额领料单一般一式两联，经生产计划部门和供应部门负责人审核签章后，一联交仓库据以发料，登记材料明细账；一联送交领料单位据以领料。

限额领料单

领料单位：生产一车间　　　　　　　　　　　　　　　　编号：006

用途：生产产品　　　　　202×年 12 月　　　　　　发料仓库：1 号库

<table>
<tr><td rowspan="2">材料类别</td><td rowspan="2">材料编号</td><td rowspan="2">材料名称规格</td><td rowspan="2">计量单位</td><td rowspan="2" colspan="2">计划单价</td><td rowspan="2">领用限额</td><td colspan="2">全　月　实　领</td></tr>
<tr><td>数量</td><td>金额</td></tr>
<tr><td>B材料</td><td>0431</td><td>乙材料</td><td>千克</td><td colspan="2">20</td><td>400</td><td>400</td><td>8 000</td></tr>
</table>

<table>
<tr><td rowspan="2">日期</td><td colspan="2">请　领</td><td colspan="3">实　发</td><td colspan="3">退　料</td><td rowspan="2">限额结余</td></tr>
<tr><td>数量</td><td>领料单位负责人</td><td>数量</td><td>发料人</td><td>领料人</td><td>数量</td><td>退料人</td><td>收料人</td></tr>
<tr><td>2</td><td>200</td><td>×××</td><td>200</td><td>××</td><td>×××</td><td></td><td></td><td></td><td>200</td></tr>
<tr><td>15</td><td>100</td><td>×××</td><td>100</td><td>××</td><td>×××</td><td></td><td></td><td></td><td>100</td></tr>
<tr><td>20</td><td>60</td><td>×××</td><td>60</td><td>××</td><td>×××</td><td></td><td></td><td></td><td>40</td></tr>
<tr><td>25</td><td>40</td><td>×××</td><td>40</td><td>××</td><td>×××</td><td></td><td></td><td></td><td>0</td></tr>
<tr><td>合计</td><td>400</td><td></td><td>400</td><td></td><td></td><td></td><td></td><td></td><td></td></tr>
</table>

供应部门负责人：×××　　　　生产计划部门负责人：×××　　　　仓库负责人：×××

图 4-15　限额领料单

四、原始凭证的审核

为了如实反映经济业务的发生和完成情况，保证会计信息的真实可靠，充分发挥会计监督职能的作用，应由有关人员对取得或填制的原始凭证进行审核。财会部门接到原始凭证后，首先必须进行认真、严格的审核，只有审核无误的原始凭证，才能作为编制记账凭证的依据。对原始凭证的审核主要包括以下几个方面：

（一）审核原始凭证的真实性

真实性的审核包括原始凭证日期是否真实、业务内容是否真实、数据是否真实等。

（二）审核原始凭证的合法性和合理性

合法性和合理性的审核包括原始凭证所记录的经济业务是否符合国家的法律法规，有无伪造、编造会计凭证的情况，是否符合企业生产经营活动的需要和有关的计划和预算等。

（三）审核原始凭证的完整性

完整性的审核包括原始凭证各项基本内容是否齐全、有无漏项、手续是否齐备、单位和有关人员的签章是否齐全等。

（四）审核原始凭证的正确性

正确性的审核包括原始凭证中金额的计算是否正确、金额的大小写是否正确、书写是否规范、错误的凭证是否按照规定进行了更正或重开等。

任务三　掌握记账凭证的填制与审核

一、记账凭证的概念及分类

记账凭证是财会部门根据审核无误的原始凭证，按照经济业务的内容加以归类，并据以确定会计分录后所填制的会计凭证，是登记账簿的直接依据。

记账凭证按其使用范围不同，分为专用记账凭证和通用记账凭证。

1. 专用记账凭证

专用记账凭证是指专门记录某一类经济业务内容的记账凭证。

专用记账凭证按其所记录的经济业务是否与货币资金收付有关，进一步分为收款凭证、付款凭证和转账凭证。专用记账凭证一般适用于企业规模较大、经济业务数量较多以及收付款业务较多的单位。

收款凭证是用来记录货币资金收款业务的记账凭证，分为现金收款凭证和银行存款收款凭证。收款凭证左上方的借方科目固定为库存现金或银行存款科目，其对应科目填写在贷方科目栏中，如图 4-16 所示。

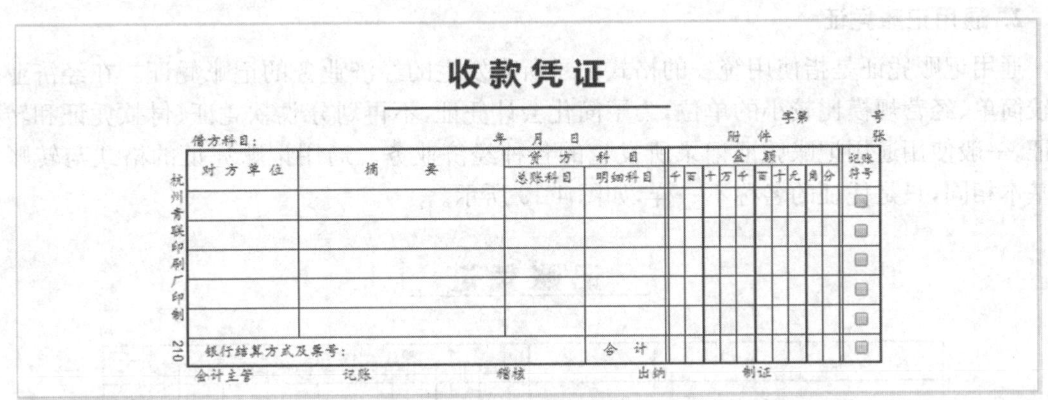

收款凭证

字第　　号

借方科目：　　　　年　　月　　日　　　　附件　　张

对方单位	摘要	贷方科目		金额										记账符号
		总账科目	明细科目	千	百	十	万	千	百	十	元	角	分	
银行结算方式及票号：			合计											

会计主管　　记账　　稽核　　出纳　　制证

杭州青联印刷厂印制　210

图 4-16　收款凭证

付款凭证是用来记录货币资金付款业务的记账凭证。分为现金付款凭证和银行存款付款凭证。付款凭证左上方的贷方科目固定为库存现金或银行存款科目，其对应科目填写在借方科目栏中，如图 4-17 所示。

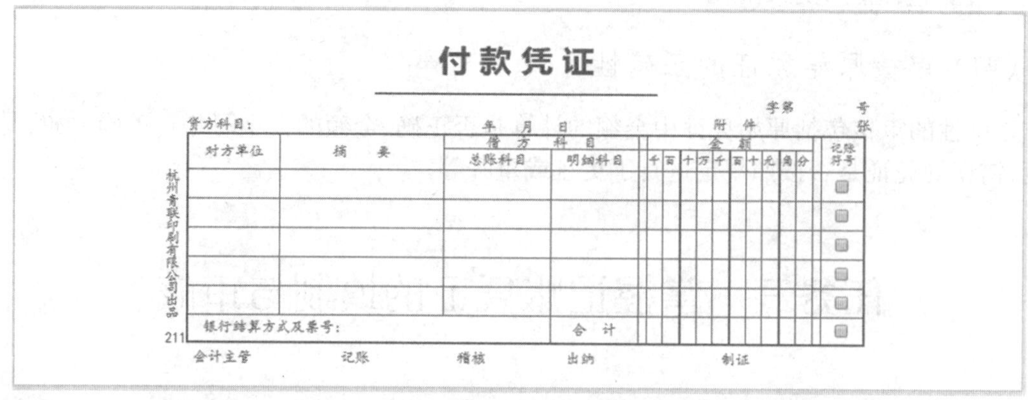

付款凭证

贷方科目：　　　　年　月　日　　　　字第　　号　附件　　张

对方单位	摘要	借方科目		金额	记账符号
		总账科目	明细科目	千 百 十 万 千 百 十 元 角 分	
银行结算方式及票号：			合计		

杭州青联印刷有限公司出品 211

会计主管　记账　稽核　出纳　制证

图 4-17　付款凭证

转账凭证是用来记录与货币资金收付业务无关的转账业务的记账凭证。即根据现金及银行存款以外的转账业务的原始凭证填制，如图 4-18 所示。

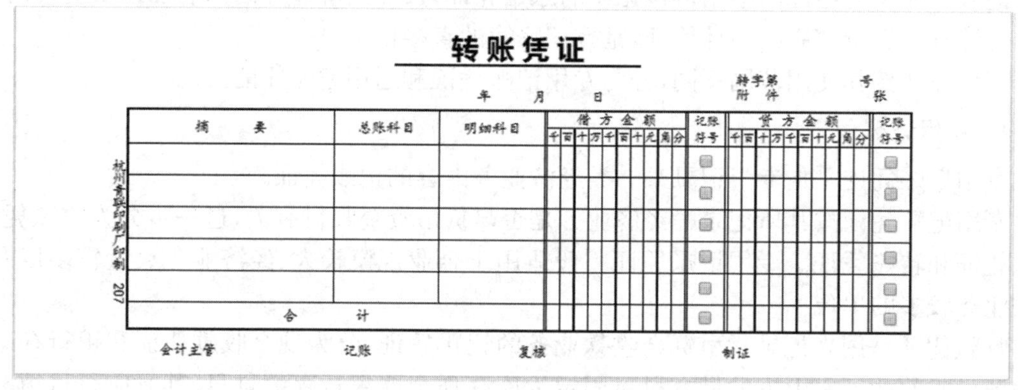

转账凭证

年　月　日　　　　转字第　　号　附件　　张

摘要	总账科目	明细科目	借方金额	记账符号	贷方金额	记账符号
			千 百 十 万 千 百 十 元 角 分		千 百 十 万 千 百 十 元 角 分	
合计						

杭州青联印刷厂印制 207

会计主管　记账　复核　制证

图 4-18　转账凭证

2. 通用记账凭证

通用记账凭证是指使用统一的格式记录所有发生的经济业务的记账凭证。在经济业务比较简单、经营规模比较小的单位，为了简化会计凭证，不再划分收款凭证、付款凭证和转账凭证，一般使用通用记账凭证记录所发生的各种经济业务。通用记账凭证的格式与转账凭证基本相同，只是凭证的名称不一样，如图 4-19 所示。

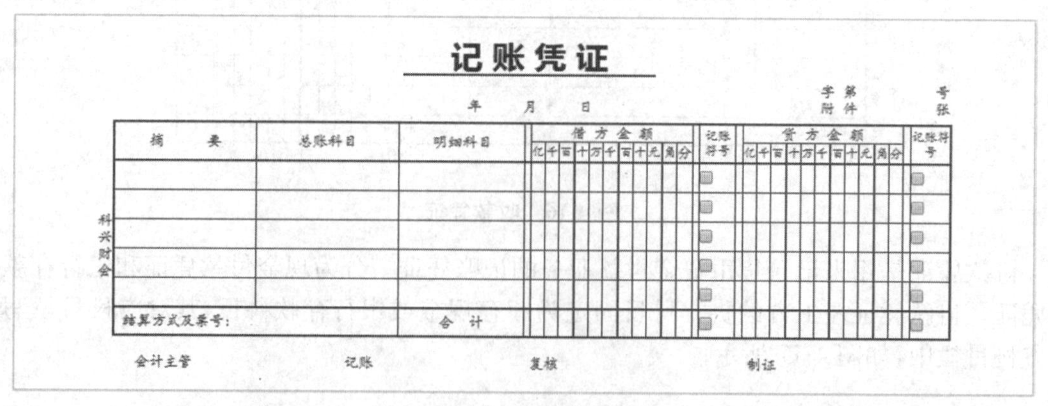

记账凭证

年　月　日　　　　字第　　号　附件　　张

摘要	总账科目	明细科目	借方金额	记账符号	贷方金额	记账符号
			亿 千 百 十 万 千 百 十 元 角 分		亿 千 百 十 万 千 百 十 元 角 分	
结算方式及票号：		合计				

科兴财会

会计主管　记账　复核　制证

图 4-19　通用记账凭证

二、记账凭证的基本内容

记账凭证是会计人员根据审核无误的原始凭证进行归类整理、确定会计分录，作为登记账簿依据的凭证，是保证账簿记录正确的基础。为了概括反映经济业务事项的基本情况，满足登记账簿的需要，我国《会计基础工作规范》第五十一条规定，记账凭证必须具备下列内容要素：

（1）填制凭证的日期。

（2）凭证的名称和编号。

（3）经济业务的摘要。

（4）应记会计科目（包括一级科目、二级科目和明细科目）、方向及金额。

（5）记账符号。

（6）所附原始凭证的张数。

（7）填制人员、稽核人员、记账人员、会计主管人员（收款凭证和付款凭证还应增加出纳人员）的签名或印章。

三、记账凭证的填制

（一）记账凭证的填制要求

1. 记账凭证填制的基本要求

（1）填制记账凭证，必须以审核无误的原始凭证及有关资料为基础。这是内部控制制度的一个重要要求。

（2）填制记账凭证，内容必须完整，手续必须齐全。记账凭证应该包括的内容都要填写齐备，有关经办人员必须签名或盖章。

（3）记账凭证可以根据每一张原始凭证编制，或根据若干张同类原始凭证汇总编制，也可以根据原始凭证汇总表编制。填制记账凭证，经济业务的分类要正确。应根据经济业务的内容，正确区分不同类型的原始凭证，正确应用会计科目填制相应的记账凭证。

（4）记账凭证应连续编号。这有利于分清会计事项处理的先后，便于记账凭证与会计账簿之间的核对，确保记账凭证的完整。

2. 记账凭证填制的具体要求

（1）记账凭证日期的确定。记账凭证的日期一般为填制记账凭证当天的日期，年、月、日应写全。按权责发生制原则计算收益、分配费用、结转成本利润等调整分录和结账分录的记账凭证，应填写当月月末的日期，以便在当月的账内进行登记。

（2）记账凭证的摘要应与原始凭证内容一致，并且简明扼要。在记账凭证的“摘要”栏中，应使用简要、明确的语言概括经济业务的内容，使人一目了然。切忌表述含糊不清；也不应过于简略，使人难以理解。

（3）正确编制会计分录。在编制会计分录时，必须根据国家会计制度统一规定的会计科目及其核算内容，正确使用会计科目编制会计分录，应填写全称，不得简写，要写明必要的二级科目或明细科目。记账凭证借贷方的金额必须相等,合计数必须计算正确。为了明确经济业务的来龙去脉和账户对应关系,每张记账凭证只能反映一项经济业务或若干项同类经济业务,不得将不同性质的经济业务合并填在一张记账凭证上。

(4) 凭证附件数量齐全。除结账和更正错误外,记账凭证必须附有原始凭证并注明所附原始凭证的张数。填制记账凭证所依据的原始凭证应全部黏附于记账凭证之后,并在记账凭证中用大写注明所附原始凭证张数。记账凭证所填金额要和原始凭证或原始凭证汇总表一致。如果原始凭证需要另外保管,则应在附件栏中加以注明,以便查阅。一张原始凭证如涉及几张记账凭证,可以将该原始凭证附在一张主要的记账凭证后面,在其他记账凭证上注明该主要记账凭证的编号或者附上该原始凭证的复印件。

一张原始凭证所列的支出需要由两个以上的单位共同负担时,应当由保存该原始凭证的单位开给其他应负担单位原始凭证分割单。原始凭证分割单必须具备原始凭证的基本内容。

(5) 记账凭证的编号。记账凭证在一个月内应当连续编号,以便分清经济业务事项处理的先后顺序,同时也便于记账凭证与会计账簿核对,确保记账凭证完整无缺。编号的方法可采用通用记账凭证统一编号的形式,也可采用收款、付款、转账凭证分三类编号的形式,还可以采用现金收款、现金付款、银行存款收款、银行存款付款和转账凭证分五类编号的形式。如果一笔经济业务需要填制两张或两张以上记账凭证的,可以采用分数编号法。例如,一笔经济业务需要编制三张记账凭证,该项经济业务的自然顺序号是8,则这笔经济业务的三张记账凭证的编号应分别为$8\frac{1}{3}$、$8\frac{2}{3}$、$8\frac{3}{3}$号。在每月最后一张记账凭证的编号旁边,可加注“全”字,以防止凭证散失。

(6) 空行注销。填制记账凭证时。应按行次逐行填写,不得跳行或留有空行。记账凭证填完经济业务后,如有空行,应当在金额栏自最后一笔金额数字下的空行处至合计数上的空行处画线注销。

(7) 记账凭证的签字盖章。记账凭证填制后,应进行复核和检查,有关人员均要签名或盖章,以明确经济责任。

(8) 只涉及现金和银行存款之间收入或付出的经济业务,应以付款业务为主,只填制付款凭证,不填制收款凭证,以免造成重复记账。

(9) 记账凭证填制错误的更正。记账凭证在填制时,如果发生错误,应重新填制,无需在错误的记账凭证上做任何更改;如果是已经登记入账的记账凭证在当年内发现错误的,可以用红字更正法或补充登记法进行更正;当凭证所列应借、贷科目有错,应用红字填写一张会计科目与原错误记账凭证完全相同的凭证,在摘要栏中写明“注销某月某日某号凭证”字样,并据以用红字登记入账,再用蓝字填写一张正确的凭证,在摘要栏中写明“订正某月某日某号凭证”字样,据以登记入账;当凭证所借贷科目无错,只是金额错误,也可将正确金额与错误金额之间的差额,另编一张调整凭证,调增用蓝字,调减用红字;如果发现以前年度记账凭证有错误的,应用蓝字填制一张更正的记账凭证,更正由于错误对会计产生的影响,直接调整当期损益。

(10) 实行会计电算化的单位,采用的机制记账凭证应当符合记账凭证的一般要求,打印出来的机制记账凭证要加盖出纳人员、记账人员、复核人员、制证人员、会计主管人员印章或签字,以明确经济责任。

（二）记账凭证的填制方法

记账凭证分为专用记账凭证和通用记账凭证两种。专用记账凭证的格式与填制方法与通用记账凭证中转账凭证相同。

1. 专用记账凭证的填制

(1) 收款凭证的填制方法。凡是涉及现金或者银行存款增加的经济业务，都必须填制收款凭证。收款凭证的填制依据是有关现金和银行存款收入业务的原始凭证。在借贷记账法下，收款凭证的填制方法是：凭证左上方“借方科目”处应按照业务内容选填“库存现金”或“银行存款”科目，右上方应填写凭证编号。收款凭证的编号一般按“现收×号”和“银收×号”分类，业务量少的单位也可不分“现收”与“银收”，而按收款业务发生的先后顺序统一编号，如“收字×号”。凭证中“贷方科目”栏应填写与“库存现金”或“银行存款”科目相对应的总账科目及其明细科目。“金额”栏填列经济业务实际发生的数额；“记账符号”栏供记账员在根据收款凭证登记有关账簿以后做记号用，表示该项金额已经计入有关账户，避免重记漏记。在凭证的右侧填写所附原始凭证张数，并在出纳及制单处签名或盖章。其格式及填制方法举例如下：

【例 4-2】　根据项目三【例 3-3】，假设瑞科公司于 202×年 12 月 1 日收到投资人甲投入 20 000 元资本，存入银行。根据该项业务填制如下的记账凭证，如图 4-20 所示。

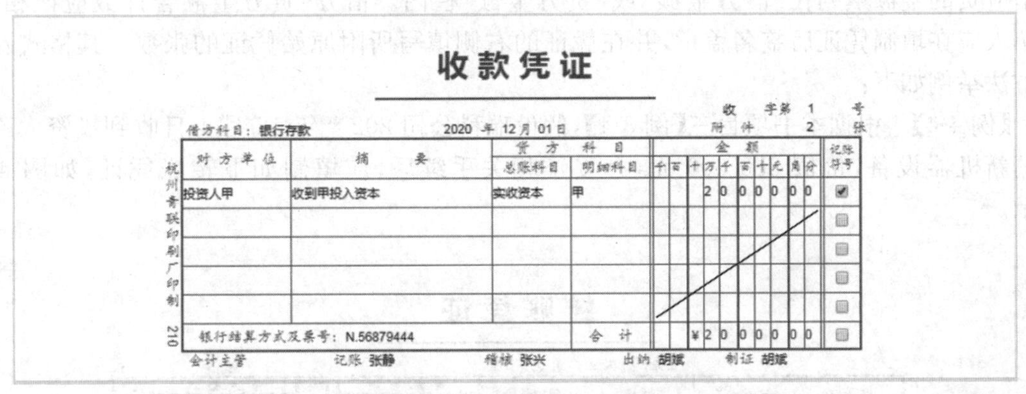

收款凭证

收　字第　1　号

借方科目：银行存款　　2020 年 12 月 01 日　　附件　2　张

对方单位	摘要	贷方科目		金额										记账符号
		总账科目	明细科目	千	百	十	万	千	百	十	元	角	分	
投资人甲	收到甲投入资本	实收资本	甲				2	0	0	0	0	0	0	✔
银行结算方式及票号：N.56879444			合计			¥	2	0	0	0	0	0	0	

会计主管　　记账 张静　　稽核 张兴　　出纳 胡斌　　制证 胡斌

杭州青联印刷厂印制 210

图 4-20　收款凭证的填制

(2) 付款凭证的填制方法。付款凭证是用来记录货币资金付款业务的凭证，它是由出纳人员根据审核无误的原始凭证付款后填制的。在借贷记账法下，付款凭证的填制方法是：付款凭证左上方“贷方科目”应填写“库存现金”科目或“银行存款”科目，右上方应填写凭证编号。付款凭证的编号一般按“现付×号”和“银付×号”分类，业务量少的单位也可不分“现付”与“银付”，而按付款业务发生的先后顺序统一编号，如“付字×号”。凭证中“借方科目”栏应填写与“现金”或“银行存款”科目相对应的总账科目及其明细科目。“金额”栏填列经济业务实际发生的数额，在凭证的右侧填写所附原始凭证的张数，并在出纳及制单处签名或盖章。其格式及填制方法举例如下：

【例 4-3】　根据本书项目三【例 3-10】，假设瑞科公司于 202×年 12 月 1 日以银行存款购原材料 A，买价 40 000 元，进项税额 5 200 元。根据该项业务填制如下记账凭证，如图 4-21 所示。

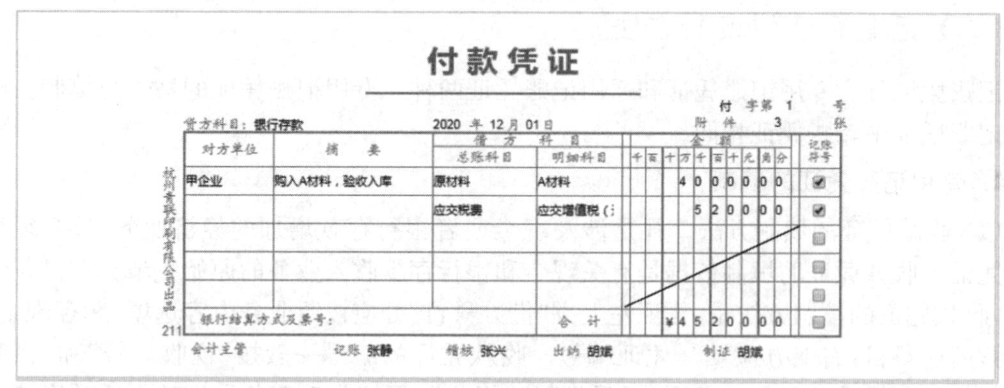

付款凭证

贷方科目：银行存款　　2020 年 12 月 01 日　　付 字第 1 号　附件 3 张

对方单位	摘要	借方科目：总账科目	借方科目：明细科目	千	百	十	万	千	百	十	元	角	分	记账符号
甲企业	购入A材料，验收入库	原材料	A材料				4	0	0	0	0	0	0	✔
		应交税费	应交增值税（;					5	2	0	0	0	0	✔
银行结算方式及票号：			合计			¥	4	5	2	0	0	0	0	

会计主管　　记账 张静　　稽核 张兴　　出纳 胡斌　　制证 胡斌

杭州青联印刷有限公司出品　211

图 4-21　付款凭证的填制

填制收款凭证与付款凭证时应注意：对于只涉及“现金”和“银行存款”这两个账户的经济业务，如从银行存款中提取现金或以现金存入银行等，只需填制付款凭证，不再填制收款凭证，以免重复记账。

(3) 转账凭证的填制方法。转账凭证是用以记录与货币资金收付无关的转账业务的凭证，它是由会计人员根据审核无误的转账业务原始凭证填制的。在借贷记账法下，将经济业务所涉及的会计科目全部填列在凭证内，借方科目在先，贷方科目在后，将各会计科目所记应借应贷的金额填列在“借方金额”或“贷方金额”栏内。借方、贷方金额合计数应该相等。制单人应在填制凭证后签名盖章，并在凭证的右侧填写所附原始凭证的张数。其格式及填制方法举例如下：

【例 4-4】 根据本书项目三【例 3-4】，假设瑞科公司 202×年 12 月 1 日收到投资人乙投入的新机器设备，价值 380 000 元，办妥了相关手续后，应填制如下转账凭证，如图 4-22 所示。

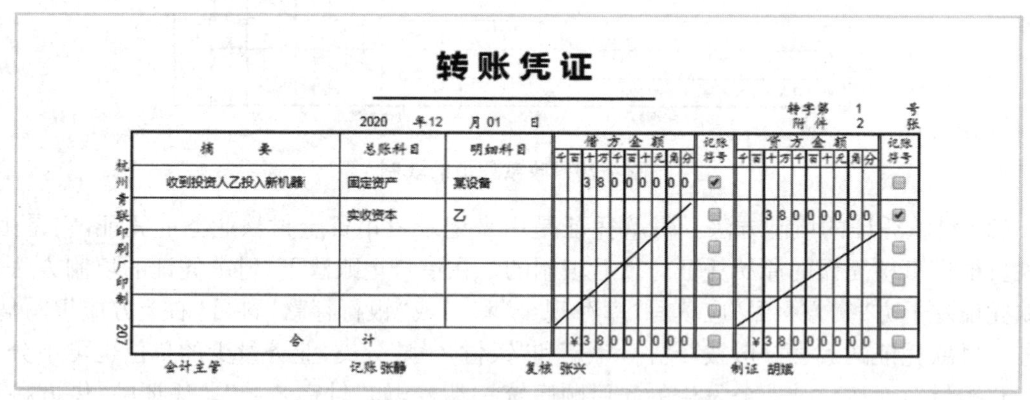

转账凭证

2020 年12 月 01 日　　转字第 1 号　附件 2 张

摘要	总账科目	明细科目	借方金额：千	百	十	万	千	百	十	元	角	分	记账符号	贷方金额：千	百	十	万	千	百	十	元	角	分	记账符号
收到投资人乙投入新机器	固定资产	某设备			3	8	0	0	0	0	0	0	✔											
	实收资本	乙														3	8	0	0	0	0	0	0	✔
合计				¥	3	8	0	0	0	0	0	0			¥	3	8	0	0	0	0	0	0	

会计主管　　记账 张静　　复核 张兴　　制证 胡斌

杭州青联印刷厂印制　207

图 4-22　转账凭证的填制

2. 通用记账凭证的填制方法

通用记账凭证是指使用统一的格式记录所有发生的经济业务的记账凭证。与转账凭证的填制方法基本相同。

【例 4-5】 根据本书项目三【例 3-10】，瑞科公司于 202×年 12 月 1 日购入原材料 A，假设该公司一直使用的是通用记账凭证，本业务为本月第 7 笔经济业务，根据这笔业务填制的凭证如图 4-23 所示。

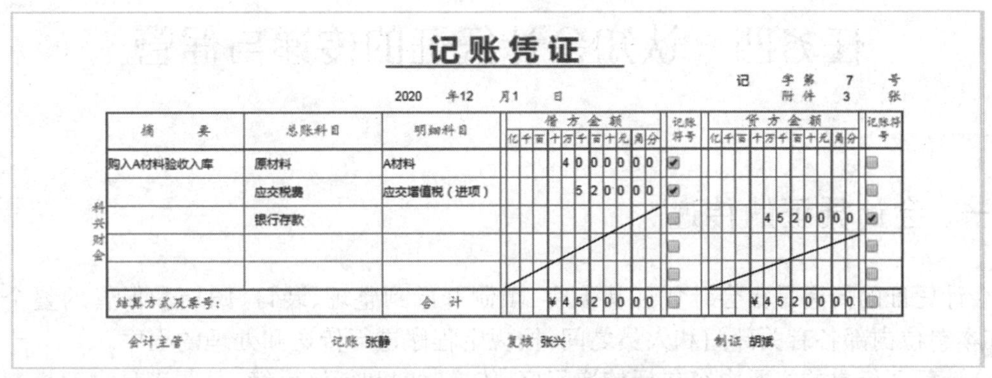

记账凭证

2020　年12　月1　日　　记　字第　7　号　附件　3　张

摘要	总账科目	明细科目	借方金额	记账符号	贷方金额	记账符号
购入A材料验收入库	原材料	A材料	4000000	✔		
	应交税费	应交增值税（进项）	520000	✔		
	银行存款				4520000	✔
结算方式及票号：		合　计	¥4520000		¥4520000	

科兴财会

会计主管　　记账 张静　　复核 张兴　　制证 胡斌

图 4-23　通用记账凭证的填制

四、记账凭证的审核

记账凭证是登记账簿的依据，为了保证账簿记录的正确性，会计机构的会计人员在登记账簿前必须认真对记账凭证进行严格审核，使其正确无误。记账凭证审核的内容主要包括以下几个方面：

（一）内容是否真实

主要审核记账凭证是否附有原始凭证及有关资料，原始凭证是否齐全，记账凭证中所填的原始凭证张数与所附原始凭证张数是否相符，记账凭证所记录的经济业务的内容与所附原始凭证反映的经济内容是否一致。

（二）项目是否齐全

审核记账凭证中的所有项目是否按规定填列齐全，有关人员签章是否齐全。

（三）填写是否正确

审核记账凭证中所确定的会计分录所反映的经济业务内容与原始凭证是否一致，应借、应贷的账户名称和方向是否正确，金额是否平衡，账户对应关系是否清晰，会计分录的编制是否符合会计制度的规定。

此外，出纳人员在办理收款和付款业务后，应在凭证上加盖“收讫”或“付讫”的戳记，以避免重收重付。

实行会计电算化的单位，对于机制记账凭证，要认真审核，做到会计科目使用正确，数字准确无误。打印出来的机制记账凭证要加盖制单人员、稽核人员、记账人员及会计机构负责人、会计主管人员印章或者签字。

在记账凭证审核中，如发现记账凭证填制错误或填列不完整，应重新填制或按规定办理更正手续。只有经过审核无误的记账凭证，才能据以登记账簿。

任务四 认知会计凭证的传递与保管

一、会计凭证的传递

会计凭证的传递是指会计凭证从取得、填制开始到整理、装订、归档和保管的整个过程中，在本单位内部各有关部门和人员之间，按规定程序进行传送和处理的程序。

会计凭证传递的主要内容包括传递程序、传递时间和衔接手续，既要满足内部控制制度的要求，使传递程序合理、有效，同时又要尽量节约传递时间、减少传递工作量。会计凭证按规定程序及时传递，是会计核算得以正常、有效进行的前提，是会计处理的一个重要环节。

会计凭证的传递程序，是会计管理制度的一个重要组成部分，应当在制度中作出明确的规定。各种会计凭证，它们所记录的经济业务不同，所涉及的部门和人员不同，所要办理的业务手续也不尽相同，为了使会计凭证有序地传递，应当结合本单位的具体情况，为各种会计凭证制定科学、合理的传递程序，明确取得或填制会计凭证以后，应交到哪个部门、哪个工作岗位，由何人接办业务手续，直至归档保管为止。如果凭证为一式多联的，应当具体规定每一联移交何处、有何用途。只有详细、严密地规定会计凭证传递程序，才能使每项业务产生的凭证传递流程，得以在本单位内部各有关部门和经办人员之间顺利完成。科学、合理的传递程序能够保证会计凭证在传递过程中的安全、及时、准确和完整。

会计凭证的传递时间，是指会计凭证从取得、填制至归档保管间的时间。各种会计凭证，由于它们所反映的经济业务内容、性质不同，所涉及的内部控制制度有所区别，所以，传递时间的长短也不尽一致。既要防止时间过紧而影响业务手续的完成，又要防止时间过松而造成不必要的耽搁。一般来讲，重要的经济事项，由于控制制度严格，控制环节较多，会计凭证传递的时间相对长一些；反之，则相对短些。各单位应当根据工作实际需要规定会计凭证的传递时间，并应具体明确会计凭证在有关部门、有关业务环节的停留时间和有关人员的责任，以保证及时反映会计信息。

会计凭证传递过程中的衔接手续，应该做到既完备严密，又简便易行。会计凭证的收发、交接都应按一定的手续制度办理，建立凭证交接的签收制度，以保证会计凭证的安全和完整。

会计凭证的传递程序、传递时间和衔接手续明确后，可制成凭证流程图，规定凭证传递的路线、环节及在各环节上的时间、处理内容及交接手续，使凭证传递工作有条不紊、迅速有效地进行。

二、会计凭证的保管

会计凭证的保管是指会计凭证在登记入账后整理、装订和归档存查。会计凭证是重要的经济档案，各单位必须对其加以妥善保管，不得丢失或任意销毁，以备日后查阅。会计凭证的保管方法和要求如下：

（一）及时传递

会计凭证应当传递，不得积压。及时传递不仅对及时进行会计核算是必要的，而且对会计凭证获得必要的保管也是十分关键的。传递不及时，会计凭证散失的可能性就会加大，根据财政部《会计基础工作规范》第五十五条的规定，外来的原始凭证遗失，应当由原开出单位出具证明，证明经济业务的内容、原始凭证的号码、金额，证明必须加盖原开出凭证单位的公章，然后由接受凭证单位的会计机构负责人、会计主管人员和单位领导人办理批准手续，手续齐全后，才能代作原始凭证；有些外来原始凭证遗失无法取得证明的，例如，飞机票、火车票等，可以由当事人写出详细情况说明，然后由接受凭证单位的会计机构负责人、会计主管人员和单位领导人办理批准手续，手续齐全后，才能代作原始凭证。

（二）科学分类和编号

会计凭证登记完毕后，应当按照分类和编号顺序保管，不得散乱丢失。分类和编号是保管会计凭证的重要方法和手段，也是方便检索的有效措施，否则，会计核算很难顺利进行。

（三）装订成册

应定期将记账凭证按编号顺序整理，检查其有无缺号和附件是否齐全，然后加上封面装订成册，不得任意拆装。在封面上应注明单位名称、所属年度月份、起讫日期、记账凭证种类、起讫号码等。为了防止散失，应在装订线上贴上封签，加盖会计人员印章。会计凭证装订封面格式如图 4-24 所示。

年	（企业名称）
	年　　月份　共　　册第　　册
月	收款
份	付款　凭证　第　　号至第　　号　　共　　张
	转账
第	附：原始凭证共　　张
册	会计主管（签章）　　　　保管（签章）

图 4-24　会计凭证封面

填写会计凭证封面时，需要在封面上注明记账凭证日期、编号、种类等，对于数量过多的原始凭证，可以单独装订保管，但要在在记账凭证上注明“附件另订”和原始凭证名称及编号。

填好的凭证封面覆在一本会计凭证的最上面，连同凭证、封底一起进行装订，装订时需要另附装订封签，如图 4-25 所示。

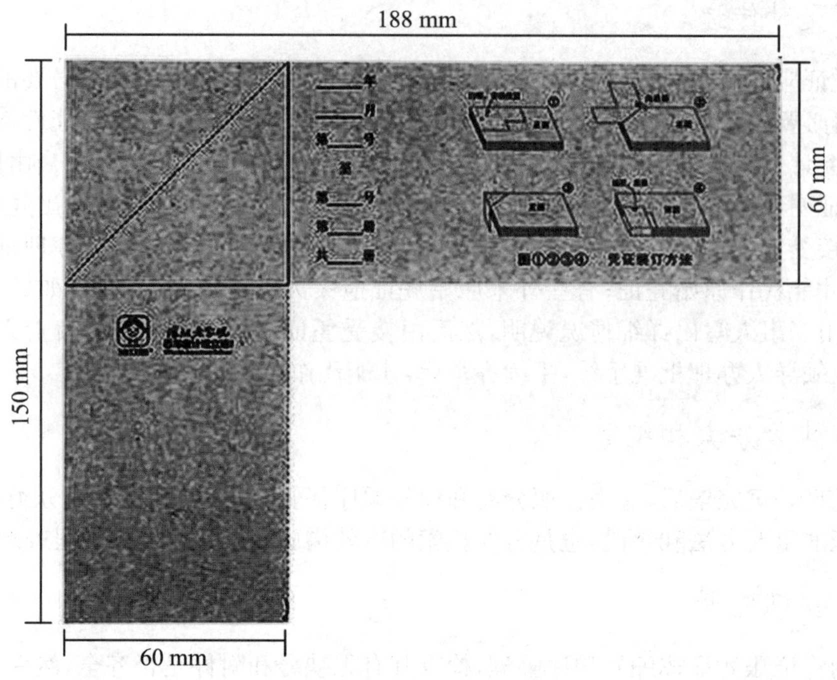

图 4-25 凭证装订封签

（四）归档保管

装订成册的会计凭证，应指定专人负责集中保管，按年分月顺序排列，以便查阅。当年的会计凭证，在会计年度终了后，可暂由本单位会计部门保管 1 年，期满后，原则上应当把会计部门编制的清册移交本单位的档案保管部门。根据财政部《会计基础工作规范》中的《会计档案管理办法》的规定，会计凭证原则上不得外借，企业内部人员或其他单位如因特殊原因需要使用原始凭证时，经本单位负责人和会计机构负责人批准，可以查阅或复制。向外单位提供的原始凭证复制件，应当在专设的登记簿上登记，并由提供人员和收取人员共同签名或者盖章。

（五）会计凭证的保管期限和销毁

会计凭证的保管期限和销毁必须严格按照《会计档案管理办法》的有关规定执行，一般会计凭证保管期限为 30 年，期满前任何人不得随意销毁。对于保管期满需要销毁的会计凭证，必须开列清单，按照规定的程序和手续报经批准后才能销毁。

同步实训

一、理论思考题

1. 什么是会计凭证？如何理解会计凭证在会计核算中的重要性？

2. 什么是原始凭证？它应具备哪些基本内容？

3. 记账凭证按其适用的经济业务不同，如何进行分类？

二、技能实训题

（一）单项选择题

1. 属于累计凭证的是（　　）。

A. 领料单　B. 收料单　C. 购货合同　D. 限额领料单

2. 下列原始凭证中，属于外来原始凭证的是（　　）。

A. 收料单　B. 收到的收款收据
C. 差旅费报销单　D. 借款单

3. 企业购进一台设备，当即用银行存款支付一部分款项，对于剩余款项签发了一张商业汇票，应填制的记账凭证是（　　）。

A. 收款凭证　B. 付款凭证
C. 转账凭证　D. 付款凭证和转账凭证

4. 将现金 5 000 元存入银行，应编制（　　）。

A. 收款凭证　B. 付款凭证　C. 转账凭证　D. 单式记账

5. 出差人员预借差旅费时，填写的借款单属于（　　）。

A. 自制的原始凭证　B. 外来原始凭证
C. 付款凭证　D. 单式凭证

6. 下列对税务部门统一印制的增值税专用发票的描述中，正确的是（　　）。

A. 属于通用原始凭证　B. 属于专用凭证
C. 属于累计凭证　D. 属于汇总原始凭证

（二）多项选择题

1. 属于会计凭证的有（　　）。

A. 收款凭证　B. 收料单
C. 发料凭证汇总表　D. 银行对账单

2. 属于自制原始凭证的有（　　）。

A. 限额领料单　B. 购货发票
C. 薪酬发放明细表　D. 银行存款余额调节表

3. 会计人员在编制记账凭证时，将 8 000 元的金额误记为 18 000 元，以下更正方法不合适的有（　　）

A. 画线更正法　B. 补充登记法　C. 红字更正法　D. 抽换凭证法

4. 限额领料单属于（　　）。

A. 自制原始凭证　B. 外来原始凭证　C. 一次凭证　D. 累计凭证

5. 下列记账凭证中，可以不附原始凭证的有（　　）。

A. 收款凭证　B. 付款凭证
C. 结账的记账凭证　D. 更正错账的记账凭证

6. 下列经济业务应编制收款凭证的是（　　）。

A. 从银行提取现金 3 000 元备用　B. 将现金 50 000 元存入银行
C. 销售产品 35 100 元货款存入银行　D. 收回甲单位前欠货款 20 000 元

7. 下列人员中，属于需要在自制原始凭证上签字或盖章的有(　　)。

A. 经办部门的负责人　　B. 出纳人员

C. 记账人员　　D. 经办人员

(三) 判断题

1. 填制和审核会计凭证，是会计核算的基本方法之一，也是会计核算工作的起点。(　　)

2. 企业每项经济业务的发生都必须从外部取得原始凭证。(　　)

3. 记账凭证可以根据每一张原始凭证填制，但不能将若干张同类的原始凭证汇总编制。(　　)

4. 所有记账凭证都必须附有原始凭证。(　　)

5. 记账凭证的“过账”栏内用“√”表示已审核完毕。(　　)

三、能力提高题

1. 例举和收集生活中你见到过的原始凭证，如车票、发票和收据等，仔细观察它们的样式和记载的内容，比较其异同之处。

2. 到访企事业单位出纳室，在出纳的帮带和指导下，学会对常见报销单据进行审核，并填制相应的收付款凭证。

3. 到访企业财务部门，在财务人员帮带和指导下，学会利用增值税税控系统开具增值税专用发票，并说明其不同联次的使用方法。

4. 到访企事业单位，观察并学会出纳是如何规范填写现金支票和转账支票的。

项目五　设置与登记会计账簿

本项目主要讲述在实际会计工作中如何合理设置和建立各种账簿，会计账簿的登记方法，以及会计期末的对账、错账更正和结账工作，通过本章学习，要求学生了解账簿的分类及设置账簿的原则，能正确合理设置各种会计账簿并进行正确登记各种账簿。

知识目标

1. 了解账簿的作用及分类。
2. 理解账簿设置的原则。
3. 掌握账簿的登记规则。
4. 掌握各种账簿的登记要点和错账的更正方法。

能力目标

1. 能正确、合理设置总分类账和日记账。
2. 能正确、合理设置各种明细账。
3. 能熟练地登记各种账簿以及对账、错账更正和结账

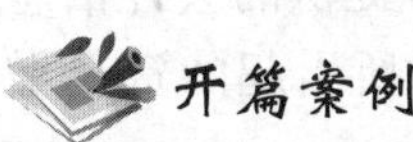

开篇案例

张华超市的出纳员小陈年末找到张华，提出自己既要登记现金、银行存款日记账，又要处理平时的现金收、付业务等，工作太繁琐，能不能在下一年度不再登记银行存款日记账，而以登记银行对账单代替，从而减少记账工作量？另外，张华看到小陈登记的账簿字迹清晰、整洁，但有几处错账是用涂改液涂改后又登记了正确的数字。

根据以上案例资料，请你替张华考虑：

1. 小陈提出的以登记银行对账单代替登记银行存款日记账的要求是否合理？
2. 小陈对于错账的处理是否正确？

任务一　认知会计账簿

一、会计账簿的概念

会计账簿简称为账簿，是指由具有一定格式，按一定形式相互连接的账页组成，以审核

无误的会计凭证为依据(主要是记账凭证),用以全面、连续、系统、分类地记载会计主体发生的交易或事项的簿籍。设置和登记会计账簿是会计核算方法中的重要方法之一,各会计主体都应根据有关会计法规等的规定设置和登记会计账簿。

二、会计账簿的种类

在会计核算中,账簿的种类是多种多样的,为了正确地认知和使用会计账簿,需要根据不同的标准对其进行分类。

(一) 按账簿的用途分类

账簿的用途是指各种账簿的使用范围或使用过程中所具有的功能。账簿按其用途可分为以下几类:

1. 序时账

序时账亦称日记账,是按照交易或事项发生或完成时间的先后顺序,逐日逐笔进行登记的一种账簿,用以反映某类经济业务随时间变化的情况。因此,设立日记账有利于核算和监督单位不同时日的资金情况,如在我国,大多数单位对现金收付业务设置现金日记账,对银行存款收付业务设置银行存款日记账。

2. 分类账

分类账是对交易或事项进行分类核算的账簿。按照提供核算指标的详细程度不同,分类账又分为总分类账和明细分类账。总分类账简称总账,是按照总分类账户设置的,用来分类、总括核算各项交易或事项的账簿。明细分类账简称明细账,是按照明细分类账户设置的,用来分类、详细核算各项交易或事项的账簿。总分类账和明细分类账所提供的会计信息是相辅相成,互为补充的。设立分类账主要用于反映和监督某类经济业务所引起的资金增减变化和结存情况。

3. 备查簿

备查簿又称辅助账,是对在序时账、分类账中未能反映和记录的事项进行补充登记的账簿。备查簿主要用来记录一些供日后考查的有关经济事项。如“经营租入固定资产登记簿”“应收票据备查簿”“代保管商品物资登记簿”“受托加工物资登记簿”等。备查簿只是对账簿记录的一种补充,它与其他账簿之间不存在严密的依存、钩稽关系,其账页格式没有严格限制,可根据企业单位需要自行设计。

(二) 按账簿的外表形式分类

账簿的外表形式就是指账簿的外在表现形式。账簿按其外表形式可分为以下三种:

1. 订本账

订本账即把印有专门格式的账页按页码的先后顺序,在启用前预先进行连续编号并装订在一起的账簿。这种账簿能够避免账页散失和抽换账页。但是,因为账页固定,不能增减,不便于调整各账户页数,如果某一账户预留空白账页过多时,会造成浪费;相反,如果某账户预留空白账页太少,将会使账户记录前后分开,不便于登记和查阅;另外,订本账也不便于分工记账和提高工作效率。因此,订本账适用于重要交易事项的记录,按目前我国的有关会计规定，现金日记账、银行存款日记款、总分类账应采用订本账。

2. 活页账

活页账是指是由若干零散的具有专门格式的账页组成的账簿。活页账在账簿登记完毕之前并不固定装在一起，而是装在账夹中保管和使用，当账簿登记完毕之后（通常是一个会计年度终了），装订成固定本册，统一编号，加具封面后并归档保管。这种账簿可根据需要随时添加或抽减账页，有利于分工记账，提高记账的工作效率。但是，活页账容易散失或被抽换，不利于账簿资料的安全、完整。活页账主要适用于各种明细分类账。

3. 卡片账

卡片账是由若干零散的、具有专门格式的硬卡片组成的账簿，严格来说，卡片账也是一种活页账。每一卡片均需编号，平时卡片不固定在一起，登记后按顺序放置在卡片箱内以免散失，卡片使用完毕不再登记时，则将卡片穿孔固定保管。这种账簿的优缺点同活页账相同。卡片账主要适用于记录对象存续时间长、日常记录少的资产明细账，最常用的是固定资产明细账，一般称为固定资产卡片。

（三）按账簿的账页格式分类

会计账簿按账页格式的不同，可分为三栏式账簿、数量金额式账簿、多栏式账簿和横线登记式账簿4种。

1. 三栏式账簿

三栏式账簿是指设有“借方”“贷方”“余额”三个金额栏目的账页组成的账簿。三栏式账簿的账页格式是最基本的账页格式，其他账页格式都是据此增减栏目而来的。各种日记账、总分类账和债权、债务明细账等都可采用三栏式账簿。总账账页格式如图5-1所示。

总　　账

分第____页总第____页

会计科目编号________

会计科目名称________

年		汇总凭证		摘要	借方金额											✓	贷方金额											✓	借或贷	余额											✓
月	日	种类	号数		亿	千	百	十	万	千	百	十	元	角	分		亿	千	百	十	万	千	百	十	元	角	分			亿	千	百	十	万	千	百	十	元	角	分	

图5-1　三栏式总账账页

债权、债务、资本类账户的明细账一般采用三栏式的账页格式，如图5-2所示。

明细账

级科目

年		记账凭证号数	摘要	对方科目	借方										贷方										借或贷	余额									
月	日				千	百	十	万	千	百	十	元	角	分	千	百	十	万	千	百	十	元	角	分		千	百	十	万	千	百	十	元	角	分

图 5-2　三栏式明细账账页

库存现金银行存款日记账账页也一般采用三栏式结构，如图 5-3 所示。

本账页数	
本户页数	

银行存款日记账

户名：　　　　账号：

年		凭证		摘要	对方科目	借方										贷方										借或贷	余额									
月	日	种类	号数			千	百	十	万	千	百	十	元	角	分	千	百	十	万	千	百	十	元	角	分		千	百	十	万	千	百	十	元	角	分
				承前页																																

图 5-3　三栏式银行存款日记账账页

2. 数量金额式账簿

这种账簿中账页的基本格式为“收入”“发出”“结存”三栏，每一栏内都分设数量、单价和金额三小栏，借以反映财产物资的实物数量和价值量，其格式如图 5-4 所示。原材料、库存商品等存货类明细账一般都需要采用数量金额式账簿。

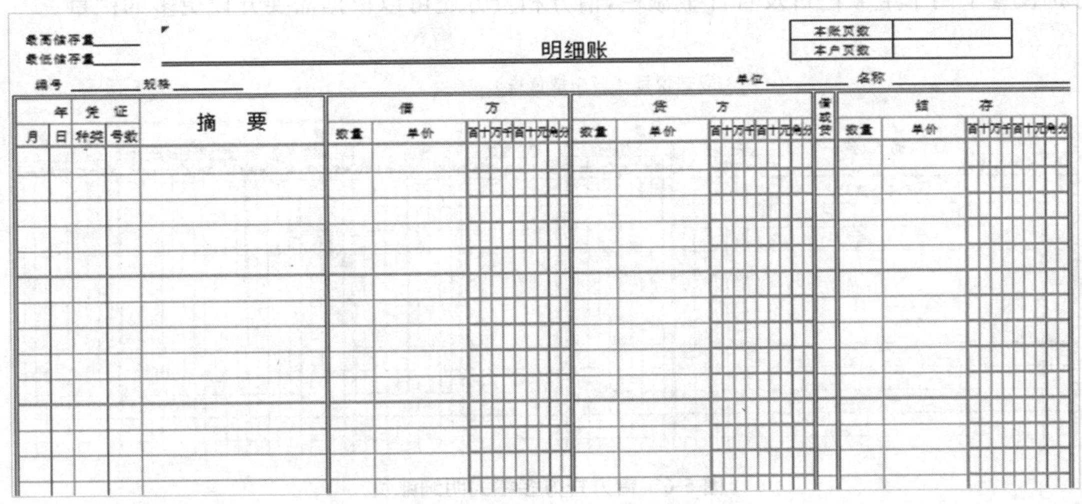

图 5-4　数量金额式明细账账页

3. 多栏式账簿

多栏式明细分类账是指根据交易或事项的内容和管理需要，将属于同一个总账科目的各个明细科目合并在一张账页上进行登记，在一张账页的借方或贷方按明细账户或明细项目设置若干专栏，登记交易或事项的一种账簿。多栏式账页又分为借方多栏式、贷方多栏式和借贷方多栏式。

如图 5-5 所示，如果主要发生额一般在借方，就按借方栏目设置明细项目，填入对应金额栏上，如管理费用、销售费用、生产成本等，称为借方多栏式明细账。如果发生额主要在贷方，则以贷方发生具体项目设置明细填入金额栏上，如主营业务收入、其他业务收入、营业外收入等。

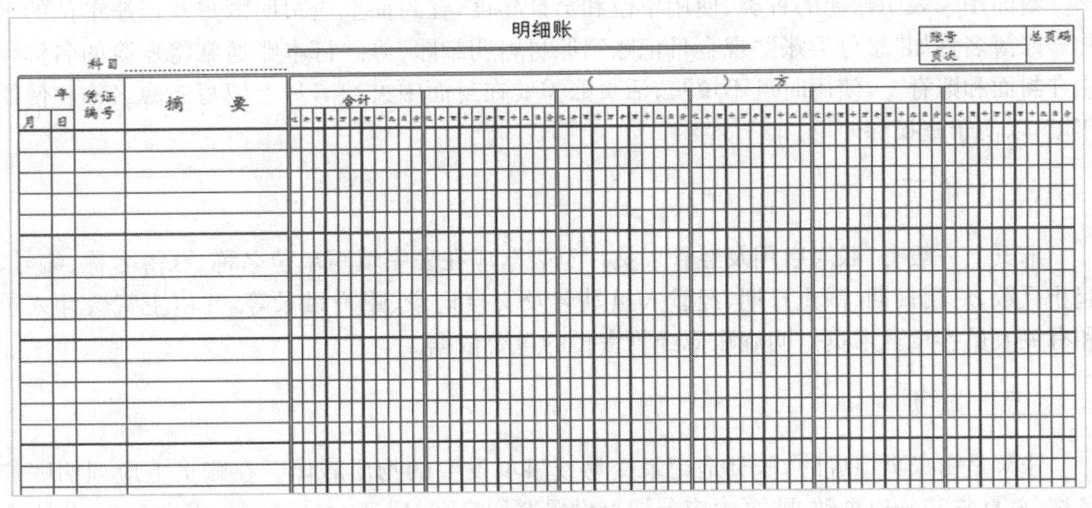

图 5-5　多栏式明细分类账

有些账户的明细账，可能借方、贷方发生的都比较多，则借方和贷方都要设置相应的栏目，有对应经济业务发生则既可能登记在借方栏目里，也可能登记在贷方栏目里，这种多栏式明细账页称为借方贷方多栏式账页。如图 5-6 所示，“应交税费——应交增值税”借贷方分别设置了两个金额栏目及合计金额栏，借方和贷方还可以根据需要开设更多的栏目。

应交税费（应交增值税）

本账页数：
本户页数：

年		凭证		摘要	借方			贷方			借或贷	余额
月	日	种类	号数		合计	进项税额	已交税额	合计	销项税额	进项税额转出		
					千百十万千百十元角分	千百十万千百十元角分	千百十万千百十元角分	千百十万千百十元角分	千百十万千百十元角分	千百十万千百十元角分		千百十万千百十元角分
				承前页								

图 5-6　借方贷方多栏式明细账页

4. 横线登记式账簿

这种账簿中账页的结构特点是在同一横行内对同一笔交易或事项的相关内容进行详细登记，以反映每笔业务的进展和完成情况。这种账簿适用于材料采购业务、应收票据业务和一次性备用金业务。

三、会计账簿的基本内容

会计账簿虽然多种多样，但其基本内容是相同的，主要包括 3 个部分：

（一）封面

封面用来表明账簿的种类、使用单位和会计年度，在封面上应写明账户及记账单位的名称。账簿名称如“总分类账”“现金日记账”“原材料明细账”等。订本账通常将账簿的名称印刷在封面和账脊上，使用时可不填写；活页账需要在封面中央的卡片上填写账簿名称和使用年度，以便于查找和使用。

（二）扉页

扉页上一般有“账簿启用及经管人员一览表”，应在表中填写单位名称、账簿名称、编号、起止页数、启用日期、截止日期、经管人员姓名及交接记录、账户目录等，并由主管会计人员和有关人员签章。扉页是明确账簿经管责任的重要依据。

（三）账页

账簿是由账页组成的，账页是记录交易或事项发生的物质载体。在账页上应列明账户名称、总页数和分户页数；账页中应分栏目设置登记日期、凭证字号、摘要、借方金额、贷方金额、余额及其借贷方向等。一般我们说到账簿的栏目时，主要是指反映金额的“借方”“贷方”“余额”3 个栏目；如果是存货类的明细账，还有反映存货数量的“数量”栏，并附有“单价”栏。

（四）封底

封底一般没有具体内容，但它与封面共同起着保护整个账簿完整的作用。

任务二　掌握会计账簿的设置与登记

一、账簿的设置

（一）设置的原因和作用

一个企业在生产经营活动过程中，会连续地发生许多经济业务，这些经济业务首先通过各种会计凭证的审核和填列，记录所涉及的详细内容。但由于会计凭证数量多而且零散，且每张凭证中只能各自反映不同的经济业务，不能连续、系统、全面地对企业在一定时期内所发生的全部经济业务予以反映。因此，必须通过设置和登记账簿这一重要的会计核算方法的运用，提供相关的必要数据，满足管理需要。

1. 账簿可以为企业管理部门提供系统、完整的会计信息

通过账簿的设置和登记，可以把分散在会计凭证上的资料加以归类整理，以全面、连续地提供有关企业成本费用、财务状况和经营成果的总括和明细的核算资料，以便正确计算企业在各会计期间的成本、费用和收入。

2. 为编制会计报表提供资料

会计报表所需要的数据资料，绝大部分来源于会计账簿。账簿的记录是否及时、详尽，数字是否真实、可靠，直接关系到会计报表的质量。所以说，正确设置并登记账簿，为会计报表的及时、准确编制提供了依据和保障。

3. 有利于开展会计检查和会计分析

会计账簿既是汇集、加工会计信息的工具，也是积累、储存经济活动情况的数据库。企业的一切财务收支、经营过程和结果都体现在账簿中。因此，利用账簿提供的资料，可以有效地开展会计检查和会计分析，加强会计监督，保护财产的安全和完整，提高企业的经营管理水平。

（二）设置的原则

1. 依法设置原则

《会计法》第三条明确规定，“各单位必须依法设置会计账簿”；同时第四十二条还明确指出，“不依法设置会计账簿”“私设会计账簿”属严重的违法行为。《会计基础工作规范》第五十六条规定：“各单位应当按照国家统一会计制度的规定和会计业务的需要设置账簿。”

2. 满足需要原则

账簿的设置要能保证系统、全面地核算和控制经济活动的情况，满足各会计主体经济管理的需要，为经济管理提供总括的和明细的核算资料。

3. 效益性原则

设置账簿要在保证满足实际需要的前提下，考虑人力和物力的节约，避免重复设账，贯彻“单不重填，账不重设”的原则。

4. 格式规范原则

账簿的格式应按照所记录交易或事项的内容和需要提供的核算指标进行设计，所反映的内容、栏目设计、相关责任归属等，要能够满足会计信息处理的需要，符合会计规范的要求。

二、账簿的启用

会计账簿是企业重要的经济档案，为了保证会计账簿记录的合法性、真实性，明确岗位责任，会计账簿应当由专门人员负责登记。会计人员启用新的会计账簿时，应在账簿封面上写明单位名称和账簿名称；在账簿的扉页上填制“账簿启用表”，内容包括单位名称、账簿名称、账簿编号、账簿页数和启用日期等，并填明经管人员姓名并盖章，在指定位置加盖单位公章，其格式和需要填写的内容如图 5-7 所示；贴上印花税票并画线注销，以示启用账簿。

<table>
<tr><th colspan="13">账　簿　启　用　表</th></tr>
<tr><td colspan="2">单位名称</td><td colspan="9"></td><td colspan="2" rowspan="4">单位公章</td></tr>
<tr><td colspan="2">账簿编号</td><td colspan="9">字第　　号第　　册共　　册</td></tr>
<tr><td colspan="2">账簿页数</td><td colspan="9">本账簿共计　　页　　号</td></tr>
<tr><td colspan="2">启用日期</td><td colspan="9">年　　月　　日</td></tr>
<tr><td colspan="2">经管人员</td><td colspan="3">接管</td><td colspan="3">移交</td><td colspan="3">会计负责人</td><td colspan="2" rowspan="2">备注</td></tr>
<tr><td>姓名</td><td>盖章</td><td>年</td><td>月</td><td>日</td><td>年</td><td>月</td><td>日</td><td>姓名</td><td colspan="2">盖章</td></tr>
<tr><td></td><td></td><td></td><td></td><td></td><td></td><td></td><td></td><td></td><td colspan="2"></td><td colspan="2"></td></tr>
<tr><td></td><td></td><td></td><td></td><td></td><td></td><td></td><td></td><td></td><td colspan="2"></td><td colspan="2"></td></tr>
<tr><td></td><td></td><td></td><td></td><td></td><td></td><td></td><td></td><td></td><td colspan="2"></td><td colspan="2"></td></tr>
<tr><td></td><td></td><td></td><td></td><td></td><td></td><td></td><td></td><td></td><td colspan="2"></td><td colspan="2"></td></tr>
</table>

图 5-7　账簿启用表

启用订本式账簿时，应从第一页到最后一页按顺序编号，不得跳页、缺号；启用活页式账簿，应按账户顺序编号，并定期装订成册，装订后再按实际使用的账页顺序编页号，另加目录记录每个账户的名称和页次；卡片式账簿在使用前应当登记卡片登记簿。记账人员变动时，必须办理账簿交接手续，在账簿启用表上注明交接日期，接交和监交人员姓名，并签名或盖章。

三、会计账簿的登记规则

账簿是储存数据资料的重要会计档案，登记账簿要有专人负责。进行账簿登记，应遵循一定的登记规则。

(1) 为了保证账簿记录的准确性,必须根据审核无误的会计凭证,及时地登记各种账簿。登记账簿时,应将会计凭证的日期、编号、摘要、金额逐项登记入账,做到数字准确、摘要简明清楚、登记及时、字迹工整。

(2) 账簿登记完毕后,应在记账凭证的"记账"栏内注明账簿的页数或作"√"标记,表示已经登账,以免重登、漏登,同时也便于查阅、核对。

(3) 账簿中书写的文字或数字上面要留有适当空格,不要满格书写,一般应占格距的1/2为宜。

(4) 登记账簿必须用钢笔和蓝、黑墨水书写,不得使用圆珠笔或铅笔书写。

(5) 下列特殊情况,可以用红色墨水记账:根据红字冲账的记账凭证,冲销错误记录时;在不设借(或贷)栏的多栏式账页中,登记减少数时;在三栏式账户的余额栏前,未印明余额方向的,在余额栏内登记负数余额时等。

(6) 各种账簿按页次顺序连续登记,不得跳行、隔页。如果发生跳行、隔页,应当将空行、空页画线注销,或者注明"此行空白""此页空白"字样,并由记账人员签名或盖章。

(7) 凡要结出余额的账户,结出余额后,应当在"借或贷"栏内写明"借"或"贷"等字样,以表明余额的方向。没有余额的账户,应当在"借或贷"栏内写"平"字,并在余额栏内的"元"位上用"0"表示。

(8) 每一账页登记完毕结转下页时,应当结出本页合计数及余额,写在本页最后一行和下页第一行相应栏内,并在摘要栏内注明"过次页"和"承前页"字样。

对需要结计本月发生额的账户,结计"过次页"的本页合计数应当为自本月初起至本页末止的发生额合计数;对需要结计本年累计发生额的账户,结计"过次页"的本页合计数应当为自年初起至本页末止的累计数;对既不需要结计本月发生额也不需要结计本年累计发生额的账户,可以只将每页末的余额结转次页。

(9) 账簿记录发生错误时,不得刮、擦、挖补,随意涂改或用退色药水更改字迹,应根据错误的具体情况,按规定的方法进行更正。

实行会计电算化的单位,用计算机打印的会计账簿必须连续编号,经审核无误后装订成册,并由记账人员和会计机构负责人、会计主管人员签字或盖章,总账和明细账应当定期打印。发生收、付款交易或事项的,在输入收款凭证和付款凭证的当天必须打印出现金日记账和银行存款日记账,并与库存现金核对无误。

四、日记账的登记

(一) 现金日记账的登记

现金日记账是用来登记库存现金每天的收入、支出和结存情况的账簿。通常由出纳人员根据审核后的现金收款凭证、现金付款凭证、银行存款付款凭证逐日逐笔按顺序登记。现金日记账必须采用订本式账簿,其账页格式一般采用三栏式,即在一张账页上分别设置"借方""贷方"和"余额"3栏,格式及登记示范简表如表5-1所示。

现金日记账的登记方法如下。

(1) "日期"栏:填制记账凭证日期,应与现金实际收付日期一致。

(2) "凭证号数"栏:填写记账所依据的现金收、付款凭证和银行存款付款凭证的凭证号数。

(3)“摘要”栏:对经济业务的内容作简明、扼要的说明。

(4)“对方科目”栏:登记与现金收入或支出相对应的账户名称,以示其来源和用途。

(5)“借方”“贷方”“余额”栏:“借方”金额栏通常根据现金收款凭证登记,对于从银行提取现金的业务,只填制银行存款付款凭证,而不再填制现金收款凭证,所以,还应根据银行存款付款凭证登记现金日记账的借方金额栏;“贷方”金额栏根据现金付款凭证登记;“余额”栏登记当期库存现金的结余金额,根据“上日余额+本日收入-本日支出=本日余额”。

登记现金日记账要做到日清月结。每次收付现金以后,应随时结出库存现金账面余额,至少应将每日收、付款项逐笔登记完毕后,结出每日现金日记账的账面余额,并同库存现金的实存数进行核对,确认是否相符。如果账款不符,应查明原因。月终,要计算当月现金收、付金额的合计数,结出月末余额,将现金日记账的月末余额与现金总账的月末余额相核对。

表 5-1　库存现金日记账

单位:元

202×年		凭证		摘要	对方科目	借方	贷方	余额
月	日	种类	号数					
1	1			期初余额				1 600
	2	付款	1	提取现金备用	银行存款	1 000		
	2	付款	2	购买办公用品	管理费用		600	
	2	收款	1	退回暂借差旅费	其他应收款	350		
	2	收款	2	零售商品款	主营业务收入	5 850		
	2	付款	3	将零售款存入银行	银行存款		5 850	
	2			本日合计		7 200	6 450	2 350
				……				
1	31			本月合计		96 530	95 230	2 900

(二)银行存款日记账的登记

银行存款日记账是用来逐日反映银行存款的增加、减少和结存情况的账簿。通常由出纳人员根据审核后的银行存款收款凭证、银行存款付款凭证和现金付款凭证逐日逐笔按顺序登记。如果一个单位在银行开设了若干个银行存款账户,则应分别设置账户进行登记,以便于与银行核对,也有利于加强对银行存款的管理。

银行存款日记账必须采用订本式账簿,其账页格式一般采用三栏式。登记方法与现金日记账的登记方法基本相同。银行存款日记账在“摘要”栏和“对方科目”栏之间增设“结算凭证种类和号数”栏,用来填写办理银行收、付款业务时所依据的结算凭证种类和号数,以便于和银行进行账目核对。银行存款日记账格式及登记示范简表如表 5-2 所示。

银行存款日记账的登记方法如下。

(1)“日期”栏:填写银行存款收、付款凭证的日期。

(2)“凭证号数”栏:填写记账所依据的收、付款凭证的凭证号数。

(3)“摘要”栏:对经济业务作简要说明。

(4)“对方科目”栏:登记与银行存款收入或支出相对应的账户名称。

(5)“借方”“贷方”“余额”栏:“借方”金额栏通常根据银行存款收款凭证进行登记,对于将现金送存银行或从本单位其他存款账户转入本存款账户的收入金额,应该根据现金付款凭证或本单位其他存款账户的银行存款收款凭证登记银行存款日记账的“借方”金额栏;“贷方”金额栏根据银行存款付款凭证进行登记;“余额”栏登记当期银行存款结余金额。

对于银行存款每次完成收付以后,应随时结出银行存款余额,至少应在每日收付款项逐笔登记完毕以后,计算出银行存款收入和支出的每日合计数及其账面余额,以便于定期同银行的对账单进行核对,并注意随时检查、监督各种款项的收付,避免出现超过实有余额付款的透支现象。月份终了,如果银行存款账面结余数与银行对账单之间有差额,必须逐笔查明原因进行处理,并按月编制“银行存款余额调节表”进行调整。

表 5-2　银行存款日记账

单位:元

202×年		凭证		摘要	结算种类	凭证号数	对方科目	借方	贷方	余额
月	日	种类	号数							
1	1			期初余额						528 000
	2	付款	1	提取现金备用	现支	453	现金		1 000	
	2	付款	2	购买原材料	转支	371	在途物资		40 000	
							应交税费		6 800	
	2	收款	1	收成飞公司账款	信汇	038	应收账款	30 000		
	2	付款	3	将零售款存入银行	现存	386	银行存款	5 850		
	2			本日合计				35 850	47 800	516 050
				……						
1	31			本月合计				283 750	312 650	319 100

五、明细分类账的登记

明细分类账是指根据所设置的明细分类账户详细记录某一经济业务的账簿。在会计实务中,各种明细分类账分别按照二级科目或明细科目开设账户,并为每一个账户预留若干账页,用来分类、连续地记录相关资产、负债、所有者权益、收入、费用、利润等详细资料。由于明细分类账反映各单位的详细经济活动资料,显然也是编制会计报表的依据之一。

明细分类账是总分类账的补充,因此,各单位在设置总分类账的基础上,还应根据管理的需要设置若干必要的明细分类账。这样,既能根据总分类账了解某一账户的总括情况,又可以根据相关明细账了解该账户的具体情况。通常,各单位可以根据管理需要,对各种材料物资、应收应付款项、存货、资产、收入、费用、利润等有关总账账户设置相关的明细分类账,进行明细分类核算。

明细分类账可以根据原始凭证直接登记,也可以根据汇总的原始凭证登记,还可以根据记账凭证登记。明细账的格式,应根据各单位经营业务的特点和管理需要来确定。常用格式有“三栏式账页”“多栏式账页”“数量金额式账页”和“横线登记式账页”等多种格式。

（一）三栏式明细分类账的登记

三栏式明细分类账的格式和登记方法同逐笔登记总账基本相同，它只设“借方”“贷方”和“余额”3个金额栏，不设数量栏。这种账页适用于只需要进行金额核算而不需要进行数量核算的明细分类账，如债权、债务结算科目“应收账款”“应付账款”“其他应收款”等。三栏式明细分类账格式及登记示范简表如表5-3所示。

表5-3　应收账款明细账

明细科目：华信公司　　　　单位：元

202×年		凭证号数	摘要	借方	贷方	借或贷	余额
月	日						
1	1		期初余额			借	20 000
	12	略	收回部分欠款		10 000	借	10 000
	20		销售商品，款未收	8 000		借	18 000

（二）数量金额式明细账

数量金额式明细分类账的账页，既要设置“收入”“发出”“结存”三栏，又要在每栏分别设置“数量”“单价”“金额”栏，以分别登记实物的数量和金额。数量金额式明细账适用于既要进行金额明细核算，又要进行数量明细核算的财产物资项目。如“原材料”“库存商品”等存货类账户的明细核算。它能提供各种财产物资收入、发出、结存的数量和金额，在账页的上端另外设计一些必要的项目，以便掌握一些需要的资料。数量金额式明细账格式及登记示范简表如表5-4所示。

表5-4　原材料明细账

材料类别：甲材料　　　　计量单位：千克　　　　第　页

202×年		凭证字号	摘要	收入			发出			结存		
月	日			数量	单价（元）	金额（元）	数量	单价（元）	金额（元）	数量	单价（元）	金额（元）
1	1		期初余额							200	30	6 000
	3	略	购入原材料	100	30	3 000				300	30	9 000
	5		生产领用				50	30	1 500	250	30	7 500

（三）多栏式明细分类账

多栏式明细分类账的格式视管理需要呈多种多样，它在一张账页上，按明细科目分设若干专栏，根据具体项目分栏登记，集中反映有关明细项目的核算资料。多栏式明细账适用于明细项目较多，且要求分别列示的明细账，如“生产成本”“制造费用”“管理费用”“本年利润”

“应交税费”等账户的明细核算。

一般情况下，多栏式明细账应在“借方”“贷方”分设专栏。在实际工作中，成本费用类科目的明细账，可以只按借方发生额设置专栏，贷方发生额由于每月发生的笔数很少，可以在借方直接用红字冲记，格式及登记示范如表5-5所示。这类明细账也可以在借方设专栏的情况下，贷方设一个总的金额栏，再设一个余额栏。我们称这一类在借方设若干明细栏目的明细分类账为借方多栏式明细账。

如表5-5所示，在制造费用的借方分设若干个栏目，分类记录制造费用借方的发生情况，当分配转出登记在贷方时，用红字登记。

表5-5　制造费用明细账

单位：元

202×年		凭证号数	摘　要	借方项目							合计
月	日			工资	福利费	折旧费	……	办公费	电费	其他	
1	3	略	支付电费						900		900
	10		计提工资	10 000	1 400						12 300
	25		购办公用品					1 200			13 500
	31		计提折旧费			2 000					15 500
1	31		分配转出	[10 000]	[1 400]	[2 000]		[1 200]	[900]		[15 500]

（注：“[10 000]”表示红字，从贷方转出。其余相同）

六、总分类账的登记

各单位可以根据企业的实际情况，选择采用不同的方式登记总分类账。登记总分类账的依据不同，决定了企业不同的账务处理程序。

账务处理程序又叫做会计核算程序，是指从原始凭证的整理、汇总，记账凭证的填制、汇总，日记账、明细分类账、总分类账的登记，到最后编制会计报表的步骤和方法。科学地组织账务处理程序，对提高会计核算工作的质量和会计工作的效率，充分发挥会计职能具有重要意义。

根据登记总账的依据和方法不同，可以划分出不同种类的账务处理程序。目前，我国采用的账务处理程序主要有记账凭证账务处理程序、汇总记账凭证账务处理程序和科目汇总表账务处理程序。本项目简要介绍常用的两种账务处理程序，即记账凭证的账务处理程序和科目汇总表账务处理程序的应用。

（一）记账凭证账务处理程序下总分类账的登记

记账凭证账务处理程序是根据各种记账凭证登记总账的账务处理程序，其主要特点是：根据每一张记账凭证逐笔登记总分类账。记账凭证账务处理程序是账务处理程序中最基本的形式，其他各种账务处理程序是在它的基础上产生和发展起来的。

1. 记账凭证账务处理程序的核算步骤

（1）根据原始凭证或原始凭证汇总表填制记账凭证。

（2）根据收款凭证、付款凭证逐笔登记现金、银行存款日记账。

（3）根据记账凭证和原始凭证（或原始凭证汇总表）逐笔登记各种明细分类账。

（4）根据记账凭证逐笔登记总分类账。

（5）期末，现金日记账、银行存款日记账的余额，以及各种明细分类账的余额合计数，分别与总分类账中有关账户的余额核对相符。

（6）期末，根据总分类账和明细分类账资料编制会计报表。

上述核算步骤可用图 5-8 表示。

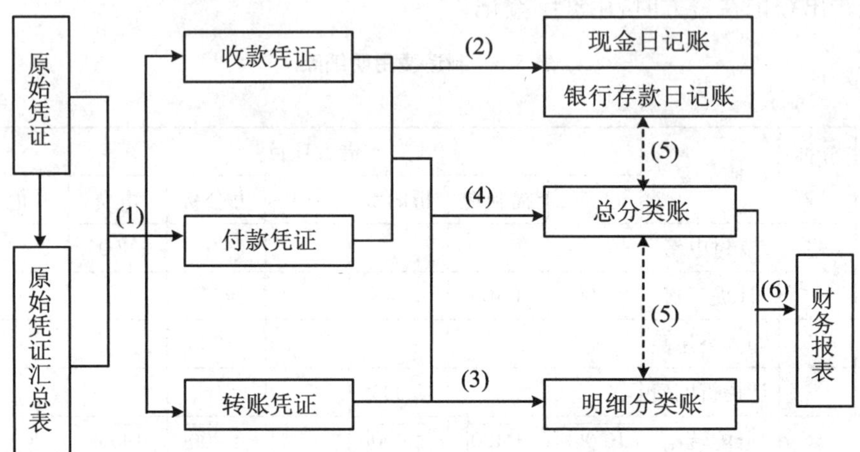

图 5-8　记账凭证账务处理程序核算步骤

2. 记账凭证账务处理程序应用举例

记账凭证账务处理程序的主要特点是：根据记账凭证直接登记总账，对于日记账和其他明细分类账的登记，与前述日记账和其他明细分类账的登记基本相同。

【例 5-1】　兴隆公司 202×年 1 月份的相关会计资料如下：

1. 兴隆公司 202×年 1 月 1 日有关账户余额如表 5-6 和表 5-7 所示。

表 5-6　总分类账余额表

单位：兴隆公司　　　　单位：元

账户名称	借　方	贷　方	账户名称	借　方	贷　方
库存现金	800		短期借款		700 000
银行存款	400 000		应付账款		82 000
应收账款	60 000		应付职工薪酬		12 000
其他应收款	4 800		应交税费		4 600
原材料	800 000		实收资本		2 000 000
库存商品	250 000		盈余公积		100 000
固定资产	1 823 000		利润分配		210 000
累计折旧		230 000			

表 5-7　明细分类账期初余额表

单位:兴隆公司　　　　单位:元

存货账户	存货名称	数量	单价	金额
原材料	甲材料	3 000 吨	200	600 000
原材料	乙材料	200 吨	1 000	200 000
库存商品	A 产品	500 件	300	150 000
库存商品	A 产品	1 000 件	100	100 000

2. 兴隆公司 202×年 1 月份发生的部分交易或事项如下:

(1) 5 日,从工商银行提取库存现金 18 000 元。

(2) 5 日,以库存现金发放上月份职工薪酬 12 000 元。

(3) 8 日,公司财务部购买办公用品 200 元。

(4) 10 日,企划部李强借差旅费 2 000 元。

(5) 10 日,通过开户银行收回红旗公司所欠货款 24 000 元。

根据兴隆公司 202×年 1 月份的交易或事项资料,编制通用记账凭证,登记日记账和明细分类账及其总分类账。

第一步,根据原始凭证(交易或事项证明)填制记账凭证。

根据兴隆公司 202×年 1 月份所发生的交易或事项所填制的记账凭证(简化)如表 5-8 至表 5-12 所示:

表 5-8　记账凭证

202×年 1 月 5 日　　　　记字第　001　号

单位:元

摘　　要	会计科目		借方金额	贷方金额
	总账科目	明细科目		
出纳员提取现金	库存现金		18 000	
	银行存款	工商银行		18 000
合　　计			18 000	18 000

记账:　　审核:王五　　出纳:李四　　制单:张三

表 5-9　记账凭证

202×年 1 月 5 日　　　　记字第　002　号

单位:元

摘　　要	会计科目		借方金额	贷方金额
	总账科目	明细科目		
支付职工薪酬	应付职工薪酬		12 000	
	库存现金			12 000
合　　计			12 000	12 000

记账:　　审核:王五　　出纳:李四　　制单:张三

表 5-10　记账凭证

202×年 1 月 8 日　　　　记字第　003　号

单位:元

摘　　要	会计科目		借方金额	贷方金额
	总账科目	明细科目		
购买办公用品	管理费用		200	
合　计	库存现金		200	200

记账:　　　审核:王五　　　出纳:李四　　　制单:张三

表 5-11　记账凭证

202×年 1 月 10 日　　　　记字第　004　号

单位:元

摘　　要	会计科目		借方金额	贷方金额
	总账科目	明细科目		
企划部李强借差旅费	其他应收款	李强	2 000	
	库存现金			2 000
合　计			2 000	2 000

记账:　　　审核:王五　　　出纳:李四　　　制单:张三

表 5-12　记账凭证

202×年 1 月 10 日　　　　记字第　005 号

单位:元

摘　　要	会计科目		借方金额	贷方金额
	总账科目	明细科目		
收回红旗公司货款	银行存款		24 000	
	应收账款	红旗公司		24 000
合　计			24 000	24 000

记账:　　　审核:王五　　　出纳:李四　　　制单:张三

第二步,根据记账凭证登记兴隆公司 1 月份库存现金日记账和银行存款日记账(从略)。

第三步,根据记账凭证登记各种明细分类账(从略)。

第四步,根据记账凭证直接登记总分类账。

兴隆公司 202×年 1 月份库存现金总分类账登记如表 5-13 所示,银行存款账户总分类账登记如表 5-14 所示(其他总分类账略)。

表 5-13　库存现金总分类账

单位:元

202×年		凭证编号	摘　要	借　方	贷　方	借或贷	余　额
月	日						
1	1		期初余额			借	800
	5	记字 001	出纳员从银行提取库存现金	18 000			
	5	记字 002	支付职工 7 月份薪酬		12 000		
	8	记字 003	财务部购买办公用品		200		
	10	记字 004	企划部李强借差旅费		2 000		
1	31		本月发生额及余额	18 000	14 200	借	4 600

表 5-14　银行存款总分类账

单位:元

202×年		凭证编号	摘　要	借　方	贷　方	借贷	余　额
月	日						
1	1		期初余额			借	400 000
	5	记字 001	出纳员从银行提取库存现金		18 000		
	10	记字 005	收回红旗公司货款	24 000			
1	31		本月发生额及余额	24 000	18 000		406 000

记账凭证账务处理程序的优点是:账务处理程序简单明了,在记账凭证上能够清晰地反映账户之间的对应关系,总账根据记账凭证逐笔登记,在总账中就能比较详细地反映经济业务的内容,便于查阅。其缺点是:登记总账的工作量大。因此,这种账务处理程序适用于规模较小、业务量较少、凭证不多的企事业单位。

(二) 科目汇总表账务处理程序下总分类账的登记

科目汇总表账务处理程序是根据科目汇总表登记总账的账务处理程序,其主要特点是:定期根据所有的记账凭证编制科目汇总表,然后根据科目汇总表登记总分类账。

1. 科目汇总表账务处理程序的核算步骤

(1) 根据原始凭证或原始凭证汇总表填制记账凭证。

(2) 根据记账凭证逐笔登记库存现金日记账和银行存款日记账。

(3) 根据记账凭证和原始凭证(或原始凭证汇总表)逐笔登记各种明细分类账。

(4) 根据各种记账凭证每日或定期编制科目汇总表。

(5) 根据科目汇总表,每日或定期登记总分类账。

(6) 期末,现金日记账、银行存款日记账的余额,以及各种明细分类账的余额合计数,分别与总分类账中有关账户的余额核对相符。

(7) 期末,根据总分类账和明细分类账资料编制会计报表。

上述核算步骤可用图 5-9 表示。

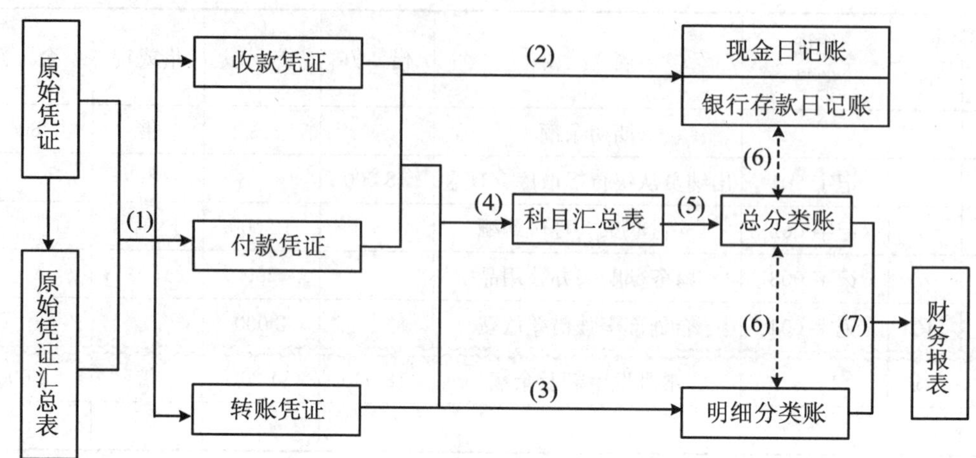

图 5-9　科目汇总表账务处理程序核算步骤

2. 科目汇总表的编制

科目汇总表是根据记账凭证(收款凭证、付款凭证和转账凭证或通用记账凭证),按照相同的账户进行归类,定期(如每 10 天、15 天一次)汇总每一账户的借方发生额和贷方发生额,编制成科目汇总表,所以又称为记账凭证汇总表。科目汇总表的编制方法是:先把需要汇总的记账凭证,按科目以"T"型账户的形式编制成工作底稿;然后,把工作底稿上有关科目的借方发生额合计数和贷方发生额合计数填入科目汇总表。其格式如表 5-15 所示。

表 5-15　科目汇总表

编制单位:　　　　　　　　　　年　月　日　　　　　　　　　　汇总　　号

账户名称	账页	本期发生额		记账凭证起讫编号
		借方	贷方	
合　计				

3. 科目汇总表账务处理程序应用举例

【例 5-2】 仍以【例 5-1】兴隆公司 202×年 1 月份的相关会计资料为例:

(1) 根据原始凭证或原始凭证汇总表填制记账凭证(参见记账凭证账务处理程序表 5-8 至表 5-12)。

(2) 根据记账凭证逐笔登记库存现金日记账和银行存款日记账(略)。

(3) 根据记账凭证和原始凭证(或原始凭证汇总表)逐笔登记各种明细分类账(略)。

(4) 根据各种记账凭证定期编制科目汇总表工作底稿(如以下"T"型账户所示)。汇总一定时期内每个账户的借贷方的发生额合计。

借	库存现金　贷
（001）　18 000	（002）　12 000 （003）　200 （004）　2 000
合计：18 000	合计：14 200

借	银行存款　贷
（005）　24 000	（001）　18 000
合计：24 000	合计：18 000

借	应付职工薪酬　贷
（002）12 000	
合计：12 000	

借	管理费用　贷
（003）　200	
合计：20	

借	其他应收款　贷
（004）2 000	
合计：2 000	

借	应收账款　贷
	（005）　24 000
	合计：24 000

（5）根据各账户的发生额合计，编制科目汇总表。

表 5-16　科目汇总表

编制单位：兴隆公司　　　202×年 1 月 10 日　　　科汇总 01 号

单位：元

账户名称	账页	本期发生额		记账凭证起讫编号
		借　方	贷　方	
库存现金	略	18 000	14 200	记账凭证 001～005 号
银行存款		24 000	18 000	
应付职工薪酬		12 000		
管理费用		200		
其他应收款		2 000		
应收账款			24 000	
合　计		56 200	56 200	

(6) 根据科目汇总表,定期登记总分类账。登记库存现金总分类账如简表 5-17 所示,登记银行存款总分类账如简表 5-18 所示(其他总分类账略)。

表 5-17 库存现金总分类账

单位:元

202×年		凭证编号	摘 要	借 方	贷 方	借或贷	余 额
月	日						
1	1		期初余额			借	800
	10	科汇 01	1～10 日发生额	18 000	14 200		
	20	科汇 02	11～20 日发生额	……	……		……
	31	科汇 03	21～30 日发生额	……	……		……
1	31		本月发生额及余额	……	……	借	……

表 5-18 银行存款总分类账

单位:元

202×年		凭证编号	摘 要	借 方	贷 方	借或贷	余 额
月	日						
1	1		期初余额			借	400 000
	10	科汇 01	1～10 日发生额	24 000	1 8000		
	20	科汇 02	11～20 日发生额	……	……	……	……
	31	科汇 03	21～30 日发生额	……	……	……	……
1	31		本月发生额及余额	……	……	……	……

需要说明的是,随着会计信息化日益发展,在会计智能化、信息化条件下,会计系统可以根据需要从数据库文件中随机抽取各种形式和内容的账簿,因而传统会计为减少登账工作量而建立的各种会计账务处理程序意义已经不大。

七、总分类账户与明细分类账户的平行登记

(一) 总分类账和明细分类账的关系

总分类账是指对经济内容进行总括的核算,根据总账科目开设,用以提供总括指标的账簿;明细分类账是指对经济内容进行明细分类核算,根据明细科目开设,用以提供明细核算指标的账簿。在总分类账中进行的核算,称为总分类核算;在明细分类账中进行的核算,称为明细分类核算。明细分类账提供的会计信息比较详细,是对总分类账作进一步的说明。

企业在进行总分类核算的同时,应根据实际需要,进行必要的明细分类核算。从总分类账和明细分类账所提供会计核算指标的关系来看,总分类账对其所属的明细分类账起统驭作用,称为统驭账户;明细分类账对总分类账起补充和说明作用,称为从属账户。但并不是任何总分类账户都要设置明细分类账户,有些账户没有必要进行明细核算,没有设置明细分

类账户的总分类账户不能称为统驭账户。

总分类账户与其所属的明细分类账户所反映的是同一经济业务，登账时依据的是同一会计凭证，为了便于账户核对，确保核算资料的正确、完整，必须采用平行登记的方法，在总分类账户与其所属的明细分类账户中进行登记。

（二）总分类账与明细分类账的平行登记

所谓平行登记，是指对每项经济业务事项都要以会计凭证为依据，一方面记入有关总分类账户，另一方面又要记入其所属明细分类账户。

1. 平行登记的要点

（1）依据相同。依据相同是指对发生的经济业务，都要以同样的原始凭证或记账凭证既登记有关总分类账户，又登记其所属明细分类账户。

（2）期间相同。期间相同是指在同一个会计期间，而不是同时间，因为明细分类账一般是根据记账凭证及其所附的原始凭证在平时逐笔登记，而总分类账则因账务处理程序不同，可能根据记账凭证在平时登记，也可能根据汇总记账凭证或科目汇总表定期登记，虽然两者登账依据的凭证和时间先后有差别，但都在同一会计期间，总分类账和明细分类账都必须登记，不能只记一方，漏记另一方。

（3）方向一致。同一经济业务记入总分类账及其所属明细分类账的方向应该相同，即总分类账记入借方，明细分类账也记入借方；总分类账记入贷方，明细分类账也记入贷方。

（4）金额相等。同一经济业务记入总分类账的金额应该与其记入所属各有关明细分类账的金额之和相等。

总分类账户提供总括核算指标，而明细分类账户提供总分类账户所记内容的具体指标，所以，记入总分类账户的借方（贷方）发生额与记入其所属各明细分类账户的借方（贷方）发生金额之和相等。当然，这里只是表明数量关系，而不一定都是借方发生额相等和贷方发生额相等的关系。

2. 平行登记的检查

根据总分类账与其所属明细分类账的平行登记规则记账后，总分类账与明细分类账之间产生了下列数量关系：

（1）总分类账有关账户本期发生额与其所属各明细分类账户本期发生额合计数之和必然相等。公式表示为：

总分类账本期借方发生额＝所属各明细分类账本期借方发生额的合计

总分类账本期贷方发生额＝所属各明细分类账本期贷方发生额的合计

（2）总分类账有关账户期末余额与其所属各明细分类账户期末余额之和必然相等。公式表示为：

总分类账期初余额＝所属明细分类账期初余额合计

总分类账期末余额＝所属明细分类账期末余额合计

上述数量关系是检查总分类账与其所属明细分类账的记录是否正确的理论依据。检查时，核对是通过编制“总分类账账户和明细分类账户本期发生额及余额对照表”来进行的，如果核对相符，说明平行登记的结果一般是正确的；如果不相符，说明发生了错账，应及时查明原因并加以更正，以保证账簿记录的准确无误。

3. 平行登记举例

下面以“原材料”和“应付账款”为例，说明总账与明细账的平行登记方法。

【例 5-3】 202×年 12 月 1 日，W 公司“原材料”和“应付账款”的期初余额如下：“原材料”总账期初余额 27 000 元，甲材料明细账中登记结存数量 1 500 千克，单价 10 元，金额 15 000元；乙材料明细账中登记结存数量 1 000 千克，单价 12 元，金额 12 000 元。

“应付账款”总账期初余额 60 000 元，“应付账款——A 公司”明细账登记 40 000 元；“应付账款——B 公司”明细账登记 20 000 元。

12 月份发生的经济业务及有关会计分录如下：

(1) 5 日，购入甲材料 300 千克，每千克 10 元，计 3 000 元；购入乙材料 500 千克，每千克 12 元，计 6 000 元。增值税专用发票注明价款 9 000 元，增值税 1 170 元，价税合计 10 170 元，以银行存款支付货款及增值税。

借：原材料——甲材料　　3 000
　　　　　——乙材料　　6 000
　　应交税费——应交增值税(进项税额)　　1 170
　　贷：银行存款　　10 170

(2) 10 日，以银行存款偿还 A 公司账款 30 000 元、B 公司账款 20 000 元。

借：应付账款——A 公司　　30 000
　　　　　　——B 公司　　20 000
　　贷：银行存款　　50 000

(3) 15 日，基本生产车间生产产品领用原材料计 26 800 元，其中甲材料 1 600 千克，每千克 10 元，计 16 000 元；乙材料 900 千克，每千克 12 元，计 10 800 元。

借：生产成本　　26 800
　　贷：原材料——甲材料　　16 000
　　　　　　　——乙材料　　10 800

(4) 28 日，从 A 公司购入甲材料 600 千克，每千克 10 元，专用发票注明价款 6 000 元，增值税 780 元，价税合计 6 780 元；从 B 公司购入乙材料 800 千克，每千克 12 元，专用发票注明价款 9 600 元，增值税 1 248 元，价税合计 10 848 元，款项均未支付。

借：原材料——甲材料　　6 000
　　　　　——乙材料　　9 600
　　应交税费——应交增值税(进项税额)　　2 028
　　贷：应付账款——A 公司　　6 780
　　　　　　　　——B 公司　　10 848

要求：

(1) 根据本期发生的经济业务所编制的会计分录分别登记“原材料”和“应付账款”的总账与明细账，并结出各账户的本期发生额和期末余额。

上述业务发生后，原材料总分类账户和明细分类账户的平行登记及期末结账如表 5-19 至表 5-21 所示。

表 5-19　总分类账

账户名称:原材料　　第　页　单位:元

202×年		凭证号数	摘　要	借　方	贷　方	借或贷	余额
月	日						
12	1		期初余额			借	27 000
	5	略	购入材料	9 000		借	36 000
	15		领用材料		26 800	借	9 200
	28		购入材料	15 600		借	24 800
12	31		本期发生额及余额	24 600	26 800	借	24 800

表 5-20　原材料明细账

材料类别:甲材料　　计量单位:千克　　第　页

202×年		凭证字号	摘　要	收　入			发　出			结　存		
月	日			数量	单价(元)	金额(元)	数量	单价(元)	金额(元)	数量	单价(元)	金额(元)
12	1		期初余额							1 500	10	15 000
	5	略	购入材料	300	10	3000				1 800	10	18 000
	15		生产领用				1 600	10	16 000	200	10	2 000
	28		购入材料	600	10	6 000				800	10	8 000
12	31		本期发生额及余额	900	10	9 000	1 600	10	1 600	800	10	8 000

表 5-21　原材料明细账

材料类别:乙材料　　计量单位:千克　　第　页

202×年		凭证字号	摘　要	收　入			发　出			结　存		
月	日			数量	单价(元)	金额(元)	数量	单价(元)	金额(元)	数量	单价(元)	金额(元)
12	1		期初余额							1 000	12	12 000
	5	略	购入材料	500	12	6 000				1 500	12	18 000
	15		生产领用				900	12	10 800	600	12	7 200
	28		购入材料	800	12	9 600				1 400	12	16 800
12	31		本期发生额及余额	1 300	12	15 600	900	12	10 800	1 400	12	16 800

再看应付账款,上述业务发生后,原材料总分类账户和明细分类账户的平行登记及期末结账如表 5-22 至表 5-24 所示。

表 5-22　总分类账

账户名称：应付账款　　　　第　页　单位：元

202×年		凭证号数	摘　要	借　方	贷　方	借或贷	余　额
月	日						
12	1		期初余额			贷	60 000
	10	略	偿还前欠货款	50 000		贷	10 000
	28		应付材料款		17 628	贷	27 628
12	31		本期发生额及余额	50 000	17 628	贷	27 628

表 5-23　应付账款明细账

明细科目：A 公司　　　　第　页　单位：元

202×年		凭证号数	摘　要	借　方	贷　方	借或贷	余　额
月	日						
12	1		期初余额			贷	40 000
	10	略	偿还前欠货款	30 000		贷	10 000
	28		应付材料款		6 780	贷	16 780
12	31		本期发生额及余额	30 000	6 780	贷	16 780

表 5-24　应付账款明细账

明细科目：B 公司　　　　第　页　单位：元

202×年		凭证号数	摘　要	借　方	贷　方	借或贷	余　额
月	日						
12	1		期初余额			贷	20 000
	10	略	偿还前欠货款	20 000		平	0
	28		应付材料款		10 848	贷	10 848
12	31		本期发生额及余额	20 000	10 848	贷	10 848

（2）编制“明细分类账本期发生额及余额表”，与总账进行核对，检查总账与明细账是否相符，验证平行登记的结果是否正确，如表 5-25、表 5-26 所示。

表 5-25　原材料明细分类账本期发生额及余额表

202×年 12 月　　单位:元

明细账户名称	计量单位	单价（元）	期初余额		本期发生额				期末余额	
					收　入		发　出			
			数量	金额	数量	金额	数量	金额	数量	金额
甲材料	千克	10	1 500	15 000	900	9 000	1 600	16 000	800	8 000
乙材料	千克	12	1 000	12 000	1 300	15 600	900	10 800	1 400	16 800
合　计				27 000		24 600		26 800		24 800

表 5-26　应付账款明细分类账本期发生额及余额表

202×年 12 月　　单位:元

明细账户名称	期初余额		本期发生额		期末余额	
	借　方	贷　方	借　方	贷　方	借　方	贷　方
A公司		40 000	30 000	6 780		16 780
B公司		20 000	20 000	10 848		10 848
合　计		60 000	50 000	17 628		27 628

表 5-25 期初结存 27 000 元,本期借方发生额 24 600 元,本期贷方发生额 26 800 元,期末余额 24 800 元,与原材料总账中的相关数据相符;表 5-26 中,期初结存 60 000 元,本期借方发生额 50 000 元,本期贷方发生额 17 628 元,期末余额 27 628 元,与应付账款总账中的相关数据相符。因此,说明总账与明细账的平行登记可能是正确的,当然有时就算相等,也有可能是错误的,因为有些错误在对照表上并不能发现,如重记、漏记、金额或者方向错误等,为了保证账账相符,就必须将总分类账和明细分类账进行相互核对。

任务三　掌握对账、错账更正和期末结账

一、对账

为了保证账簿所提供的会计资料真实、正确、可靠,会计人员在记完账后,还应定期对各种账簿做好对账工作,一方面检查会计核算工作质量,另一方面保证账簿记录正确性及财产物资的安全完整,为编报表提供可靠的资料。

所谓对账,是指将账簿记录与其他会计核算资料以及财产物资相互核对,以确保账务处理的正确。它是会计核算的一项重要内容。

账簿记录的准确与真实可靠,不仅取决于账簿本身,还涉及账簿与凭证的关系,以及账簿与实际情况是否相符的问题等。所以,对账应包括:账簿与凭证的核对,账簿与账簿的核

对，账簿与实物的核对，账簿与款项的核对。这种核对要建立定期的对账制度，在结账前和结账过程中，把账簿记录的数字核对清楚，做到账证相符、账账相符、账物相符和账款相符。对账的内容一般包括账证核对、账账核对、账实核对和账表核对几个方面。

（一）账证核对

账证核对是将账簿记录与其相关的记账凭证及其所附原始凭证的内容进行核对。这种核对主要是在日常编制会计凭证和记账过程中通过复核进行的。核对的重点是业务内容、会计科目的名称、金额、记账方向与账簿记录是否一致。

（二）账账核对

账账核对是将各种账簿之间的有关数字进行核对，以确保账账相符。账账核对的主要内容包括：

1. 总账借方与贷方的核对

这种核对是指通过编制试算平衡表，核对所有总分类账户的本期借方发生额的合计数与贷方发生额的合计数是否相等；期末所有总账账户借方余额合计数与贷方余额的合计数是否相等。

2. 总账与日记账的核对

将总账中库存现金、银行存款账户的本期发生额的合计数和期末余额与现金日记账、银行存款日记账的本期发生额的合计数和期末余额相核对，检验是否相等。

3. 总账与明细账的核对

这种核对是指通过编制总分类账户与明细分类账户本期发生额和余额对照表来进行的，将总账中各账户的本期发生额和期末余额与其所属各明细账的本期发生额及期末余额的合计数相核对，检验是否相等。

4. 各部门有关财产物资明细账的核对

会计部门有关财产物资明细账的余额应当与财产物资保管、使用部门的有关明细账的余额定期进行核对，检验是否相等。

（三）账实核对

账实核对是指将账簿记录与各种财产物资、货币资金及债权债务等的实有数额之间进行核对，以保证账实相符。这种核对主要是通过财产清查方法进行的。账实核对的主要内容包括：

1. 账款核对

核对现金日记账的账面余额与现金的实际库存数是否一致。

2. 账单核对

将银行存款日记账的账面余额与开户银行的对账单相核对，并编制银行存款余额调节表。

3. 账物核对

将各种财产物资明细账的账面余额与各种财产物资的实存数量进行核对。

4. 账人核对

将各种应收、应付明细账的账面余额与有关债权、债务单位或个人相核对。

(四) 账表核对

账表核对是指将账簿记录与会计报表的有关指标进行核对，以保证账表相符。

二、错账的更正

(一) 错账的查找方法

会计人员在记账过程中，由于各种各样的原因，可能会出现错账。导致错账的原因可能是漏记(未记入账簿)、重记(重复记入账簿)、记错会计科目(如将库存现金记入银行存款)、借贷方向记反(如将借方记入贷方)、数字错位(如将 100 写成 10 或将 10 写成 100)、数字颠倒(如 56 写成 65)等，影响了会计信息的正确性。发现差错，会计人员应及时查找原因并予以更正。常见的查找错账的方法有以下几种。

1. 顺查法

顺查法又称正查法，是按照账务处理的程序从头到尾进行检查的方法。如果错账不止一笔，且日久未对账时，可采用这种方法。其查找步骤是：

(1) 检查记账凭证和其所附原始凭证的内容是否相符，有无计算差错。

(2) 将记账凭证及其所附原始凭证与日记账、总账和明细账逐笔核对，检查有无错误。

(3) 检查试算平衡表有无抄写和计算错误。

2. 逆查法

逆查法又称反查法。与顺查法相反，它是沿着逆账务处理的程序，从尾到头进行检查的方法。其查找步骤是：

(1) 检查试算平衡表，复核表内各栏金额是否正确。

(2) 检查各账户的本期发生额及余额的计算是否正确。

(3) 逐笔核对记账凭证与账簿记录是否相符。

(4) 检查记账凭证的编制是否正确。

3. 偶合法

偶合法是根据账簿记录容易发生某类错误的规律，对个别账目进行核对。一般有以下几种：

(1) 差额法。差额法是用于查找账与账之间的差额的一种方法。如由于疏忽，发生笔误、漏记或重记，将 30 记为 80，差额为 50；期末计提短期借款利息 2 000 元，记账时漏记“应付利息”，差额为 2 000。

(2) 除 2 法。除 2 法是将账与账之间的差额除以 2 来查找错账的一种方法。可用于查找记账方向错误引起的错账。如在登记现金明细账时，误将借方 1 800 元错记入贷方，造成现金日记账余额与现金总账余额之间相差 3 600 元。用差额 3 600 除以 2 等于 1 800，可以查找是否有一笔 1 800 元的账。

(3) 除 9 法。除 9 法是将账与账之间的差额除以 9 来查找错账的一种方法。这种方法适用于查找数字错位、数字颠倒所引起的错误。

数字错位是指在记账时，将数字的位数记错，如将350错记为3 500，其差额3 150除以9等于350，350就是正确的数字；或将1 500错记为150，其差额1 350除以9等于150，150就是错误的数字。

数字颠倒是指在记账时，将相邻的两个数互换了位置，如将450错记为540，其差额90是9的倍数。找到差错后，再判断是哪一笔业务出错了。

(4) 尾数法。尾数法是用来查找元位以下角、分的差错的一种方法。如果错误数是小数，可以专门查找小数部分，以提高查错的效率。如错数是0.65元，可以缩小范围，只在尾数中查找。

（二）错账的更正方法

如果账簿记录发生错误，不得任意用刮擦、挖补、涂改或用褪色药水等方法去更正字迹，必须根据错误的具体情况，相应采用规定的方法予以更正。更正错账的方法一般有画线更正法、红字更正法和补充登记法。

1. 画线更正法

画线更正法主要适用于记账后、结账前发现记账凭证正确，只是由于登账时发生差错或计算上有错误，导致账簿记录中有文字或数字错误。更正时，先在错误的文字或数字(整个数字)上画上一红线注销，但保持原来的字迹仍可辨认，然后在红线上方空白处用蓝字填上正确的文字或数字，并在更正处由记账人员盖章。需要特别强调的是，对于文字错误，可只划去错误的字并进行更正；对错误的数字一定要用红线全部划去，不能只改个别数字。例如记账时将记账凭证的金额3 820元在账簿中误记为3 280元，且在结账前发现错误，更正操作示范如图5-10所示。

图5-10 画线更正法

2. 红字更正(冲销)法

红字更正法是指用红字冲销或冲减原记科目和金额，以更正和调整原有会计记录的一种方法。这种方法适用于以下两种情况：

(1) 全部冲销。红字更正法全部冲销主要适用于记账凭证上的应记科目错误或借贷方向发生错误，并已登记入账。更正时，先用红字填制一张内容与错误记账凭证完全相同的记账凭证，并在摘要中写明“更正×月×日第×号凭证错误”，并据以用红字金额登记入账，冲销原有的错误记录；然后，再用蓝字重填一张正确的记账凭证，并在摘要栏写明“重填×月×日第×号凭证”，据以登记入账。

【例5-4】 某车间耗用仓库发出的甲材料3 500元，编制记账凭证如下：

借：生产成本　　3 500

　　贷：原材料　　3 500

费用归类错误，该项业务的更正步骤为：

(1) 用红字金额填制一张内容与错误记账凭证相同的记账凭证并据以入账：

借：生产成本　　$\boxed{3\ 500}$

　贷：原材料　　$\boxed{3\ 500}$

(注：方框内数字表示红字)

(2) 用蓝字金额重新填制一张正确的记账凭证并据以入账：

借：制造费用　　3 500

　贷：原材料　　3 500

(3) 将上述两张记账凭证登记入账后，账簿记录的错误得以更正。记账后的账户记录(以"T"型账户代替，下同)如下所示。

借　生产成本	贷方
(1)　3 500	
(2)　$\boxed{3\ 500}$	

借　原材料	贷
	(1)　3 500
	(2)　$\boxed{3\ 500}$
	(3)　3 500

借　制造费用	贷
(1) 3 500	

(2) 部分冲销。红字更正法部分冲销主要适用于记账凭证中应记科目及方向正确，但所记金额有错误，且错误金额大于应记金额并已过账。更正时填制一张红字金额记账凭证，与原会计科目、方向相同，在"金额"栏中填列多计数额，在摘要栏内注明"冲销×月×日第×号凭证多记金额"，并据以入账，以冲销原来多记金额。

【例 5-5】 职工李侠出差借支差旅费 1 600 元，填制记账凭证时将金额误写为 1 800 元，编制并已登记入账的记账凭证如下：

借：其他应收款　　1 800

　贷：库存现金　　1 800

该项业务的更正方法为：

按多计金额 200 元(1 800－1 600)编制红字记账凭证，并登记入账，冲销多记金额：

借：其他应收款　　$\boxed{200}$

　贷：库存现金　　$\boxed{200}$

将上述更正错误的记账凭证记入有关账户后，原账簿中的错误记录便得到更正。记账后的账户记录如下所示。

借　其他应收款	贷
(1)　1 800	
(2)　$\boxed{200}$	

借　库存现金	贷
	(1)　1 800
	(2)　$\boxed{200}$

3. 补充登记法

补充登记法用来增记差额，主要适用于结账前、记账后发现记账凭证中应记科目及方向正确，但所记金额有错误，且错误金额小于应记金额并已过账。采用补充登记法更正时，将少填的金额用蓝字填制一张与会计科目、方向相同的记账凭证，在摘要栏内注明“补记×月×日第×号凭证少记金额”，并据以登记入账。这样便将少记的金额补充登记入账。

【例 5-6】 红旗公司结转已销售产品成本 78 600 元，填制记账凭证时将金额误写为76 800元，编制并已登记入账的记账凭证如下：

借：主营业务成本　　76 800

　贷：库存商品　　76 800

该项业务的更正方法为：

按少计金额 1 800 元(78 600－76 800)编制蓝字记账凭证，并登记入账，以补充少记金额：

借：主营业务成本　　1 800

　贷：库存商品　　1 800

将上述更正错误的记账凭证登记入账后，原账簿记录中的错误记录就得到了更正。记账后的账户记录如下所示。

借	库存商品	贷
		(1)　76 800
		(2)　1 800

借	主营业务成本	贷
(1)　76 800		
(2)　1 800		

三、结账

结账是指将一定时期(月度、季度、半年度、年度)内发生的经济业务在全部登记入账的基础上，将各种账簿记录结计出本期发生额和期末余额，结束本期账簿记录，以便进一步根据账簿记录编制会计报表。各单位应当按照规定定期结账，结账工作的程序和方法如下：

(一) 结账前

(1) 必须将本期内所发生的各项交易或事项全部登记入账。不能为赶编会计报表而提前结账，也不能先编报表后结账。如发现错账、漏账应及时更正、补记。

(2) 按权责发生制原则要求，编制期末账项调整的记账凭证，并据以入账。

(3) 按配比原则要求，编制结转已售产品成本等的记账凭证，并据以入账。

(4) 结转各收入、成果账户和费用、成本账户，编制结账分录并据以入账，以确定本期财务成果。

(5) 结转“本年利润”和“利润分配”账户。

(二) 结账时

结账时，应当结出每个账户的期末余额。《会计基础工作规范》中对具体结账方法规定如下：

（1）对不需要按月结计本期发生额的账户，如各项应收款明细账和各项财产物资明细账等，每次记账以后，都要随时结出余额，每月最后一笔余额即为月末余额。也就是说，月末余额的表示就是在本月最后一笔经济业务记录之下画一条通栏单红线，不需要另起一行再结计一次余额。

（2）现金日记账、银行存款日记账和需要按月结计发生额的收入、成本明细账等，每月结账时，要在最后一笔经济业务记录下面画一条通栏单红线，结出本月发生额，在摘要栏内注明"本月合计"字样，再在下面画一条通栏单红线。

（3）需要结计本年累计发生额的某些明细账户，如主营业务收入、成本明细账等，每月结账时，应在"本月合计"行下结计自年初起至本月末止的累计发生额，登记在月份发生额下面，在摘要栏内注明"本年累计"字样，并再在下面画一条通栏单红线。12月末的"本年累计"就是全年累计发生额，在全年累计发生额下面画一条通栏双红线。

（4）总账账户平时只需结计月末余额。年终结账时，为了反映全年各项资产、负债及所有者权益增减变动的全貌，便于核对账目，要将所有总账账户结计全年发生额和年末余额，在摘要栏内注明"本年合计"字样，并在合计数下画一条通栏双红线，表示"封账"。

（三）年度结账后，更换新账

即把各账户的余额结转到下一会计年度，并在摘要栏注明"结转下年"字样；在下一会计年度新建会计账簿的第一行余额栏内填写上年结转的余额，并在摘要栏注明"上年结转"字样。年度终了结账时，有余额的账户的余额，直接记入新账余额栏即可，不需要编制记账凭证，也不必将余额再记入本年账户的借方或贷方，使本年有余额的账户的余额变为零。

任务四　认知账簿的更换与保管

一、会计账簿的更换

账簿的更换是指每一会计年度终了，将当年的账簿进行年结、封账并归档保管，新的会计年度开始，要启用新账簿。

各种日记账、总分类账和大部分明细分类账，每年都要更换新账。这些账簿在每年年终按规定办理完结账手续后，就应更换、启用新的账簿。年初，在新账有关账户的第一行的"摘要"栏中注明"上年结转"或"年初余额"字样，同时在"余额"栏中记入旧账的上年年末余额，并标明余额的借、贷方向。旧账余额过入新账时，无需编制记账凭证。

有些财产物资明细账和债权、债务明细账，由于材料等财产物资的品种、规格繁多，债权、债务单位也较多，如果更换新账，重抄一遍的工作量相当大，因此，可以跨年度使用，不必每年更换新账。卡片式账簿，如固定资产明细账或固定资产卡片，以及各种备查账簿，也可以继续使用。

二、会计账簿的保管

会计账簿是会计档案的重要组成部分，必须妥善保管，保管期满，按规定销毁。账簿的保管分为日常保管和归档保管两部分。

（一）账簿的日常保管

为了保证会计资料的安全、完整，账簿的保管应明确责任，指定专人管理。正在使用的账簿，应由经管账簿的记账人员专门保管，未经单位负责人或会计主管人员批准，非经管人员不得随意翻阅、查看、摘抄和复制。除非特殊需要，一般不能携带外出，以防丢失。对携带外出的账簿，需办理手续并如期归还。

（二）旧账的归档保管

在年度终了更换并启用新账簿后，会计人员必须将各种活页账簿连同"账簿和经管人员一览表"装订成册，加上封面，统一编号。其与各种订本式账簿一起形成的会计档案，可暂由会计机构保管1年，期满之后，应当由会计机构编制移交清册，移交本单位档案机构统一保管；未设立档案机构的，应当在会计机构内部指定专人保管。

1. 会计账簿的装订整理

在年度终了更换新账簿后，应将使用过的各种账簿（跨年度使用的账簿除外）装订成册。

（1）装订前，首先要按账簿启用和经管人员一览表的使用页数核对各个账户是否相符，账页是否齐全，序号排列是否连续；然后按会计账簿封面、账簿启用表、账户目录、该账簿按顺序排列的账页、封底的顺序装订。

（2）对于活页账簿，要保留已使用过的账页，将账页数填写齐全，抽出空白账页和账夹，并加具封面和封底，装订成册。多栏式、三栏式、数量金额式等活页账不得混装，应按同类业务、同类账页装订在一起。装订好后，应在封面上填写账簿的种类，编好卷号，并由会计主管人员和装订人员签名盖章。

（3）装订后的账簿的封口要严密，封口处要加盖有关印章。不得有折角、缺角、错页、掉页、加空白纸的现象。封面要齐全、平整，并注明所属年度和账簿名称、编号。旧账装订完毕后，应按规定要求进行保管。

2. 按期移交档案部门进行保管

年度结账后，更换下来的账簿，可暂由本单位财会部门保管1年，期满后原则上应由财会部门移交本单位档案部门保管。移交时需要编制移交清册，填写交接清单，交接人员按移交清册和交接清单项目核查无误后签章，并在账簿使用日期栏内填写移交日期。

已归档的会计账簿作为会计档案供本单位使用，原件不得借出，如有特殊需要，须经上级主管单位或本单位领导、会计主管人员批准，在不拆散原卷册的前提下，可供查阅或者复制，并要办理登记手续。

会计账簿是重要的会计档案，必须严格按《会计档案管理办法》规定的保管年限妥善保管，不得丢失和任意销毁。通常总分类账、明细分类账、日记账和辅助账簿应保存30年；固定资产卡片账在固定资产报废清理后保存5年；涉及外事和重大事项的会计账簿应长期保存。账簿保管期满，要按照《会计档案管理办法》的规定进行处理，需要销毁的，由本单位档案保管部门提出销毁意见，会同财务部门共同鉴定，编造销毁清册，按照规定的程序报经批准后销毁。

同步实训

一、理论思考题

1. 账簿有哪些分类标准？
2. 简述登记账簿的规则。各种账簿分别有哪些登记方法？
3. 简述平行登记的要点。
4. 对账的内容有哪些？
5. 错账更正的方法有哪些？如何使用？

二、技能实训题

(一) 单项选择题

1. 卡片式账簿一般适用于(　　)明细分类账。

A. 库存现金　　B. 银行存款　　C. 固定资产　　D. 应收账款

2. 收入、费用明细分类账一般采用(　　)。

A. 横线登记式账簿　　B. 多栏式账簿

C. 三栏式账簿　　D. 数量金额式账簿

3. 库存现金日记账中，"凭证字号"栏不可能出现(　　)二字。

A. 银收　　B. 银付　　C. 现收　　D. 现付

4. 在记账时，如果经济业务发生日期为202×年9月12日，编制记账凭证日期为9月15日，记账日期为9月16日，则账簿中的日期栏登记时间为(　　)。

A. 9月12日　　B. 9月16日

C. 9月15日　　D. 9月15日或9月16日

5. 属于账账核对的是(　　)。

A. 账簿记录与记账凭证之间的核对

B. 现金日记账余额与库存现金之间的核对

C. 银行存款日记账余额与银行对账单余额核对

D. 会计部门财产物资明细账与保管部门财产物资明细之间的核对

6. 错账更正时，画线更正法的适用范围是(　　)。

A. 记账凭证中会计科目或借贷方向错误，导致账簿记录错误

B. 记账凭证正确，登记账簿时发生文字或数字错误

C. 记账凭证中会计科目或借贷方向正确，所记金额大于应记金额，导致账簿记录错误

D. 记账凭证中会计科目或借贷方向正确，所记金额小于应记金额，导致账簿记录错误

7. 结账时，应当画通栏双红线的是(　　)。

A. 12月结出全年累计发生额后
B. 各月结出本年累计发生额后
C. 结出本季累计发生额后
D. 结出当月发生额后

8. 不应采用三栏式账页的是(　　)。

A. 应收账款明细账
B. 应付账款明细账
C. 生产成本明细账
D. 短期借款明细账

9. 下列既可以作为登记总账依据,又可以作为登记明细账依据的是(　　)。

A. 记账凭证　B. 汇总记账凭证　C. 原始凭证　D. 汇总原始凭证

10. 日记账一般采用(　　)

A. 订本账　B. 活页账　C. 卡片账　D. 备查账

(二) 多项选择题

1. 下列说法不正确的有(　　)。

A. 库存现金日记账必须采用多栏式
B. 总账最常用的格式为三栏式
C. 三栏式明细账适用于成本费用类账户的明细核算
D. 银行存款日记账应按照企业在银行开立的账户和币种分别设置

2. 可以作为登记明细账依据的是(　　)。

A. 原始凭证　B. 记账凭证　C. 原始凭证汇总表　D. 科目汇总表

3. 属于账实核对的是(　　)。

A. 现金日记账与保险柜的库存现金核对
B. 银行存款日记账余额与银行对账单余额核对
C. 应收账款各明细账余额与各债权人寄来的对账单余额逐一核对
D. 财产物资明细余额与财产物资实有数相核对

4. 因记账凭证错误而导致账簿登记错误的错账,更正方法有(　　)。

A. 画线更正法　B. 红字更正法　C. 补充登记法　D. 差数法

5. 总分类账登记的依据有(　　)。

A. 记账凭证　B. 汇总记账凭证　C. 原始凭证　D. 科目汇总表

6. 采用平行登记法,总账与所属明细账之间在数量上的恒等关系是(　　)。

A. 总账账户的期初余额=所属明细账账户期初余额合计数
B. 总账账户的本期借方发生额=所属明细账账户本期借方发生额合计数
C. 总账账户的本期贷方发生额=所属明细账账户本期贷方发生额合计数
D. 总账账户的期末余额=所属明细账账户期末余额合计数

7. 年度终了必须更换的会计账簿有(　　)。

A. 总账　B. 日记账　C. 明细账　D. 备查账

8. 关于现金日记的表述正确的有(　　)

A. 可以采用三栏式或多栏式
B. 按时间顺序逐日逐笔登记
C. 由出纳员登记
D. 要做到日清月结

9. 下列关于总分类账格式的说法中,正确的有(　　)

A. 总分类账最常用的格式为三栏式,设置借方、贷方和余额3个基本余额栏目
B. 所有单位都要设置总分类账
C. 总分类账必须采用订本式账簿

D. 总分类账根据总账科目或明细科目开设账页

10. 科目汇总表账务处理程序的特点是(　　)。

A. 根据记账凭证登记总账

B. 根据记账凭证,编制科目汇总表

C. 根据科目汇总表登记明细账

D. 根据科目汇总表登记总账

(三) 判断题

1. 登记各种账簿的直接依据只能是记账凭证。(　　)

2. 为了保证总账与所属明细账的记账相符,总账应根据所属明细账记录逐笔或汇总登记。(　　)

3. 在会计核算中,对既要求进行金额核算的,又要求进行实物数量核算的财产物资,应使用数量金额式明细分类账。(　　)

4. 为了及时编制会计报表,企业单位均可以提前结账。(　　)

5. 如果总分类账户登记的金额与其所属明细分类账户登记金额的合计数相符,则说明账簿登记工作无误。(　　)

6. 日记账应逐日逐笔登记,总账可以逐笔登记,也可以汇总登记。(　　)

7. 账账核对就是指企业银行日记账与银行对账单的核对。(　　)

8. 采用订本式账簿,既可以避免账页散失和防止抽换账页,以便于记账人员分工。(　　)

9. 在手工记账的情况下,凡是由记账凭证编制错误而引起的错账,都必须采用红字更正法予以更正。(　　)

三、能力提高题

1. 到财会用品商店找出不同类型的账簿,看看它们有什么不同。

2. 到财会用品商店购买现金日记账和银行存款日记账账簿,试着对自己的生活费和个人开户银行储蓄存款进行记录。

3. 到访企事业单位,在记账会计的帮带和指导下,学会对账,并就错账更正与相关会计人员进行沟通并试着对账簿记录进行结账。

项目六　财产清查及业务处理

本项目主要介绍财产清查的方法及会计业务处理。通过本章学习，要求学生认知财产清查方法，掌握清查结果的账务处理。

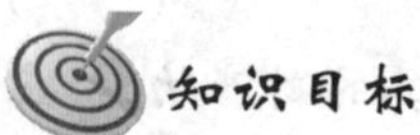

知识目标

1. 认知财产清查组织和种类。
2. 掌握财产清查的具体方法。
3. 掌握财产清查结果的会计业务处理。

能力目标

1. 对不同的财产物资能辨别采用何种清查方法。
2. 能对财产清查的结果进行账务处理。

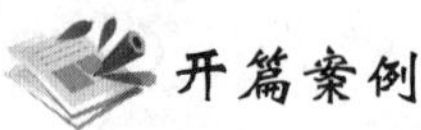

开篇案例

接项目一【开篇案例】资料，至202×年12月31日，张华的超市经营红火。在年底计算当年利润的时候，张华开始犯难，因为从账面上看，他的超市年底库存商品价值为30 000元，但是他心里总觉得账上的数字和实际的数字可能不一致，如果出现账实不一致，又该如何进行处理呢？

请问，针对以上张华的困惑，你该如何处理呢？

任务一　认知财产清查

一、财产清查的概念和意义

（一）财产清查的概念

财产清查，就是通过对货币资金、存货、固定资产、债权债务等各项财产物资的盘点核对，确定其实际结存数，并查明实际结存数与账面结存数是否相符的一种专门方法。

企业的各项财产物资是其进行生产经营的物质条件，为了正确掌握各项财产物资的真实情况，做到家底清楚、心中有数，要求账上所反映的有关财产物资的结存数必须同它的实有数完全一致。但在实际工作中，往往会出现许多主客观因素，造成账面结存数与实际结存数并不一致，从而使账簿记录提供的会计信息并不真实可靠。造成账存与实存不一致的原因主要有以下几个方面：

(1) 某些财产物资在保管过程中，受自然界各种原因的影响会发生自然损耗、毁损、质量变化等。

(2) 因为人力不可抗拒因素造成的意外损失，如水、火等非常灾害。

(3) 因为计量工具的不准确造成"缺斤少两"或"溢余"。

(4) 由于主观上管理制度不完善或工作人员责任心不强，造成的损坏、霉变、贪污、内部盗窃。

(5) 在编制记账凭证、登记账簿时，发生漏记、错记等。

在会计核算中，上述任何一项情况，都有可能导致账实不符。因此，企业为了确保会计核算资料的真实、准确，为会计信息的使用者提供可靠的财务信息，就必须建立财产清查制度，通过定期或不定期的财产清查，保证账实相符。

(二) 财产清查的意义

企业进行财产清查对其获取真实、可靠的会计信息非常重要。同时，财产清查也有助于企业发挥会计监督职能的作用，帮助企业改善经营管理水平。具体来说，财产清查的作用可以概括为以下几个方面。

1. 保证会计资料的真实可靠

通过财产清查，企业可以确定各项财产物资的实际结存数，通过实际结存数与账面结存数的对比，确定盘盈或盘亏，并及时调整账簿记录，做到账实相符，为单位的经营管理提供可靠的数据资料。

2. 确保企业财产物资的安全、完整

通过财产清查，查明企业的各项财产物资在保管过程中有无短缺、毁损、霉变、贪污、盗窃等现象，并及时查明原因，追究有关责任人员的经济和法律责任，保证财产物资的安全、完整。

3. 促进财产物资的有效利用

通过财产清查，可以及时掌握企业各项财产物资的储备和利用情况，储备不足的及时添货，保证供给。反之则及时处理闲置积压的资产，调剂余缺，充分发挥财产物资的最佳效能，提高利用率，加速资金周转。

4. 维护财经纪律

通过财产清查，可以查明企业执行财经法规和遵守财经纪律的情况。例如，货币资金的收付是否正常，有无不合法的债权债务，物资供应渠道是否合法等，通过财产清查可以查明原因，分清责任，促进企业严格遵守财经纪律。

二、财产清查的种类

在实际工作中，由于清查对象、范围、时间的不同，财产清查可按不同标志进行分类。

（一）按清查对象的范围划分

1. 全面清查

全面清查是指对全部财产物资、往来款项进行全面、彻底的盘点和核对。一般包括以下内容：

（1）货币资金，包括库存现金和银行存款等。

（2）各种原材料、在产品、库存商品。

（3）固定资产、在建工程及其他物资。

（4）属于本企业但尚在运输路途中的各种物资，以及委托其他单位代保管、代加工的各种物资等。

（5）债权债务，包括各种往来结算款项等。

由于全面清查具有清查范围广泛，涉及的内容繁多，需要较长的时间、较多的人力和物力等特点，因此，企业并不经常进行全面清查，一般在下述情形下需要进行全面清查：

（1）年终决算之前，进行全面清查以确保会计年度内的全部核算资料和财务报告的真实、准确、可靠。

（2）单位撤销、合并、改组、改变隶属关系或采取新的经营方式之前，进行全面清查以明确各方的经济责任。

（3）开展资产评估、清产核资等活动时，进行全面清查以确定财产物资的现时价值，检查账实相符的程度。

（4）单位主要负责人调离工作岗位时，为了明确其经济责任也需要进行全面清查。

2. 局部清查

局部清查是指企业根据需要对一部分资产或权益进行的盘点与核对。局部清查一般清查的内容较少，涉及的人员不多，但是针对性较强，因此，不同的清查对象要求的清查时间各不相同。

（1）库存现金由出纳在每天营业终了时清查，做到日清月结。

（2）银行存款与银行借款每月同银行核对一次。

（3）对于存货等流动性较大的物资，一般在年度内采取轮流或抽查盘点的方法。

（4）对于贵重物资，每月至少清查一次。

（5）债权债务等往来款项，应在年度内至少与有关单位核对一至二次。

局部清查除了对上述项目定期进行清查外，在有关资产或权益的责任人发生变动时也需要进行专题清查，以明确其经济责任，加强内部管理。

（二）按清查时间划分

1. 定期清查

定期清查是指根据管理制度的规定或预先计划安排的时间对各项财产物资进行的清查。这种清查企业一般固定于月末、季末、年末结账之前进行，根据经济活动的特点和管理的需要，其清查对象可以是全面清查，也可以是局部清查。通常情况下，为了保证会计核算资料的可靠性，企业一般于年末进行全面清查，月末或季末则进行局部清查。

2. 不定期清查

不定期清查是指根据实际情况组织的随机的、临时性的清查。不定期清查事先不规定具体时间，根据实际情况的需要，可随时进行全面或局部清查。例如，更换财产物资的保管人时，为了分清经济责任，对其所保管的财产物资进行的清查；财产物资发生自然灾害或意外损失时，为了查明损失情况而进行的清查；主管部门、财税机关、审计部门对本单位进行会计检查时，为了验证会计核算资料的可靠性而按检查要求和范围进行的清查；在临时性清产核资时所进行的清查；会计主体发生变化或隶属关系发生变动时进行的清查，等等。

三、财产清查的一般程序

（一）成立清查小组

进行财产清查前，首先应该成立专门的财产清查领导小组，有计划、有组织地进行。尤其是企业的全面清查，在清查前成立由单位主要负责人或者总会计师领导的财产清查小组，清查小组由财会部门牵头，由责任心强、业务水平高的业务、生产、行政、仓库等有关部门人员组成，具体负责财产清查的领导和组织工作。同时，财产清查小组在财产清查前，应制订清查工作计划，明确清查的目的、任务、范围、时间、路线、进度，确定具体工作人员的分工和职责。

（二）进行业务准备

1. 账簿准备

财会部门在清查前，将有关账簿记录登记完整，并结出余额，保证账证相符、账账相符，为财产清查提供准确的账簿资料。

2. 实物准备

财产物资的保管部门和使用部门在清查前，登记好所保管的财产物资的实物明细账，结出余额，同时还应将保管的物品整理好，以便实地盘点核对。

3. 度量工具的准备

财产物资的清查人员在财产清查前，应准备好必要的计量器具、有关登记的表格账册等，以便清查时使用。

（三）实施财产清查

财产清查准备工作就绪，由清查人员根据各种资产的自然属性，采取相应的方法对其数量与质量予以清查。为明确责任，在财产清查过程中实物保管人员必须在场，并参加盘点工作，盘点结果应由清查人员填写盘存单，详细说明各项财产物资的编号、名称、规格、计量单位、数量、单价、金额等，并由盘点人员和实物保管人员分别签字盖章。

盘存单是实物盘点结果的书面证明，也是反映财产物质实存数额的原始凭证。其一般格式如表 6-1 所示。

表 6-1　盘存单

编号：
单位名称：　　　　　　　　　　　　　　　　　　　　　　　　　　　盘点时间：
财产类别：　　　　　　　　　　　　　　　　　　　　　　　　　　　存放地点：

编号	名称	规格	计量单位	数量	单价	金额	备注

盘点人签章：　　　　　　　　　　　　　　　　　　实物保管人签章：

盘点完毕，会计部门应根据盘存单上所列的物资的实际结存数与账面结存数记录进行核对，发现某些财产物资账实不符时，填制实存账存对比表，确定财产物质盘存或盘亏的数额。实存账存对比表是财产清查的重要依据。其一般格式如表 6-2 所示。

表 6-2　实存账存对比表

单位名称：　　　　　　　　　　　　年　月　日

编号	类别及名称	计量单位	单价	实存		账存		对比结果				备注
								盘盈		盘亏		
				数量	金额	数量	金额	数量	金额	数量	金额	

任务二　掌握财产清查方法

财产清查是发挥会计监督职能的一项重要工作，由于财产物资种类繁多，又各有特点，因而针对不同种类的清查对象，应采用不同的清查方法。

一、货币资金的清查

货币资金包括库存现金、银行存款、其他货币资金等款项。

1. 库存现金的清查

库存现金一般应采用实地盘点法进行清查。通过实地盘点，确定现金实存数，然后与现金日记账的账面结存数进行核对，以查明账实是否相符。

企业的库存现金一般由出纳人员保管，因此清点库存现金时，出纳人员必须在场，如发现长款、短款情况，必须当场会同出纳人员核实清楚。在对库存现金进行清查时还要注意有无违反现金管理制度的情况，如有无以“白条”抵库的现象；库存现金是否超过规定的限额；有无坐支库存现金的现象等。库存现金实地清点结束后，应将清点和核对结果填入库存现金盘点表，并由出纳人员和盘点人员共同签章。库存现金盘点表兼具盘存单和账存实存对比表的作用，既反映库存现金的实有数额，又反映其盘盈盘亏的情况，因此库存现金盘点表也是调整账簿记录的重要原始凭证。库存现金盘点表的一般格式如表 6-3 所示。在实际工作中，由于库存现金的收支业务很频繁，容易出错，因此出纳人员应在每日工作结束之前，对库存现金进行清点，将库存现金的实际盘点数额与“现金日记账”的当日结余数额进行核对，以检查当日工作是否准确，做到“日清月结”，确保每日账实相符。

表 6-3　库存现金盘点表

年　月　日

实存金额	账存金额	盘盈	盘亏	备注

盘点人签章：　　　　　　　　　　　　　　　　　　　　出纳员签章：

2. 银行存款的清查

银行存款的清查，一般是采用与开户银行核对账目记录的方法来进行的，即将本企业的银行存款日记账与开户银行提供的对账单逐笔进行核对，以查明是否相符。企业在进行银行存款的清查之前，首先，应检查是否将本单位所发生的与银行存款有关的所有业务记入了银行存款日记账，确保账簿记录的完整和准确；然后，与银行转来的对账单逐笔进行核对，以确定账实相符。

在实际工作中，企业的银行存款日记账的余额与开户银行转来的对账单的余额往往不一致。不一致的原因有两类：一是企业和银行之间一方或者双方记账错误引起。二是存在未达账项。未达账项是指企业与银行之间对同一项经济业务，由于凭证传递和双方入账时间不一致，而发生的一方已经登记入账，另一方由于凭证未达，尚未入账的款项。

未达账项主要有以下四种情况：

(1) 企业已收，银行未收的款项。如企业送存银行的转账支票，企业银行存款日记账已登记入账，增加了银行存款，但银行未及时入账。

(2) 企业已付，银行未付的款项。如企业开出支票或其他付款凭证，企业已经登记入账，减少了银行存款，但持票人尚未到银行办理手续，存款账户上银行存款未减少。

(3) 银行已收，企业未收的款项。如企业委托银行收款的款项，当对方转入企业银行账户时，银行即已登记入账，作为企业存款的增加，但企业可能尚未收到银行的结算凭证而未入账，未记银行存款增加。

(4) 银行已付，企业未付的款项。如银行代企业支付的水电费等款项，银行已登记入账，作为企业存款的减少，但企业由于尚未收到结算凭证而未入账。

未达账项的任何一种情形的出现，都会造成企业银行存款日记账的余额与开户银行转来的对账单的余额不相同。其中，(1)、(4)两种情况会造成企业银行存款日记账的余额大于银行对账单的余额，(2)、(3)两种情况会造成企业银行存款日记账的余额小于银行对账单的余额。因此，企业在进行银行存款的清查时，应将银行存款日记账与银行对账单核对，找出未达账项，并据以编制银行存款余额调节表。

银行存款余额调节表的编制方法，一般在企业账面余额和银行对账单余额的基础上，分别补记对方已入账而本身尚未记账的款项金额，然后验证双方余额是否相等。如相等，表明双方均记账正确；否则，就表明可能有记账错误，应进一步查明原因，予以更正。

现举例说明银行存款余额调节表编制方法：

【例 6-1】 某企业于 202×年 12 月 31 日银行存款日记账账面余额为 51 300 元，银行对账单余额为 53 000 元。经查对发现有以下未达账项：

(1) 29 日企业存入银行一张转账支票，金额为 3 900 元，银行尚未入账。

(2) 29 日银行收取企业借款利息 400 元，企业尚未收到付款通知。

(3) 30 日企业委托银行收款 4 100 元，银行已入账，企业尚未收到收款通知，没有入账。

(4) 30 日企业开出转账支票一张，金额为 1 900 元，持票单位尚未到银行办理手续。

根据以上未达账项，编制银行存款余额调节表，如表 6-4 所示。

表 6-4　银行存款余额调节表

202×年 12 月 31 日　　单位：元

项　目	金　额	项　目	金　额
银行对账单余额	53 000	企业银行存款日记账余额	51 300
加：企业已收银行未收款	3 900	加：银行已收企业未收款	4 100
减：企业已付银行未付款	1 900	减：银行已付企业未付款	400
调整后余额	55 000	调整后余额	55 000

注：银行存款余额调节表只起到对账作用，不能作为调节银行存款日记账账面余额的凭证。

双方余额经调节后是相等的，表明双方的账簿记录没有差错，由于未达账项不是错账、漏账，因此不需要做任何调整，待收到有关凭证后，登记入账即可。

二、实物资产的清查

实物资产主要包括原材料、在产品、产成品、商品及固定资产等。实物资产一般是先查清数量，再查验质量，清查数量又包括确定实物账面结存数量和实际结存数量两个方面。

1. 确定实物资产账面结存数量的方法

确定实物资产账面结存数量一般有两种方法，即永续盘存制和实地盘存制。

(1) 永续盘存制。“永续盘存制”又称账面盘存制，它是指企业在日常经营活动中，必须根据会计凭证对各项财产物资的增加和减少在有关账簿中进行连续记录，并随时在账簿中结出各种财产物资的账面结存数额的一种盘存制度，也就是以账簿记录为依据来确认财产物资结存数的一种专门方法。在永续盘存制下，期末账面结存数的计算公式如下：

期初结存数＋本期增加数－本期减少数＝期末结存数

在永续盘存制下，财产物资的收、发、存都能在账面上得以完整地反映，便于对财产物资进行有效的管理。但要求财产物资变动都有严密的手续，核算工作量较大，需耗用较多的人力和费用，在这一点上，永续盘存制不如实地盘存制简便，但永续盘存制具有控制和保护财产物资安全的优点。因此，在实际工作中，除了价值低廉或在管理上实行永续盘存制有困难的财产物资外，一般采用永续盘存制。

(2) 实地盘存制。实地盘存制又称以存计耗制，它是指企业在日常经营活动中，只根据会计凭证对各项财产物资的增加数进行记录，不登记其减少数，期末根据实地盘点的结存数倒挤出本期的减少数额，并据此登记入账的一种盘存制度。在实地盘存制下，本期减少数的计算公式如下：

本期减少数＝期初结存数＋本期增加数－期末结存数

在实地盘存制下，库存财产物资不一定按具体品种设置明细，对平时发出商品的数量可以不作明细记录，起到了简化核算的作用，但由于平时在账簿记录中不要求登记财产物资的减少数，因此也就无法随时结算出账面余额，不利于企业及时掌握财产物资的占用情况及其动态，倒挤出来的耗用成本有可能把非正常耗用的物资（如短缺、差错等）全部挤入耗用或销售成本之中，从而削弱了对库存物资的控制和监督作用。因此，这种盘存制度虽然核算工作量小，但是由于存在可能掩盖财产管理上存在的问题，企业一般只针对特殊存货如损耗大、数量不稳定的鲜活类商品采用。

2. 确定实物资产实际数量的方法

对实物资产进行清查应根据实物资产的品种、规格、型号等进行分类，分别从数量和质量两方面进行清查，并且遵循先数量后质量的原则。对实物资产的数量进行清查时，由于实物的形态、体积、重量、存放方式等不同，采用的清查方法也不同。

（1）实地盘点法。实地盘点法是指在财产物资存放现场逐一清点数量或用计量仪器确定其实存数的一种方法。此方法准确、可靠，清查质量高，适用范围较广，大多数实物资产都可采用这种方法，如原材料、包装物、产成品、库存商品、固定资产等，但工作量较大。

（2）技术推算法。技术推算法是指利用科学技术方法，如计尺、量方等推算财产物资实存数的方法。此方法盘点数字不够准确，允许有一定的误差，但工作量较小，适用于体积较大、不易搬动、大宗堆码等难以逐一清点的物资，如煤炭、砂石等大宗物资的清查。

除此之外，实物资产的清查还可采用抽样盘点法，这是一种从总体中选取所需要的样本，再通过盘点样本的数量来推断出总体数量的一种方法。这种方法的计量结果也不十分准确，主要适用于一些价值小、数量多、重量比较均匀的实物资产的清查。对于委托外单位加工、保管的物资，还可以采用查询核对法，即采用去函、去人调查，并与本企业的账存数进行核对。

为了明确经济责任，在对实物资产进行盘点时，有关实物资产的保管或使用人员必须在场并参与盘点工作，但是保管人员或使用人员并不适宜单独承担该资产的清查工作，他们只有与清查小组成员一起清查，才能客观评价该资产的管理、保管和使用等工作情况。

盘点结束后，清查人员应及时对实物资产的清查结果进行记录，逐一如实地登记到盘存单上，并由盘点人员和保管、使用人员同时签章。盘存单是记录各项财产物资盘点结果的书面证明，是反映财产物资的实际结存数量的原始凭证。盘存单的一般格式如表 6-5 所示。

表 6-5　盘存单

单位名称：　　财产类别：　　　　年　月　日　　　　　　　　第　页

编号	名称	规格型号	计量单位	数量	单价	金额	备注

盘点人签章：　　　　　　　　实物负责人签章：

盘存单一式三份，一份由盘点人员留存备查，一份由实物保管人员保存，一份交财会部门与账面记录核对。

财会部门在收到盘存单后，应将盘存单与账面记录进行核对，并根据核对结果填制账存实存对比表，通过分析确定实物资产的盘盈或盘亏情况，如表 6-6 所示。

表 6-6　账存实存对比表

财产类别：　　　　　　　　　　　　　　年　月　日

编号	名称	规格型号	计量单位	单价	实存		账存		盘盈		盘亏		备注
					数量	金额	数量	金额	数量	金额	数量	金额	

账存实存对比表可以揭示企业账面结存数与实际结存数之间的差异，因此，它既是企业用以调整有关账簿记录的原始凭证，又是企业分析产生差异的原因并明确有关人员的经济责任的依据。但在实际工作中，为了简化工作，账存实存对比表通常只填列账实不符的财产物资，主要记录和反映财产物资的盘盈盘亏，对于账实完全相符的财产物资不予填列。

三、往来款项的清查

往来款项主要包括各种应收账款、应付账款、预收账款和预付账款。往来款项的清查主要采用函证核对法，即与经济往来单位或者个人通过信函来核对账目。

企业往来款项，既有对外单位的款项，也有对个人的款项，还有对本单位内部各部门和个人的款项。在清查之前，首先应检查本单位各种往来款项账簿上的记录是否完整、计算是否准确。确定无误后，对外部各单位的款项，按每一个经济往来单位或个人编制往来款项对账单送往各经济往来单位进行核对(往来款项对账单格式如图 6-1 所示)。往来单位或个人经过核对确认相符后，应在回联单上盖章退回，表示已核对，如果经过核对发现数字不相符，应在回联单上注明不相符的情况，或另抄对账单退回清查企业，以便进一步核对。清查企业收到回单后，如果确系记录有误，应按照规定手续进行更正，对于有争议的款项，应及时采取措施，解决问题。对本单位内部各部门之间往来款项的清查，可以根据有关账簿记录进行核对，发现不符即刻查明原因，并予以处理；对于职工的各往来款项，可以抄列清单与本人核对，也可采取定期公布的方法加以核对。

××单位：

贵单位于×年×月×日到我公司购买了××产品××台，货款共计××元，已付××元，尚有××元货款未支付，请核对后将回联单寄回。

此致

敬礼

清查单位：××公司(盖章)

×年×月×日

沿此虚线裁开，请将以下回联单寄回

往来款项对账单(回联)

××清查单位：

贵单位寄来的"往来款项对账单"已收到，经核对相符无误。

××公司(盖章)

×年×月×日

图 6-1　往来款项对账单

任务三　掌握财产清查结果会计处理

一、财产清查结果的处理步骤

各单位通过财产清查，会发现在财产物资管理中存在的问题，为以后改进工作提供了线索。为了充分发挥财产清查的作用，进一步促进企业管理好各项财产物资，必须依照有关法令制度，按照规定的程序，对清查的结果正确地加以处理。

(一) 财产清查结果处理要求

1. 核准各盘盈盘亏数据，查明原因，按规定及时处理

企业在财产清查中，如果发现账面结存数与实地盘点数不一致，必须核准盘盈或盘亏的数据，再查明造成差异的原因，明确责任人的经济责任，并提出科学、合理的处理方案，及时上报有关部门审批处理。对定额内的或由自然原因引起的盘盈盘亏，应按规定办理手续及时转账；对于由于保管人员失职造成的损失，必须查清失职的情节，按规定程序报有关领导做出处理；对于由于自然灾害引起的损失，如已经向保险公司投保的，还应向保险公司索赔。

2. 总结经验教训，完善财产管理制度

在财产清查之后，对于在清查中发现的问题，应及时总结经验教训，提出改进措施，健全财产管理制度，提高管理水平。对于保管完善的部门和个人，应予以奖励，推广介绍其经验；对于存在的问题，必须查明原因，明确责任，并提出改进的措施，进一步建立健全管理制度。

例如，对财产清查中发现的积压、滞销和霉变或不需要的物资，应迅速组织处理，或内部消化，或降价销售，尽量做到物尽其用，提高资金的周转率和使用效率。对于长期拖欠或有争议的往来款项，应指定专人负责查明原因，限期清查解决。

3. 及时调整账簿记录，做到账实相符

对于在清查中发现的盘盈或者盘亏情况，企业还应根据盘存单或者账存实存对比表，按照规定的方法调整账簿记录，以做到账实相符。

（二）财产清查结果的账务处理步骤

对于财产清查中发现的各种差异，应当及时地进行账务处理，调整账簿记录，以达到账实相符。账务处理分两步进行：

1. 报请批准前的账务处理

在报经有关领导审批之前，应根据财产盘盈、盘亏的数字，编制记账凭证，调整账面数额，以保证账存数与实存数完全一致。同时，根据企业的管理权限，将处理建议报上级有关部门批准。

2. 批准后的账务处理

审批之后，根据差异发生的原因和上级批准处理意见，编制记账凭证，并登记有关账簿。为了核算和监督各项财产物资的盘盈和盘亏情况，需设置“待处理财产损溢”账户，

二、财产清查结果的账务处理

（一）财产清查账务处理的账户设置

除以前学习的有关账户之外，财产清查的会计处理还可能涉及“待处理财产损溢”“以前年度损益调整”两个账户。

（1）“待处理财产损溢”账户。“待处理财产损溢”账户属于资产类，主要用于核算企业在清查财产过程中查明的各种财产盘盈、盘亏和毁损的情况。该账户借方登记财产物资的盘亏、毁损金额及盘盈的转销金额，贷方登记财产物资的盘盈金额及盘亏的转销金额，下设“待处理流动资产损溢”和“待处理非流动资产损溢”两个明细账户。

借方　　　　待处理财产损溢	贷方
1. 发生的待处理财产物资的盘亏或毁损数 2. 经批准转销的盘盈数额（盘盈固定资产除外）	1. 发生的待处理财产物资的盘盈数额（除固定资产外） 2. 经批准转销的盘亏和毁损数额

（2）“以前年度损益调整”账户。“以前年度损益调整”账户属于损益类，用于登记企业本年度发生的调整以前年度损益的事项以及本年度发现的重要前期差错更正涉及调整以前年度损益的事项。期末，余额转入“本年利润”科目，无余额。在财产清查中，本账户一般仅适用于固定资产盘盈的有关会计处理。

（二）财产物资清查结果的账务处理

1. 货币资金清查结果的账务处理

【例 6-2】 某企业在财产清查中，盘点库存现金发现长款 10 元，无法查明原因，后经批准作为营业外收入处理。

（1）在批准处理前，根据"现金盘点报告表"所确定的长款金额，编制会计分录如下：

借：库存现金　　10

　　贷：待处理财产损溢　　10

（2）在批准作为营业外收入处理后，编制会计分录如下：

借：待处理财产损溢　　10

　　贷：营业外收入　　10

【例 6-3】 某企业在财产清查中，盘点库存现金发现短款 20 元，无法查明原因，后经批准决定由出纳员李玉个人赔偿 10 元，赔偿款尚未收到，另外 10 元归于企业管理责任。

（1）在批准处理前，根据"现金盘点报告表"所确定的短款金额，编制会计分录如下：

借：待处理财产损溢　　20

　　贷：库存现金　　20

（2）在批准决定由出纳员个人赔偿后，编制会计分录如下：

借：其他应收款——李玉　　10

　　管理费用　　10

　　贷：待处理财产损溢　　20

2. 实物资产清查结果的账务处理

（1）存货清查结果的账务处理。造成存货账实不符的原因有很多，各单位应根据不同情况作相应的账务处理。一般的处理方法是：自然损耗定额内的盘亏，应增加费用；责任事故造成的损失，应由过失人负责赔偿；由于自然灾害等非常事故造成的损失，在扣除保险公司赔款和残料价值后，经批准列作营业外支出。如果发生盘盈，一般冲减管理费用。

① 存货盘盈：

【例 6-4】 某企业在财产清查中，盘盈材料 560 元。

第一步，在批准处理前，根据"实存账存对比表"所确定的材料盘盈数，编制会计分录如下：

借：原材料　　560

　　贷：待处理财产损溢　　560

第二步，上述材料盘盈，经查明原因，批准作冲减管理费用处理。根据批准处理意见，编制会计分录如下：

借：待处理财产损溢　　560

　　贷：管理费用　　560

② 存货盘亏、毁损：

【例 6-5】 某企业在财产清查中，盘亏材料 1 600 元。不考虑相关税费。

第一步，在批准前，根据"实存账存对比表"所确定的材料盘亏数，编制会计分录如下：

借：待处理财产损溢　　1 600

贷:原材料 1 600

第二步,上述盘亏材料经批准作如下处理:盘亏中有200元为定额内自然损耗,列为管理费用处理;有400元为保管不善所致,责成有关责任人赔偿;有1 000元属于自然灾害造成的非常损失,列为营业外支出处理。

根据批准的处理意见,编制会计分录如下:

借:管理费用 200

其他应收款 400

营业外支出 1 000

贷:待处理财产损溢 1 600

(2) 固定资产清查结果的账务处理:

① 固定资产盘盈。固定资产盘盈,一般都是单位自制设备交付使用后未及时入账造成的,并不属于真的资产增加。根据我国《企业会计准则第28号——会计政策、会计估计变更和差错更正》的规定,盘盈的固定资产应作为前期会计差错进行处理。盘盈的固定资产,在按惯例权限报经批准前应先通过"以前年度损益调整"账户核算。盘盈的固定资产按以下方法确定其入账价值:如果同类或类似固定资产存在活跃市场的,按同类或类似固定资产市场价值,减去按固定资产新旧程度估计的价值损耗后的余额作为入账价值;如果同类或类似固定资产不存在活跃市场的,按该项固定资产预计未来现金流量的现值作为入账价值。确定入账价值后,借记"固定资产",贷记"以前年度损益调整"。

【例6-6】 某企业在财产清查中,发现账外机器一台,按其新旧程度,类似活跃市场上的重置成本为30 000元,编制会计分录如下:

借:固定资产 30 000

贷:以前年度损益调整 30 000

上述会计分录意味着该企业前期利润总额在原来的基础上会增加30 000元,需要补交所得税。交完所得税后的剩余部分应结转入盈余公积和利润分配中。

假设该企业适用的所得税率为25%,则会计处理如下:

借:以前年度损益调整 7 500

贷:应交税费——应交所得税 7 500

调整所得税后,结转以前年度损益调整,假设该企业按10%提取法定盈余公积,未提取任意盈余公积,则:

借:以前年度损益调整 22 500

贷:盈余公积 2 250

利润分配——未分配利润 20 250

② 固定资产盘亏。固定资产出现盘亏的原因有很多,各单位应根据不同情况作不同的会计处理。一般的处理方法是:自然灾害等非常事故造成的固定资产盘亏,在扣除保险公司赔款和残值收入后,经批准列作营业外支出处理;责任事故造成的固定资产盘亏,应由责任人酌情赔偿损失。

【例6-7】 某企业在财产清查中,盘亏机器一台,其账面原值为30 000元,已提折旧18 000元。不考虑相关税费。

① 在报经批准前,根据"实存账存对比表"所确定的固定资产盘亏数,编制会计分录如下:

借：待处理财产损溢　　12 000
　　累计折旧　　18 000
　　贷：固定资产　　30 000

② 上述盘亏固定资产经批准作营业外支出处理。根据批准处理意见，编制会计分录如下：

借：营业外支出　　12 000
　　贷：待处理财产损溢　　12 000

3. 债权债务清查结果的账务处理

在财产清查中，对长期挂账的往来款项，应及时进行清理。其中，对于经确认确实无法收回的应收款项，按管理权限报经批准后作为坏账，转销应收款项，借记“坏账准备”账户，贷记“应收账款”“其他应收款”等账户；对于确实无法支付的应付款项，报经批准后作营业外收入处理。

【例 6-8】 某公司在财产清查中，查明长期挂账的应收某单位货款 4 100 元，因该单位撤销，确实无法收回。经批准作为坏账处理，编制会计分录如下：

借：坏账准备　　4 100
　　贷：应收账款　　4 100

同步实训

一、理论思考题

1. 简述实地盘存制和永续盘存制的区别。
2. 对财产清查结果进行账务处理的程序及其所使用的核算账户是什么？
3. 对各类财产物资清查结果如何进行账务处理？

二、技能实训题

(一) 单选题

1. 银行存款清查应采用(　　)。

A. 实地盘点法　　B. 技术推算法　　C. 对账单法　　D. 发函询证法

2. 库存现金清查应采用(　　)。

A. 实地盘点法　　B. 技术推算法　　C. 对账单法　　D. 发函询证法

3. “待处理财产损溢”账户是用来核算企业在清查财产过程中查明的各种财产盘盈、盘亏和毁损的价值，但有一种情况不在本账户核算，而作为前期差错记入“以前年度损益调整”账户，那就是(　　)。

A. 盘盈的固定资产价值　　B. 盘亏的固定资产价值
C. 盘盈的存货价值　　D. 盘亏的存货价值

(二) 多选题

1. 以下需要进行全面清查的有(　　)。

A. 年终决算之前　　B. 单位主要负责人调离工作岗位时
C. 更换仓库保管员时　　D. 单位合并时

2. 财产清查结果应计入"管理费用"账户的有(　　)。
A. 存货盘盈　　B. 无法查明原因的现金短款
C. 管理原因造成的存货盘亏净损失　　D. 计量错误造成的存货盘亏净损失

3. 确定存货账面结存数量的方法有(　　)。
A. 永续盘存制　　B. 实地盘存制　　C. 先进先出法　　D. 实地盘点法

4. 确定存货单价的方法有(　　)。
A. 加权平均法　　B. 个别计价法　　C. 先进先出法　　D. 实地盘点法

5. 银行存款清查时的出现未达账项的类型有(　　)。
A. 企业已收款记账银行未收款入账　　B. 企业已付款记账银行未付款入账
C. 银行已收款记账企业未收款入账　　D. 银行已付款记账企业未付款入账

（三）业务核算与分析题

1.**【资料】** 某企业盘点原材料时发现下列问题：
(1) A材料盘亏8件,每件32元。
(2) B材料盘亏120件,每件15元。
(3) C材料盘盈4千克,每千克25元。
(4) D材料盘亏5千克,每千克80元。

以上材料盘亏原因待查,调增账存数,按照企业管理权限上报上述清查结果。上述盘盈盘亏材料经查明原因,批准处理如下：
(1) A材料盘亏系保管人员过失造成,应由其赔偿。
(2) B材料盘亏系火灾引起,列作营业外支出。
(3) C材料盘盈属于自然升溢,作冲减管理费用处理。
(4) D材料盘亏属于自然损耗,作管理费用处理。

【要求】 根据上述资料编制会计分录(不考虑增值税)。

2.**【资料】** 某公司财产清查结果如下：
(1) 盘亏生产设备一台,原值60 000元,已提折旧12 000元。
(2) 盘盈办公设备一台,同类设备价值30 000元,估计六成新。
(3) 甲材料盘亏18件,实际单价50元。
(4) 乙材料盘盈5件,实际单价10元。

财产清查结果经批准作如下处理：
(1) 固定资产盘亏作营业外支出处理。
(2) 甲材料盘亏,其中3件属于仓库保管员过失造成,责成其赔偿;15件属于管理制度不健全造成,列入管理费用。
(3) 乙材料盘盈系计量不准造成,应冲减管理费用。

【要求】 根据以上资料编制会计分录(不考虑增值税)。

3.**【资料】** 某公司202×年12月31日银行存款日记账账面余额21 8000元,银行发来的该企业账户对账单余额为236 100元,经核对发现以下未达账项。
(1) 29日,企业存入银行一张转账支票,金额为8 000元,企业已记账,银行尚未入账。
(2) 29日,企业开出现金支票一张,金额为1 900元,企业已入账,但持票人尚未去银行提取,银行未付款入账。

(3) 31 日,企业委托银行代收的货款 26 000 元,银行已收款入账,但企业未收到进账通知单,企业尚未登记入账。

(4) 31 日,企业委托银行付自来水公司水费 1 800 元,银行已付款入账,但企业未收到付款通知,企业未登记入账。

【要求】 根据以上资料,编制"银行存款余额调节表"。

三、能力提高题

1. 查找相关资料,思考为何固定资产盘盈通过"以前年度损益调整"账户核算?
2. 走进工业企业和商品流通企业,看看这些企业财产清查有什么特点。

项目七　编制财务会计报告

本项目主要讲述财务报告的概念、作用、组成与分类，财务报表的结构、内容和编报方法。通过项目学习，要求学生了解会计报表的概念、作用和构成，理解并掌握会计报表的编制方法，能正确编制资产负债表和利润表，理解报表数据之间的钩稽关系。

知识目标

1. 认知财务报告的作用和构成。
2. 理解各种会计报表的构成内容及编制原则和要求。

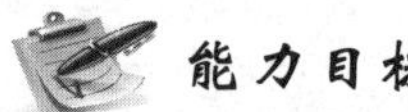

能力目标

1. 掌握各种资产负债表和利润表的编制方法。
2. 掌握现金流量表和所有者权益变动表的基本结构。

开篇案例

202×年10月，张华的超市由于经营管理和市场方面的原因，经营业绩滑坡，资金运转出现困难，需向银行贷款。为了能顺利地多贷些款，以解燃眉之急，张华便要求财务人员对该年度的财务数据进行调整，首先改变固定资产折旧计提方法和无形资产摊销计提方法，少计提折旧和摊销，增加企业资产和利润，从而提升公司的形象。财务人员按照要求调整了资产计提折旧和摊销方法，调减费用和成本开支，从而调整和美化了财务报表相关数据。张华根据调整后的财务信息资料，于202×年11月贷款成功。

根据以上案例资料请问：

1. 上述财务人员的处理是否违法，并说明理由？

2. 作为银行负责贷款工作的部门及人员如何去研读贷款单位资料，尤其是财务报表，从而规避风险？

任务一　认识财务会计报告

一、财务报告的含义

财务报告是依据日常核算资料编制而成的，总括反映企业某一特定日期财务状况、某一会计期间经营成果和现金流量等的报告文件，是企业对外披露信息的重要手段。财务报告包括财务报表和其他财务报告信息资料文件，其主体是财务报表，而财务报表又由以下部分组成：资产负债表、利润表、现金流量表、所有者权益变动表和报表附注。编制财务报告既是会计核算的必然要求，也是国家法律、法规的明确规定，任何独立核算的单位都要在会计期末编制财务报告，并按照有关规定向相关部门或人员报送。

二、财务报告编制的原因

在日常的会计核算中，通过会计凭证的填制和审核可以记录、反映经济业务的发生和完成情况。但是会计凭证数量较多，提供的资料内容繁杂而且分散，不能为会计信息使用者提供决策所需要的经济指标，所以需要将会计凭证上记录的经济业务进行加工、归类、整理，通过登记账簿的方法在各种账簿中进行连续、系统的记录和反映。会计账簿提供的资料虽然比会计凭证要系统得多，但是账簿提供的资料分散在一个个账户中，不能集中反映企业财务状况和经营成果的全貌。同时，分散在各个账户中的资料割裂了相互联系的各种数据之间的关系，不能反映各项经济指标之间的内在联系。因此，企业必须通过编制财务报告，将分散在各个账簿中的会计记录定期进行整理和汇总，形成反映企业的经济业务全貌的各项经济指标，为会计信息使用者的投资决策、信贷决策和经营决策服务。

三、财务报告报送的作用

（一）为企业加强和改善经营管理提供信息资料

企业的管理当局及各职能部门的经营人员可以从财务报告中了解本单位的经济活动、财务状况和经营成果的全面情况，考核分析财务计划预算完成情况，以便发现问题，改进管理，从而达到加强经济核算、强化财务管理、提高经济效益的目的。

（二）为投资者和债权人进行投资和信贷决策提供依据

投资者最关心的是投资报酬和投资风险，投资者在投资之前需了解企业的资金状况和经济活动情况，以做出正确的投资决策；投资后，需了解投资企业的经营成果、资金使用状况以及支付资金报酬情况的信息资料。因此，财务报告为投资者提供了必要的信息资料，帮助其进行合理投资决策。对于金融机构债权人和供应商及其他商业债权人来说，可以利用会计报告所提供的相关信息资料，做出正确的信贷和赊销决策。

（三）有利于国家制定和施行正确的宏观经济调控政策

在我国，政府对经济行使两种职能：行政管理职能和国有资产管理职能。政府对会计信息的要求包括两个方面：一方面是从宏观经济管理的需要出发来了解和关注企业财务信息；另一方面是从对市场和企业的经济行为进行监管的需要出发，要求企业提供所需的财务信息。财务报告提供的会计信息经过逐级汇总后，可以使政府经济管理部门了解国有资产的使用情况，了解各部门、各地区经济发展情况，对国民经济运行态势做出判断和决策，保证国民经济正常运行。此外，各级政府部门可利用会计信息，发挥监管作用。如税务部门通过财务报告，可以审查纳税申报数据的合法性；国有企业管理部门通过财务报告，可以评价管理国有企业政策的合理性；证券管理机构通过财务报表分析，可以评价上市公司遵守政府法规和市场秩序的情况；财政部门通过财务报表，可以审查企业遵守财经法规和财务报表编制规范的情况。

四、财务会计报告报送相关制度

（一）报送的范围

企业财务会计报告应当报送主管财政机关等相关的政府管理部门和企业投资者等利益相关者。

（1）企业应当依照企业章程规定向投资者提供财务会计报告。

（2）企业应当及时向主管财政机关报送月份、季度、年度财务会计报告。其他有关部门或者机构依照法律、行政法规的规定，要求企业提供部分或者全部财务会计报告及其有关数据的，应当向企业出示法律依据。

（3）除法律、行政法规规定以外，任何组织或者个人不得要求企业提供部分或者全部财务会计报告及其他有关数据。

（二）报送的时间

月份财务会计报告应于月度终了后 6 天内对外提供；季度财务会计报告应于季度终了后 15 天内对外提供；半年度财务报告应于年度中期结束后 60 天内对外提供；年度财务报告应于年度结束后 4 个月内对外提供。财政部门为了及时掌握企业有关财务信息，建立了企业主要财务指标快报制度，企业应在每月 5 日前向主管财政机关报送上月主要财务指标快报。

（三）报送的形式

企业对外提供的财务会计报告应当依次编定页数，加具封面，装订成册，加盖公章。封面上应当注明企业名称、企业统一代码、组织形式、地址、所属年度或月份、报出日期，并由企业负责人、主管会计工作的负责人（总会计师）、会计机构负责人（会计主管人员）签名并盖章。

（四）报送的基本要求

企业对外提供的财务会计报告反映的会计信息应当真实、完整。向有关各方提供的财务会计报告，其编制基础、编制依据、编制原则和方法应当一致。企业年度财务会计报告须经注册会计师审计的，应当将审计报告随同财务会计报表一并对外提供。

五、财务报表的组成与分类

（一）财务报表的组成

财务报表是对企业财务状况、经营成果和现金流量的结构性表述。一套完整的财务报表至少应当包括资产负债表、利润表、现金流量表、所有者权益（或股东权益，下同）变动表以及附注。

资产负债表、利润表和现金流量表分别从不同角度反映了企业的财务状况、经营成果和现金流量。资产负债表反映企业在某一特定日期所拥有的资产、须偿还的债务，以及股东（投资者）拥有的净资产情况；利润表反映企业在一定会计期间的经营成果，即利润或亏损的情况，表明企业运用所拥有的资产的获利能力；现金流量表反映企业在一定会计期间现金和现金等价物流入和流出的情况。

所有者权益变动表反映构成所有者权益的各组成部分当期的增减变动情况。企业的净利润及其分配情况是所有者权益变动的组成部分，相关信息已经在所有者权益变动表及其附注中反映，企业不需要再单独编制利润分配表。

附注是财务报表不可或缺的组成部分，是对在资产负债表、利润表、现金流量表和所有者权益变动表等报表中列示项目的文字描述或明细资料，以及对未能在这些报表中列示项目的补充和说明等。

（二）财务报表的分类

为满足会计信息使用者的需要，充分发挥财务报告的作用，企业应对会计报表进行科学分类。

1. 按报表反映的经济内容分类

按照报表反映的经济内容分类，财务报告可分为反映财务状况的报表、反映财务成果的报表和反映成本费用的报表 3 类。

财务状况报表是反映会计主体截至某一特定日期时财务状况的报表，包括资产负债表、现金流量表及其附表。该类报表用来反映企业在期末的资产、负债和所有者权益的基本情况，揭示资产、负债和所有者权益的规模、结构及其相互关系等财务状况，综合反映一定期间内资金来源和运用及其增减变动情况，系统地揭示企业在一定时期内重要的理财事项，并对资金变化的原因加以说明。

经营成果报表是用于反映会计主体在一定时期内的收入实现、成本耗费和利润形成及其分配等情况的报表，包括利润表及其附表。该类报表用以全面展示企业的经营业绩，揭示其获利能力。

成本费用报表是用于反映费用成本的构成和增减变化等情况的报表。该类报表主要包括产品生产成本表、主要产品单位成本表以及制造费用明细表等。

2. 按报表性质分类

按照报表性质分类,财务报告可分为静态报表和动态报表两类。静态报表是反映一定时点财务状况的财务报表,如资产负债表。动态报表则是反映某一时期经营成果和财务状况的报表,如利润表和现金流量表。

3. 按财务报告编报期间的不同分类

按财务报告编报期间的不同,可以分为中期财务报表和年度财务报表。中期财务报表是以短于一个完整会计年度的报告期间为基础编制的财务报表,包括月报、季报和半年报等。中期财务报表至少应当包括资产负债表、利润表、现金流量表和附注,其中,中期资产负债表、利润表和现金流量表应当是完整报表,其格式和内容与年度财务报表相一致。与年度财务报表相比,中期财务报表中的附注披露可适当简略。

年度财务报表是按会计年度编制和报送,以全面反映会计主体全年经济活动、财务收支和财务成果的报表。它在报表的种类和揭示的指标信息方面最为完整。

4. 按报表编制主体分类

按财务报表编报主体的不同,可以分为个别财务报表和合并财务报表。个别财务报表是由企业在自身会计核算基础上对账簿记录进行加工而编制的财务报表,它主要用以反映企业自身的财务状况、经营成果和现金流量情况。合并财务报表是以母公司和子公司组成的企业集团为会计主体,根据母公司和所属子公司的财务报表,编制的综合反映企业集团财务状况、经营成果及现金流量的财务报表。

5. 按报表间的主从关系分类

按照报表间的主从关系分类,财务报表可分为主要报表和附属报表两类。主要报表是指反映企业财务状况和财务成果的基本状况及主要情况的财务报表。该类报表主要有资产负债表、利润表和现金流量表等。

附属报表即附表,它是指对主要报表中的某些内容作进一步详细揭示的财务报表。该类报表主要有利润分配表、应交增值税明细表等。

6. 按编报单位的不同分类

按编报单位的不同分类,可以分为基层单位财务报表和汇总财务报表。基层单位财务报表是由独立核算的基层单位编制的报表;汇总财务报表是由上级主管部门根据所属单位编报的基层报表,加上汇总单位本身的财务报表综合编制的财务报表。

在财务报表的几种主要分类方法之中,按经济内容分类是最基本的,其他分类方法都是在此基础上延伸、派生出来的,是辅助性的分类方法。

六、财务报表的编制要求

(一)财务报表编制的一般要求

各单位要在结账、对账和财产清查的基础上,以登记完整、核对无误的会计账簿记录为主要依据,编制财务会计报告。为了保证财务会计报告的质量,企业编制财务会计报告时要做到：

1. 数据要真实

财务报表要根据真实的交易、事项进行编制，反映的各种数据要真实、准确，不得弄虚作假、掩盖真相。任何组织或者个人不得授意、指使、强令企业编制和对外提供虚假的或者隐瞒重要事实的财务会计报告。会计报表之间、会计报表各项目之间，凡有对应关系的数字，应当相互一致；会计报表中本期与上期的有关数字应当相互衔接。

2. 编制要合法

企业财务报告要根据有关法律、法规和国家统一会计制度的规定编制，不得违反国家统一规定，随意改变财务报告的编制基础、编制依据、编制原则和方法。

3. 内容要完整

企业财务报表要提供全面的会计信息，不得少报、漏报。对于应当填列的项目，都应填报齐全。对于一些重要信息，应以适当形式予以披露。

4. 计算要准确

财务报表要做到数字准确，不得用估计数代替实际数。企业应当依照国家统一的会计制度规定，对会计报表中各项会计要素进行合理的确认和计量，不得随意改变会计要素的确认和计量标准。

5. 编报要及时

财务报表必须按照国家和有关部门规定的期限和程序及时编制。财务报表所提供的会计资料，有很强的时效性，如果编报不及时，很有可能就会失去它应有的价值。所以财务报表必须按规定时间和报送方式，及时转送相关部门。一般情况下，月度会计报告应于月份终了后 6 天内报出（节假日顺延，下同）；季度会计报告应于季度终了后 15 日内报出；半年度会计报告应于年度中期结束后 60 天内对外报出；年度会计报告应于年度终了后 4 个月内报出。

（二）财务报表编制的其他原则性要求

（1）企业应当以持续经营为基础，根据实际发生的交易或事项，按照《企业会计准则——基本准则》和其他相关会计准则的规定进行确认和计量，在此基础上编制财务报表。如果以持续经营为基础编制的财务报表不再合理，企业应当以其他基础编制财务报表，并在报表附注中披露财务报表编制的基础和企业不被认为是持续经营的原因。

（2）财务报表项目的列报应当在各个会计期间保持一致，相互可比。可比性是会计信息质量的一项重要质量要求，目的是使同一企业不同期间和同一期间不同企业的财务报表相互可比。为此，财务报表项目的列报应当在各个会计期间保持一致，不得随意变更。这一要求不只针对财务报表中的项目名称，还包括财务报表项目的分类、排列顺序等方面；当会计准则要求改变，或企业经营业务的性质发生重大变化后，变更财务报表项目的列报能够提供更可靠、更相关的会计信息时，财务报表项目的列报是可以改变的。

财务报表项目的列报应当在各个会计期间保持一致，不得随意变更，但下列情况除外：① 会计准则要求改变财务报表项目的列报；② 企业经营业务的性质发生重大变化后，变更财务报表项目的列报能够提供更可靠、更相关的会计信息。

(3) 项目列报和重要性。报表项目在财务报表中是单独列报还是合并列报,应当依据重要性原则来判断。如果财务报表项目的省略或错报会影响使用者做出经济决策,该项目就具有重要性,应当单独列报。具体而言,应当遵循以下几点原则:

① 性质或功能不同的项目,一般应当在财务报表中单独列报,但是不具有重要性的项目可以合并列报。比如存货和固定资产在性质和功能上都有本质差别,必须分别在资产负债表上单独列报。

② 性质或功能类似的项目,一般可以合并列报,但是对其具有重要性的类别应该单独列报。比如原材料、低值易耗品等项目在性质上类似,均通过生产过程形成企业产品存货,因此可以合并列报,合并之后的类别统称为"存货",在资产负债表上单独列报。

③ 项目单独列报的原则不仅适用于报表,还适用于附注。某些项目的重要性程度不足以在资产负债表、利润表、现金流量表或所有者权益变动表中单独列示,但是可能对附注而言却具有重要性,在这种情况下应当在附注中单独披露。

(4) 项目金额间的相互抵消。财务报表项目应当以总额列报,资产和负债、收入和费用不能相互抵消,即不得以净额列报,但企业会计准则另有规定的除外。之所以这样规定是因为,表内项目相互抵消后,报表所提供的信息就不完整,信息的可比性大为降低,难以在同一企业不同期间以及同一期间不同企业的财务报表之间实现相互可比,报表使用者难以据此作出判断。例如某企业的某项固定资产原价 100 万元,折旧 30 万元,其净值为 70 万元。按总额列报的要求,应分别列报原价和折旧,按净额列报只列净额,两种方法的信息含量不同。按净值列报不利于会计信息的横向对比。根据会计准则的规定,资产项目按扣除减值后的净值列示,不属于抵消。非日常活动产生的损益,以收入扣除费用后的净额列示,不属于抵消。

(5) 比较信息的列报。企业当期财务报表的列报,至少应当提供所有列报项目上一会计期间的比较数据,以及与理解当期财务报表相关的说明,目的在于向报表信息使用者提供比较数据,以反映企业财务状况、经营成果和现金流量的发展趋势,提高报表使用者的判断与决策能力。

财务报表列报的项目发生变更的,应当对上期比较数据按照当期的列报要求进行调整,并在附注中披露调整的原因和性质,以及调整的各项目金额。如对上期比较数据进行调整不是切实可行的,应当在附注中披露不能调整的原因。不切实可行通常是指企业在做出所有合理努力后仍然无法采用某项规定。

(6) 其他内容的列报:

① 表头要素。企业应当在财务报表中以显著的方式列示以下内容:编报企业的名称、资产负债表日或财务报表涵盖的会计期间、人民币金额单位;财务报表是合并财务报表的,应当予以标明。

② 报表期间。企业至少应当按年编制和列示会计准则所要求的全部财务报表,并在规定的期间内对外提供。如果年度财务报表涵盖的期间短于一年,则企业应当披露财务报表涵盖的期间及年度财务报表涵盖期间短于一年的原因。

任务二　掌握资产负债表的编制

一、资产负债表的概述

（一）资产负债表的概念

资产负债表是反映企业某一特定日期财务状况的财务报表。它根据会计恒等式“资产＝负债＋所有者权益”，按照一定的分类标准和一定的顺序，把企业在一定日期的资产、负债、所有者权益各项目予以适当地排列，并对日常工作中形成的大量数据进行整理后编制而成。

企业的财务状况会随着企业经济业务的开展而不断变化，而资产负债表只反映会计期末或编报日等特定时点的财务状况，同一企业不同日期的资产负债表反映的财务状况也各不相同，因此，该表是反映企业静态财务状况的一种基本报表。一般要求按月、按年编制。

（二）资产负债表的作用

资产负债表是会计报表分析的主要信息来源，是进行各项经济活动分析的基础。它对于一切会计信息使用者而言都具有十分重要的作用。

（1）资产负债表可以提供某一日期资产的总额，表明企业拥有的经济资源及其分布情况、资产的质量、资产结构安排的合理性等，是分析企业生产经营能力的重要资料；经营者据此可以分析企业资源分布是否合理。

（2）资产负债表可以反映某一日期的负债总额、举债程度、债务结构安排的合理性、财务风险大小等，是分析企业偿债风险的重要资料；债权人据此可以评价企业资本结构是否合理和财务风险的大小。

（3）资产负债表可以反映所有者权益的构成情况、投资者及其投资比例构成等，是分析所有者权益结构的重要资料；可以反映负债和所有者权益之间的权益结构及其合理性；可以为资产结构、偿债能力、营运能力等财务分析、预测、评价提供所需的基本资料。投资者和债权人据此可以评价企业的支付能力和偿债能力，并做出相应的投资决策。

（4）通过资产负债表前后期的对比分析，经营者、投资人、债权人据此可以分析企业未来的财务发展趋势。

二、资产负债表的基本格式和项目排列

资产负债表一般由表首、表身和表尾组成。其中，表首概括地说明报表名称、编制单位、编制日期、报表编号、货币名称、计量单位等。表身反映资产、负债和所有者权益的内容，表尾部分为补充说明，其中表身是资产负债表的主体，列示了用以说明企业财务状况的各个项目。

（一）资产负债表的格式和内容

资产负债表一般有两种格式，即账户式资产负债表和报告式资产负债表。

1. 账户式资产负债表

账户式资产负债表是根据“资产＝负债＋所有者权益”这一会计等式，以等号为界，将资产项目列在表的左方，负债和所有者权益列在表的右方，且资产项目的余额一般在借方，负债和所有者权益的余额一般在贷方，从而就形成了借贷记账法下“T”字型账户的基本格式，并且通过左右两方“资产总计”和“负债及所有者权益总计”应相等来检验资产负债表编制的正确性。《企业会计准则第 30 号——财务报表列报》对一般企业资产负债表的内容格式作了规范，如表 7-1 所示。

表 7-1 资产负债表(账户式)

会企 01 表

编制单位： 年 月 日 单位：元

资 产	期末金额	年初金额	负债和所有者权益（或股东权益）	期末金额	年初金额
流动资产：			流动负债：		
货币资金			短期借款		
交易性金融资产			交易性金融负债		
应收票据			应付票据		
应收账款			应付账款		
预付款项			预收款项		
其他应收款			合同负债		
存货			应付职工薪酬		
合同资产			应交税费		
持有待售资产			其他应付款		
一年内到期的非流动资产			一年内到期的非流动负债		
其他流动资产			其他流动负债		
流动资产合计			流动负债合计		
非流动资产：			非流动负债：		
债权投资			长期借款		
其他债权投资			应付债券		
长期应收款			长期应付款		
长期股权投资			专项应付款		
其他权益工具投资			预计负债		
投资性房地产			递延收益		
固定资产			递延所得税负债		

续表

资　产	期末金额	年初金额	负债和所有者权益（或股东权益）	期末金额	年初金额
在建工程			其他非流动负债		
生产性生物资产			非流动负债合计		
油气资产			负债合计		
无形资产			所有者权益（或股东权益）：		
开发支出			实收资本（或股本）		
商誉			其他权益工具		
长期待摊费用			资本公积		
递延所得税资产			减：库存股		
其他非流动资产			其他综合收益		
非流动资产合计			盈余公积		
			未分配利润		
			所有者权益（股东权益）合计		
资产总计			负债和所有者权益总计		

采用账户式资产负债表，充分展现了“资产”与“负债和所有者权益”的等量关系，也便于检验编制过程的正确性。所以，在世界各国，一般都习惯于采用这种格式。我国《企业会计准则》规定，企业的资产负债表采用账户式结构。

2. 报告式资产负债表

报告式资产负债表采用资产、负债、所有者权益从上到下依次垂直排列的方式。上面列示资产项目，下面列示负债和所有者权益项目，报告式资产负债表（简化式）的参考格式如表7-2所示。

表 7-2　资产负债表（报告式）

会企 01 表

编制单位：　　　　年　月　日　　　　单位：元

项　目	金　额
资产	略
流动资产	
货币资金	
应收账款	
存货	
……	
非流动资产	
固定资产	
无形资产	

续表

项　目	金　额
其他资产	
……	
资产合计	
负债	
流动负债	
短期借款	
应付账款	
……	
非流动负债	略
长期借款	
应付债券	
……	
负债合计	
所有者权益	
实收资本	
资本公积	
……	
所有者权益合计	

采用报告式资产负债表，虽然便于按顺序阅读，也便于根据需要将各部分的内容进行组合排列，但是，在内容较多的情况下，报表将会显得过长，不便于存放。

（二）资产负债表的项目排列

资产负债表的基本理论依据是会计恒等式"资产＝负债＋所有者权益"。在这一等式中，负债和所有者权益都是对企业总资产的一种要求权，并且在要求权的行使上，单就索偿来说，负债总是优先于所有者权益。因此，在设计资产负债表时，资产是负债和所有者权益要求权的基本条件，应先按流动性强弱予以分类排列，然后再按对资产要求权的顺序先排列负债，后排列所有者权益。从而使资产、负债和所有权益的相互关系能在资产负债表中得到充分体现。

根据资产负债表的设计原理，结合会计信息使用者对资产负债表各项目内容需求的重要性，以及各项目内容的变化特性，对资产、负债和所有者权益三部分中的各项目排列分别有以下要求：

1. 资产项目的排列

资产根据流动性的强弱、周转运动的快慢以及变现能力的强弱，可分为流动资产和非流动资产。企业在正常经营中，其效益的好坏在很大程度上取决于流动资产周转的快慢。因此，无论是企业的经营者，还是外部的有关利害关系者，首先关心的是流动资产，根据这一基本原理，在资产项目的排列上，应先排列流动资产，后排列非流动资产。在每一部分资产中，对于人们进一步关心的具体项目，则应按其变现能力的强弱来排顺序。例如，在流动资产中，"库存现金""银行存款"等货币资金，流动性最强，且无需变现，可在生产经营中随时支用，所以，货币资金总是排列在资产类的最前面。

2. 负债项目的排列

负债根据偿还期限的长短，有流动负债和非流动负债之分，在还款顺序上也是先还流动负债，后还非流动负债。因此，负债项目的排列也应是流动负债在前，非流动负债在后，并且每部分还应按偿还的先后顺序具体地排列各项目。例如，流动负债中“短期借款”始终都是最先要求偿还的，因此，总是排在负债的最前面。

3. 所有者权益项目的排列

所有者权益有实收资本、资本公积、盈余公积、未分配利润等之分，这些权益中起根本性作用的是实收资本，因此，所有者权益各项目应按其作用大小排列顺序。

三、资产负债表的编制方法

资产负债表各项目均须填列“年初金额”和“期末金额”两栏内容。

“年初金额”栏内各项目的数据，应根据上年末资产负债表的“期末金额”栏内所列数据直接填列，如果当年度资产负债表规定的各个项目的名称和内容与上年度不相一致，则按编报当年的口径对上年年末资产负债表各项目的名称和数字进行调整，填入本表“年初金额”栏内。

“期末金额”栏应根据总分类账户和明细分类账户的期末余额填列。

（一）“期末余额”数据基本来源

1. 直接根据总账账户的余额填列

资产负债表中的有些项目可直接根据有关总账账户的余额填列，如“交易性金融资产”“短期借款”“应付票据”“应付职工薪酬”“实收资本”“资本公积”“盈余公积”等项目。

2. 根据若干个总账账户的余额之和计算填列

如“货币资金”项目，应根据“库存现金”“银行存款”“其他货币资金”3 个总账账户余额的合计数填列。

3. 根据有关明细账账户的余额计算填列

（1）“应收账款”项目，需要根据“应收账款”和“预收账款”两个账户所属明细账户的期末借方余额合并计算填列，如果计提了“坏账准备”，则应根据减去“坏账准备”账户中有关应收款项计提的坏账准备期末余额后的金额填列。

（2）“预收账款”项目，需要根据“应收账款”和“预收账款”两个账户所属的相关明细账户的期末贷方余额合并计算填列。

（3）“预付账款”项目，需要根据“预付账款”和“应付账款”两个账户所属的相关明细账户的期末借方余额合并计算填列，如果计提了“坏账准备”，则应根据减去“坏账准备”账户中有关预付账款计提的坏账准备期末余额后的金额填列。

（4）“应付账款”项目，需要根据“应付账款”和“预付账款”两个账户所属的相关明细账户的期末贷方余额合并计算填列。

4. 根据总账账户和明细账账户的余额分析计算填列

如“长期借款”项目，需要根据“长期借款”总账账户余额扣除“长期借款”账户所属的明细账户中将在资产负债表日起一年内到期且企业不能自主地将清偿义务展期的长期借款后的金额计算填列。

5. 根据有关账户余额减去其备抵项目后的净额填列

具体项目如下：

(1)“债权投资”项目,应根据“债权投资”账户期末余额,减去“债权投资减值准备”账户期末余额后的金额填列。

(2)“应收账款”项目,需要根据“应收账款”和“预收账款”两个账户所属明细账户的期末借方余额合并计算填列,减去“坏账准备”账户中有关应收账款计提的坏账准备期末余额后的金额填列。

(3)“预付账款”项目,需要根据“应付账款”和“预付账款”两个账户所属的相关明细账户的期末借方余额合并计算填列,减去“坏账准备”账户中有关预付账款计提的坏账准备期末余额后的金额填列。

(4)“存货”项目,根据扣除前的存货项目余额减去“存货跌价准备”账户期末余额后的金额填列。

(5)“长期股权投资”项目,应根据“长期股权投资”账户的期末余额,减去“长期投资减值准备”账户中有关股权投资减值准备期末余额后的金额填列。

(6)“投资性房地产”项目,应根据“投资性房地产”账户期末余额,减去“投资性房地产减值准备”账户期末余额后的金额填列。

(7)“固定资产”项目,按照“固定资产”账户余额减去“累计折旧”和“固定资产减值准备”账户期末余额后的净额填列。

(8)“在建工程”项目,按照“在建工程”账户的期末余额,减去“在建工程减值准备”账户期末余额后的净额填列。

(9)“无形资产”项目,按照“无形资产”账户的期末余额减去“累计摊销”和“无形资产减值准备”账户期末余额后的净额填列。

6. 综合运用上述填列方法分析计算填列

如资产负债表中的“存货”项目,需根据“原材料”“库存商品”“委托加工物资”“周转材料”“材料采购”“在途物资”“发出商品”“材料成本差异”等总账账户期末余额的分析汇总数,再减去“存货跌价准备”账户余额后的金额填列。

(二)“期末余额”各项目数据具体填列方法

1. 资产类项目填列方法

(1)“货币资金”项目,反映企业库存现金、银行结算户存款、外埠存款、银行汇票存款、银行本票存款、信用卡存款、信用证保证金存款等的合计数。本项目应根据“库存现金”“银行存款”“其他货币资金”账户的期末余额合计填列。

(2)“交易性金融资产”项目,反映资产负债表日企业分类为以公允价值计量且其变动计入当期损益的金融资产,以及企业持有的直接指定为以公允价值计量且其变动计入当期损益的金融资产的期末账面价值。本项目应根据“交易性金融资产”账户期末余额填列。

(3)“应收票据”项目,反映企业收到的未到期、也未向银行贴现的应收票据,包括商业承兑汇票和银行承兑汇票。本项目应根据“应收票据”账户的期末余额,减去“坏账准备”账户中有关应收票据计提的坏账准备期末余额后的金额填列。

(4)“应收账款”项目，反映企业因销售商品、产品和提供劳务等而应向购买单位收取的各种款项，减去已计提的坏账准备后的净额。本项目应根据“应收账款”和“预收账款”账户所属各明细账户的期末借方余额合计，减去“坏账准备”账户中有关应收账款计提的坏账准备期末余额后的金额填列。若“应收账款”账户所属明细账户期末有贷方余额，应在“预收账款”项目内填列。

(5)“预付账款”项目，反映企业预付给供应单位的款项。本项目应根据“预付账款”和“应付账款”账户所属各明细账户的期末借方余额合计，减去“坏账准备”账户中有关预付账款计提的坏账准备期末余额后的金额填列。若“预付账款”账户所属有关明细账户期末有贷方余额的，应在“应付账款”项目内填列。

(6)“其他应收款”项目，反映企业对其他单位和个人的应收和暂付的款项，以及企业因股权投资而应收取的现金股利、因债权投资而应收取的利息等。本项目应根据“其他应收款”“应收股利”和“应收利息”账户的期末余额合计，减去“坏账准备”账户中有关的坏账准备期末余额后的金额填列。

(7)“存货”项目，反映企业期末在库、在途和在加工中的各项存货的可变现净值，包括各种材料、商品、在产品、半成品、包装物、低值易耗品、分期收款发出商品、委托代销商品、受托代销商品等。本项目应根据“在途物资”(或“材料采购”)、“原材料”、“周转材料”、“材料成本差异”、“发出商品”、“库存商品”、“委托加工物资”、“生产成本”、“合同履约成本”等账户的期末余额合计，减去“存货跌价准备”“合同履约成本减值准备”账户期末余额后的金额填列。

(8)“合同资产”项目，反映企业合同资产的期末余额，根据“合同资产”账户下相关明细账户期末余额分析填列。同一合同下的合同资产和合同负债应当以净额列示，其中净额为借方余额的，应根据其流动性在“合同资产”或“其他非流动资产”项目中填列，已计提减值准备的，还要减去“合同资产减值准备”账户中相关的期末余额后的金额填列。

(9)“持有待售资产”项目，反映企业在资产负债表日划分为持有待售类别的非流动资产以及划分为持有待售类别的处置组中的流动资产和非流动资产的期末账面价值。本项目应根据“持有待售资产”账户的期末余额减去“持有待售资产减值准备”账户的期末余额后的金额填列。

(10)“一年内到期的非流动资产”项目，反映企业预计自资产负债表日起一年内变现的非流动资产和一年内到期的长期债权投资。本项目应根据有关账户的期末余额分析计算填列。

(11)“其他流动资产”项目，反映企业尚待抵扣的进项税额、多交或预缴的增值税、待抵扣或待认证进项税额、预缴的其他税费；初始确认时摊销期限不超过一年或一个营业周期的合同取得成本、应收退货成本；企业购入的以摊余成本计量的一年内到期债权投资的期末账面价值等。此项目根据有关账户的期末余额分析计算填列，如“应交税费”账户下的“应交增值税”“未交增值税”“待抵扣进项税额”等明细账户期末借方余额应根据流动性分别填列“其他流动资产”或“其他非流动资产”项目。

(12)“债权投资”项目，反映资产负债表日企业以摊余成本计量的长期债权投资的期末账面价值。此项目应根据“债权投资”账户的相关明细账户期末余额，减去“债权投资减值准备”账户中相关减值准备的期末余额后的金额分析填列。

(13)“其他债权投资”项目，反映资产负债表日企业分类为以公允价值计量且其变动计入其他综合收益的债权投资的期末账面价值。此项目应根据“其他债权投资”账户的相关明细账户期末余额分析填列。

(14)“长期应收款”项目，反映企业持有的长期应收款的可收回金额。本项目应根据“长期应收款”账户的期末余额，减去“坏账准备”账户所属相关明细账户期末余额，再减去“未确认融资收益”账户期末余额后的金额分析计算填列。

(15)“投资性房地产”项目，反映企业持有的投资性房地产。本项目应根据“投资性房地产”账户的期末余额，减去“累计折旧(摊销)”“固定资产减值准备”所属相关明细账户期末余额后的金额分析计算填列。

(16)“长期股权投资”项目，反映企业不准备在1年内(含1年)变现的各种股权性质的投资的可收回金额。本项目应根据“长期股权投资”账户的期末余额，减去“长期股权投资减值准备”账户期末余额后的金额填列。

(17)“其他权益工具投资”项目，反映资产负债表日企业指定为以公允价值计量且其变动计入其他综合收益的非交易性权益工具投资的期末账面价值，根据“其他权益工具投资”账户的期末余额填列。

(18)“固定资产”项目，反映企业的固定资产可收回金额。本项目应根据“固定资产”账户的期末余额，减去“累计折旧”“固定资产减值准备”“固定资产清理”账户期末余额后的金额，分析计算填列。

(19)“在建工程”项目，反映企业期末各项未完工程的实际支出。本项目应根据“在建工程”和“工程物资”账户的期末余额减去“在建工程减值准备”“工程物资减值准备”账户的余额后的金额填列。

(20)“无形资产”项目，反映企业各项无形资产的期末可收回金额。本项目应根据“无形资产”账户的期末余额，减去“累计摊销”“无形资产减值准备”等账户期末余额后的金额填列。

(21)“开发支出”项目，反映企业自行研究开发无形资产期末尚未完成的开发阶段的无形资产的价值，根据“开发支出”账户期末余额填列。

(22)“商誉”项目反映企业合并中形成的商誉的价值，根据“商誉”账户的期末余额减去相应的减值准备后的金额填列。

(23)“长期待摊费用”项目，反映企业已经发生但尚未摊销的摊销期限在1年以上的各项费用。长期待摊费用中在1年内(含1年)摊销的部分，应在“一年内到期的非流动资产”项目填列。本项目应根据“长期待摊费用”账户的期末余额减去1年内(含1年)摊销的数额后的金额填列。

(24)“递延所得税资产”项目，反映企业确认的递延所得税资产。本项目应根据“递延所得税资产”账户期末余额分析填列。

(25)“其他非流动资产”项目，反映企业除上述资产以外的其他长期资产。本项目应根据有关账户的期末余额填列。

2. 负债类项目填列方法

(1)“短期借款”项目，反映企业借入尚未归还的1年期以下(含1年)的借款。本项目应根据“短期借款”账户的期末余额填列。

(2)“交易性金融负债”项目，反映企业为交易而发生的金融负债，包括以公允价值计量且其变动计入当期损益的金融负债。本项目应根据“交易性金融负债”等账户的期末余额分析填列。

(3)“应付票据”项目,反映企业为了抵付货款等而开出、承兑的尚未到期付款的应付票据,包括银行承兑汇票和商业承兑汇票。本项目应根据“应付票据”账户的期末余额填列。

(4)“应付账款”项目,反映企业购买原材料、商品和接受劳务供应等而应付给供应单位的款项。本项目应根据“应付账款”和“预付账款”账户所属各有关明细账户的期末贷方余额合计填列。若“应付账款”账户所属各明细账户期末有借方余额,本项目应在本表“预付账款”项目内填列。

(5)“预收账款”项目,反映企业预收向其购买产品的单位的账款。本项目应根据“预收账款”和“应收账款”账户所属各有关明细账户的期末贷方余额合计填列。若“预收账款”账户所属有关明细账户有借方余额的,本项目应在“应收账款”项目内填列。

(6)“合同负债”项目,反映企业合同负债的期末金额。本项目应根据“合同负债”账户的相关明细账户期末余额填列,同一合同下的合同资产和合同负债应当以净额列示,其中净额为贷方余额的,应根据其流动性在“合同负债”或“其他非流动负债”项目中填列。

(7)“应付职工薪酬”项目,反映企业应付未付的职工薪酬。本项目应根据“应付职工薪酬”账户期末贷方余额填列。如“应付职工薪酬”账户期末有借方余额,以“一”号填列。

(8)“应交税费”项目,反映企业期末应交未交的各种税费。本项目应根据“应交税费”账户下的“未交增值税”“简易计税”“转让金融商品应交增值税”“代扣代缴增值税”等明细账户的贷方余额合计填列。

(9)“其他应付款”项目,反映企业各项应付和暂收其他单位和个人的款项、企业应付却未付的利息、尚未支付的现金股利等。本项目应根据“应付利息”“应付股利”和“其他应付款”账户的期末余额合计填列。

(10)“一年内到期的非流动负债”项目,指企业一年内到期的长期借款、应付债券、长期应付款、预计负债等,应根据有关账户的明细账余额分析计算填列。

(11)“长期借款”项目,反映企业借入尚未归还的1年期以上(不含1年)借款本息。本项目应根据“长期借款”账户的期末余额扣除“长期借款”账户所属的明细账户中将在资产负债表日起一年内到期且企业不能自主地将清偿义务展期的长期借款后的金额计算填列。

(12)“应付债券”项目,反映企业发行的尚未偿还的各种长期债券的本息,应根据“应付债券”账户的期末余额填列。

(13)“长期应付款”项目,反映企业除长期借款和应付债券以外的其他各种长期应付款。本项目应根据“长期应付款”账户的期末余额,减去“未确认融资用”账户期末余额后的金额填列。

(14)“预计负债”项目,反映企业预计负债的期末余额。本项目应根据“预计负债”账户的期末余额填列。

(15)“递延收益”项目,本项目反映企业尚待确认的收入或收益。如企业收到的应在以后期间确认收入的政府补助款项。本项目应根据“递延收益”账户的期末余额填列。

(16)“递延所得税负债”项目,反映企业确认的递延所得税负债。本项目应根据“递延所得税负债”账户期末余额分析填列。

(17)“其他非流动负债”项目,反映企业除上述非流动负债项目以外的其他非流动负债,包括储备资产、预收租金、已收或应收客户对价而应向客户转让商品的长期义务等。本项目应根据有关账户期末余额填列。

3. 所有者权益项目填列方法

(1)“实收资本(股本)”项目,反映企业各投资者实际投入的资本总额。本项目应根据“实收资本(股本)”账户的期末余额填列。

(2)“其他权益工具”项目,反映企业发行的优先股、永续债等划分为权益工具的金融工具金额。本项目应根据“其他权益工具”总账账户的期末余额填列。

(3)“资本公积”项目,反映企业资本公积的期末余额。本项目应根据“资本公积”账户的期末余额填列。

(4)“库存股”项目,反映企业持有尚未转让或注销的本公司股份金额。本项目应根据“库存股”账户的期末余额填列。

(5)“其他综合收益”项目,反映企业按规定未在损益中确认的各项利得和损失扣除所得税影响后的净额。本项目应根据“其他综合收益”总账余额分析填列。

(6)“盈余公积”项目,反映企业盈余公积的期末余额。本项目应根据“盈余公积”账户的期末余额填列。

(7)“未分配利润”项目,反映企业尚未分配的利润。本项目应根据“本年利润”账户和“利润分配”账户的余额计算填列。未弥补的亏损,在本项目内用“—”号填列。

下面举例说明资产负债表的编制方法。前进纸业股份有限公司 202×年年末有关账户余额如表 7-3 所示:

表 7-3 总分类账户期末余额表

202×年 12 月 31 日　　　　单位:元

账户名称	借方余额	账户名称	贷方余额
库存现金	3 200	短期借款	300 000
银行存款	925 000	应付票据	127 000
应收票据	25 000	应付账款	162000
应收账款	272 000	预收账款	6 000
预付账款	5 000	应付职工薪酬	12000
其他应收款	2 000	应付股利	54 200
在途物资	26 000	应交税费	4 700
原材料	52 000	长期借款	450 000
库存商品	120 000	实收资本	780 000
生产成本	42 000	资本公积	12 6000
在建工程	170 000	盈余公积	665 100
固定资产	626 000	利润分配	165 200
无形资产	620 000	坏账准备	10000
		累计折旧	26 000
合计	2 888 200	合计	2 888 200

另外,预付账款所属明细账期末借方余额合计为 7 000 元,贷方余额合计为 2 000 元,应

付账款所属明细账期末贷方余额合计为 180 000 元，借方余额合计为 18 000 元；长期借款中有一年内到期的长期借款 150 000 元。

根据以上资料编制该单位 202×年 12 月 31 日的资产负债表，如表 7-4 所示。

表 7-4　资产负债表

编制单位：前进纸业股份有限公司　　202×年 12 月 31 日　　单位：元

资　产	期末余额	年初余额	负债和所有者权益（或股东权益）	期末余额	年初余额
流动资产：			流动负债：		
货币资金	928 200		短期借款	300 000	
交易性金融资产			交易性金融负债		
应收票据	25 000		应付票据	127 000	
应收账款	262 000		应付账款	182 000	
预付款项	25 000		预收款项	6 000	
其他应收款	2 000		合同负债		
存货	240 000		应付职工薪酬	12 000	
合同资产			应交税费	4 700	
一年内到期的非流动资产			其他应付款	54 200	
其他流动资产			一年内到期的非流动负债	150 000	
流动资产合计	1 482 200		其他流动负债		
非流动资产：			流动负债合计	835 900	
债权投资			非流动负债：		
其他债权投资			长期借款	300 000	
长期应收款			应付债券		
长期股权投资			长期应付款		
其他权益投资			预计负债		
投资性房地产			递延所得税负债		
固定资产	600 000		其他非流动负债		
在建工程	170 000		非流动负债合计	300 000	
无形资产	620 000		负债合计	1 135 900	
开发支出			所有者权益（或股东权益）：		
商誉			实收资本（或股本）	780 000	
长期待摊费用			资本公积	126 000	
递延所得税资产			盈余公积	665 100	
其他非流动资产			未分配利润	165 200	
非流动资产合计	1 390 000		所有者权益合计	1 736 300	
资产总计	2 872 200		负债和所有者权益总计	2 872 200	

说明：根据上述表 7-3 总分类账户期末余额表资料编制资产负债表时，要注意以下项目的填列：

(1) 货币资金＝3 200＋925 000＝928 200(元)

(2) 应收账款＝272 000－10 000＝262 000(元)

(3) 预付账款＝7 000＋1 8000＝25 000(元)

(4) 存货＝26 000＋52 000＋120 000＋42 000＝240 000(元)

(5) 固定资产＝626 000－26 000＝600 000(元)

(6) 应付账款＝180 000＋2 000＝182 000(元)

(7) 长期借款＝450 000－15 000＝300 000(元)

资产负债表其他项目的数额可根据总分类账户期末余额直接填列。

任务三　掌握利润表的编制

一、利润表概述

(一) 利润表的概念

利润表是反映企业在一定期间经营成果的报表，在西方国家，也称为“收益表”或“损益表”。它反映的是企业在一定时期内的收入、费用及直接计入利润的利得和损失，以及通过收入与费用的配比而计算出来的这一会计期间的利润。企业的收入、费用是随着企业的经济活动而不断发生的，利润表就是对一定期间企业经营成果的总括反映，因此，利润表属于动态报表。

(二) 利润表的作用

利润表作为一种动态会计报表，揭示了企业利润(或亏损)的实际形成情况，对于投资人、债权人、政府部门和其他会计资料的使用者全面了解企业的经营业绩具有十分重要的意义。

(1) 通过利润表可以考核企业的管理水平。利润表提供了企业的销售收入、各项费用支出情况，便于了解企业的销售情况及市场前景，考核企业成本费用开支水平，便于管理者分析企业的盈利能力变动的具体原因，从而控制和降低成本费用，提高企业经济效益。通过利润表纵向和横向的对比分析，可以了解利润升降的水平和原因，为未来经营期的目标利润规划提供信息。

(2) 通过利润表可以反映企业的获利能力。利润表可以帮助企业外部的投资人和债权人分析企业的盈利能力，预测企业未来一段时期的盈利趋势，并据以做出是否进一步投资和信贷的决策。

(3) 利润表提供的数据，是税收部门征收所得税的主要依据。国家税收部门以利润表上的利润总额为基础，计算企业应纳税所得额，并按此计算应交所得税。在没有纳税调整项目的情况下，利润表上的利润总额可以作为计算应交所得税的依据。

二、利润表的格式和内容

（一）利润表的设计原理

利润表的设计以权责发生制为基本前提，以"收入－费用＝利润"这一反映经营成果的会计等式为理论基础，结合会计信息使用者的要求，充分考虑重要性原则，通过分类反映各种利润信息的形式进行设计。

（二）利润表的格式和内容

利润表一般包括表头、表身和表尾等部分：表头部分包括报表名称、编制单位、编制时间、金额单位等，表身部分包括利润形成的各个项目内容，表尾为补充说明。表身为利润表的主体和核心。

目前，国际上比较普遍采用的利润表格式主要有单步式利润表和多步式利润表两种，在不同的格式下形成了不同的项目排列方式。

1. 单步式利润表

所谓单步式利润表，是指将本期所有收入加在一起，然后再把所有费用支出加在一起，两者相减，一次计算出损益，所以也称一步式利润表。在项目排列上，按照经营成果的计算原理，并考虑各项内容的重要性进行排序。其简表格式如表 7-5 所示。

表 7-5　利润表(简表)

项　目	本月数	本年累计数
收入和利得		
营业收入		
投资收益		
……		
收入合计		
费用和损失		
营业成本		
销售费用		
……		
费用合计		
净利润		

单步式利润表的优点是收入费用归类清楚，经营成果的确认比较直观，报表编制方法简单；不足之处是利润表中的收入和费用不能配比，无法揭示利润中各要素之间的内在联系，不便于对企业经营成果进行分析和评价，满足不了报表使用者进行具体分析的需要，也不利于对同行业之间的报表进行比较评价。

2. 多步式利润表

所谓多步式利润表，是指根据各种收入与费用的配比关系、各种利润的构成以及净利润的计算过程，分步列示出净损益的一种利润表。各步骤中各项目排列仍然遵循经营成果的计算原理以及各项内容的重要性的排序原则。多步式利润表通常分为以下几步列示净损益：

第一步，以营业收入为起点，减去营业成本、税金及附加，再减去销售费用、管理费用、财务费用和资产减值损失等，加上(减去)公允价值变动收益和投资收益等，计算出营业利润；

第二步，在营业利润的基础上，加上营业外收入，减去营业外支出，计算出利润总额；

第三步，在利润总额的基础上，减去所得税费用，计算出净利润；

最后，如果企业为股份公司，应列示出基本每股收益与稀释每股收益。

多步式利润表中的收入和费用合理配比，反映了净利润各要素之间的内在联系，便于报表使用者进行赢利分析和预测企业的赢利能力。采用多步式利润表的优点是可以将损益的构成分项列示，并对收入、费用进行适当归类，充分反映了营业利润、利润总额、净利润等指标，可以用来较为准确地评价企业管理部门的管理效能；不足之处是报表编制方法比较复杂。我国《企业会计准则》规定，企业利润表采用多步式格式，《企业会计准则第 30 号——财务报表列报》对一般企业利润表的格式作了规范，如表 7-6 所示。

表 7-6　利润表

会企 02 表

编制单位：　　　　年　月　　　　单位：元

项　目	本期金额	上期金额
一、营业收入		
减：营业成本		
税金及附加		
销售费用		
管理费用		
其中：研发费用		
财务费用		
其中：利息费用		
利息收入		
资产减值损失		
信用减值损失		
加：其他收益		
投资收益(损失以“－”号填列)		
公允价值变动收益(损失以“－”号填列)		
资产处置收益(损失以“－”号填列)		
二、营业利润(亏损以“－”号填列)		
加：营业外收入		
减：营业外支出		
三、利润总额(亏损总额以“－”号填列)		
减：所得税费用		
四、净利润(净亏损以“－”号填列)		

三、利润表的编制方法

利润表中的金额部分分为“上期金额”和“本期金额”两栏内容。

（一）上期金额

“上期金额”栏内各项数字，应根据上年度利润表“本期金额”栏内所列数字填列。如果上年度利润表规定的各个项目的名称和内容与本年度不相一致，应对上年度利润表各项目的名称和数字按本年度的规定进行调整，填入本表“上期金额”栏内。

（二）本期金额

利润表中各主要项目的“本期金额”栏内各项数字，应根据各有关账户发生额分析填列。

(1)“营业收入”项目，反映企业经营主要业务和其他业务所确认的收入总额，依据“主营业务收入”和“其他业务收入”账户的贷方发生额计算填列；但若有销货折让或退回时（即借方发生额），则要从中扣减后再予填列。

(2)“营业成本”项目，反映企业经营主要业务和其他业务发生的实际成本总额，依据“主营业务成本”和“其他业务成本”账户的借方发生额计算填列；但若有销货退回时（即借方发生额），则要从中扣减后再予填列。

(3)“税金及附加”项目，主要包括企业在销售过程中发生的各种税金，主要是应交消费税、资源税和城市维护建设税等，应根据“税金及附加”账户的发生额分析填列。

(4)“销售费用”项目，指企业在销售商品过程中发生的费用，包括销售商品过程中发生的运输费、装卸费、包装费、保险费、展览费和广告费等以及专设销售机构经费，应根据“销售费用”账户的发生额分析填列。

(5)“管理费用”项目，指企业为组织和管理企业生产经营所发生费用，包括企业董事会和行政管理部门在企业的经营管理中发生的或者应当由企业统一负担的公司经费、业务招待费、诉讼费等，应根据“管理费用”账户的发生额减去属于“研发费用”的部分分析填列。

(6)“研发费用”项目，反映企业研究与开发无形资产发生的费用支出以及自行研究开发完成的无形资产计入管理费用的累计摊销额，应该根据“管理费用”中“研发支出”明细账户的发生额以及“管理费用”账户下“无形资产摊销”明细科目发生额分析合计填列。

(7)“财务费用”项目，是企业为筹集生产经营所需资金而发生的费用，包括利息支出、汇兑损失及金融机构相关手续费，应根据“财务费用”账户的发生额分析填列。

(8)“资产减值损失”项目，反映除应收款项外的各项财产物资发生的损失，应根据“资产减值损失”账户的发生额分析填列。

(9)“信用减值损失”项目，反映企业按照要求计提的各项金融工具减值准备所形成的预期信用损失，应根据“信用减值损失”账户的发生额分析填列。

(10)“其他收益”项目，反映企业收到的与日常活动相关的计入当期收益的政府补助，应根据“其他收益”账户的发生额分析填列。

(11)“投资收益”项目，反映企业以各种方式对外投资所取得的收益，应依据“投资收益”账户的发生额分析填列。如为净损失，以“－”号填列。

(12)“公允价值变动收益”项目，反映企业按照相关准则规定应当计入当期损益的资产或负债公允价值变动净收益。如交易性金融资产当期公允价值的变动额,应依据"公允价值变动损益"账户的发生额分析填列。如为净损失,以"—"号填列。

(13)"资产处置收益"项目,反映企业出售划分为持有待售的非流动资产或处置组时确认的处置利得或损失,以及处置未划分为持有待售的固定资产、在建工程、无形资产等而产生的处置利得或损失。如为处置净损失,以"—"号填列。

(14)"营业利润"项目,是反映企业本期实现的营业利润或亏损。如为亏损数,以"—"号填列。

(15)"营业外收入"项目,反映企业发生的与其经营活动无直接关系的各项利得,应根据"营业外收入"账户的发生额分析填列。

(16)"营业外支出"项目,反映企业发生的与其经营活动无直接关系的各项损失,应根据"营业外支出"账户的发生额分析填列。

(17)"利润总额"项目,反映企业本期实现的利润总额或亏损总额。如为亏损总额,以"—"号填列。

(18)"所得税费用"项目,反映企业根据所得税准则确认的应从当期利润总额中扣除的所得税费用,应根据"所得税费用"账户的发生额分析填列。

(19)" 净利润"项目,反映企业本期实现的净利润或净亏损。如为亏损总额,以"—"号填列。

下面举例说明利润表的编制。和贵公司202×年12月各损益类账户累计发生额资料如表7-7所示。假设该公司无其他纳税调整事项,企业会计利润即为应纳税所得额,企业所得税税率为25%。根据所给资料编制该公司12月份的利润表。

表7-7 损益账户累计发生额

单位:元

账户名称	本月借方发生额	本月贷方发生额
主营业务收入		6 280 000
其他业务收入		50 000
营业外收入		6 000
投资收益		120000
公允价值变动损益	35 000	
主营业务成本	3 680 000	
其他业务成本	32 000	
税金及附加	24 200	
销售费用	50 000	
管理费用	78 000	
其中:研发费用	25 000	
财务费用	5 200	
其中:利息费用	7 400	
利息收入		2 200

续表

账户名称	本月借方发生额	本月贷方发生额
资产减值损失	12 000	
信用减值损失	8 000	
营业外收入		7 000
营业外支出	3 000	
所得税费用	620 700	

根据所给资料编制和贵公司12月份的利润表，如表7-8所示。

表7-8　利润表

会企02表

编制单位：和贵公司　　202×年12月　　单位：元

项　目	本期金额	上期金额
一、营业收入	6 330 000	
减：营业成本	3 712 000	
税金及附加	24 200	
销售费用	50 000	
管理费用	53 000	
研发费用	25 000	
财务费用	52 000	
其中：利息费用	74 000	
利息收入	22 000	
资产减值损失	12 000	
信用减值损失	8 000	
加：其他收益	0	
投资收益(损失以“－”号填列)	120 000	
公允价值变动收益(损失以“－”号填列)	－35 000	
资产处置收益(损失以“－”号填列)	0	
二、营业利润(亏损以“－”号填列)	2 478 800	
加：营业外收入	7 000	
减：营业外支出	3 000	
三、利润总额(亏损总额以“－”号填列)	2 482 800	
减：所得税费用	620 700	
四、净利润(净亏损以“－”号填列)	1 862 100	

任务四　认知现金流量表

一、现金流量表概述

（一）现金流量表的概念

现金流量表是反映企业在一定会计期间现金和现金等价物流入和流出的财务报表。现金流量表中的“现金”概念与“库存现金”不同，它是一个广义的概念。其中：现金是指企业的库存现金以及可以随时用于支付的存款（不能随时用于支付的定期存款不属于现金）；现金等价物是指企业持有期限短（一般指从购买之日起3个月内到期），流动性强，易于转换为已知金额现金，价值变动风险很小的投资。现金等价物虽然不是现金，但其支付能力与现金的差别不大，可视为现金。如企业拥有的、可在证券市场上流通的3个月内到期的债券投资等。权益性投资变现的金额通常不确定，因而不属于现金等价物。企业应当根据具体情况，确定现金等价物的范围，一经确定不得随意变更。

现金流量是指企业在一定期间内的现金流入和现金流出的数量。现金流入量与现金流出量之差为现金净流量。现金流量包括：经营活动产生的现金流量、投资活动产生的现金流量和筹资活动产生的现金流量。现金流量信息能够表明企业经营状况是否良好、资金是否紧缺、企业偿付能力大小，从而为投资者、债权人、企业管理者提供非常有用的信息。

应该注意的是，企业现金形式的转换不会产生现金的流入和流出，如企业从银行提取现金，是企业现金存放形式的转换，并未流出企业，不构成现金流量；同样，现金与现金等价物之间的转换也不属于现金流量，比如，企业用现金购买将于3个月内到期的国库券。

（二）现金流量表的作用

编制现金流量表的目的，是为会计报表使用者提供企业一定会计期间内现金及现金等价物流入和流出的信息，便于报表使用者了解和评价企业获取现金和现金等价物的能力，并据以预测企业未来的现金流量。现金流量表的主要作用如下：

1. 现金流量表能够说明企业一定时期内现金流入和现金流出的原因

资产负债表反映企业某一特定日期的财务状况，损益表反映企业一段时期的经营成果，而企业流动性最强的现金流入与流出的多少，这两张报表却无法说明。现金流量表弥补了这个不足，它将现金流量划分为经营活动、投资活动和筹资活动所产生的现金流量，并按流入现金和流出现金项目分别反映，说明现金流入与流出的原因。如企业当期从银行借入1 000万元，偿还银行利息6万元，在现金流量表的筹资活动产生的现金流量中分别反映借款1 000万元，支付利息6万元。这些信息是资产负债表和利润表所不能提供的。

2. 现金流量表能够分析企业未来获取现金的能力

现金流量表中的经营活动产生的现金流量，代表企业运用其经济资源创造现金流量的能力，便于分析一定期间内产生的净利润与经营活动产生现金流量的差异；投资活动产生的现金流量，代表企业运用资金产生现金的能力；筹资活动产生的现金流量，代表企业筹资获得现金的能力。通过现金流量表及其他财务信息，可以分析企业未来获取或支付现金的能力。例如，企业通过银行借款筹得资金，在本期现金流量表中反映为现金流入，但却意味着未来偿还借款时要流出现金。又如，本期应收未收的款项，在本期现金流量表中虽然没有反映为现金的流入，但意味着未来将会有现金流入。

3. 现金流量表能够分析企业投资和理财活动对经营成果和财务状况的影响

资产负债表能够提供企业一定日期财务状况的情况，它所提供的是静态的财务信息，并不能反映财务状况变动的原因，也不能表明这些资产、负债给企业带来多少现金及用去多少现金；利润表虽然反映企业一定期间的经营成果，提供动态的财务信息，但利润表只能反映利润的构成，也不能反映经营活动、投资和筹资活动给企业带来多少现金及支付多少现金，而且利润表不能反映投资和筹资活动的全部事项。现金流量表提供一定时期现金流入和流出的动态财务信息，表明企业在报告期内通过经营活动、投资和筹资活动获得现金。企业获得的这些现金是如何运用的，能够说明资产、负债、净资产变动的原因，对资产负债表和利润表能够起到补充说明的作用。通过将权责发生制下的财务状况信息转换为现金制下财务状况信息，可以弥补资产负债表和损益表的不足之处，使之成为连接资产负债表和利润表的“桥梁”，有助于会计信息利用者评价企业净资产变动情况、财务资源的大小、财务结构优劣(包括资产流动性和偿债能力)、应付财务风险的能力，以及收益质量的高低等。

二、现金流量表的格式和内容

(一) 现金流量表的格式

根据我国《企业会计准则第31号——现金流量表》及应用指南的规定，现金流量表主要分为正表和包含补充资料在内的报表附注两大部分。

现金流量表的正表由6项内容组成：一是经营活动产生的现金流量；二是投资活动产生的现金流量；三是筹资活动产生的现金流量；四是汇率变动对现金的影响；五是现金及现金等价物净增加额；六是期末现金及现金等价物余额。在项目排列上，根据重要性原则以及各类活动中现金流入、流出情况分别按上述顺序进行排列。

报表附注中的补充资料主要有3项内容：一是将净利润调节为经营活动产生的现金流量；二是不涉及现金收支的重大投资和筹资活动；三是现金及现金等价物净变动情况。

(二) 现金流量表的基本内容

为了满足会计信息使用者阅读和利用现金流量表的需要，现金流量表不仅要反映现金流入、流出的信息，而且还应结合企业的各类活动，分类予以反映各类活动对现金流量的影响及现金流量的产生过程。因此，结合企业活动类别，可以将现金流量的内容分为以下三大类：

1. 经营活动产生的现金流量

经营活动是指企业投资活动和筹资活动以外的所有交易和事项。它的范围很广，包括除企业投资活动和筹资活动以外的所有交易和事项。就工商企业来说,经营活动主要包括销售商品、提供劳务,购买商品、接受劳务、支付税费等。

一般来说,经营活动产生的现金流入项目主要有:销售商品、提供劳务收到的现金,收到的税费返还,收到的其他与经营活动有关的现金;经营活动产生的现金流出项目主要有:购买商品、接受劳务支付的现金,支付给职工以及为职工支付的现金,支付的各项税费,支付的其他与经营活动有关的现金。

2. 投资活动产生的现金流量

投资活动是指企业长期资产的购建和不包括在现金等价物范围内的投资及其处置活动,包括实物投资和金融资产投资。长期资产是指固定资产、无形资产、在建工程、其他资产等持有期限在一年或一个营业周期以上的资产。

一般来说,投资活动产生的现金流入项目主要有:收回投资所收到的现金,取得投资收益所收到的现金,处置固定资产、无形资产和其他长期资产所收回的现金净额,收到的其他与投资活动有关的现金;投资活动产生的现金流出项目主要有:购建固定资产、无形资产和其他长期资产所支付的现金,投资所支付的现金,支付的其他与投资活动有关的现金。

3. 筹资活动产生的现金流量

筹资活动是指导致企业资本及债务规模和构成发生变化的活动。这里所说的资本,包括实收资本(股本)、资本溢价(股本溢价)。债务是指企业对外举债,包括向银行借款、发行债券。但应付账款、应付票据由经营活动产生,不属于筹资活动。

一般来说,筹资活动产生的现金流入项目主要有:吸收投资所收到的现金,取得借款所收到的现金,收到的其他与筹资活动有关的现金;筹资活动产生的现金流出项目主要有:偿还债务所支付的现金,分配股利、利润或偿付利息所支付的现金,支付的其他与筹资活动有关的现金。

4. 特殊项目的现金流量

特殊项目是指企业日常活动之外特殊的、不经常发生的项目。如自然灾害损失、保险赔款、捐赠等。对于那些日常活动之外特殊的、不经常发生的项目,应当归并到相关类别中,并单独反映。

三、现金流量表的编制

(一)现金流量表的编制方法

现金流量表的编制方法有直接法和间接法两种。现金流量表的编制主要是依据资产负债表和利润表的资料,采用专门的方法,将权责发生制转换为现金制。

企业日常会计核算以权责发生制为基本前提,并未直接提供现金流量表编制所需的账簿资料,这是与资产负债表、损益表在资料基础上的明显区别,为现金流量表的编制增加了很大难度。但会计信息利用者一方面需要了解现金流量的形成情况,另一方面还要了解现金流量在财务状况和经营成果形成中的具体表现,这就对现金流量信息的提供提出了特殊的要求,由此形成了直接按照现金流量形成情况进行编制和报告的方法,会计上称为直接法;同时,采用一定的方法将权责发生制下形成的净利润转换为现金制下的经营活动现金净流量进行编制和报告的方法，会计上称为间接法。这种转换之所以成为可能，主要是因为权责发生制下计算利润的原理(收入－费用＝利润)与现金制下计算现金净流量的原理(现金流入－现金流出＝现金净流量)，从抽象为“收”和“支”或“进”和“出”的角度来比较是相同的，不同之处在于是否为现金的收与支，而这种差别又反映在资产、负债各项目的变化中。而通过这种转换，正好可以将现金流量表信息与损益表和资产负债表信息进行有效结合，进一步满足会计信息利用者对会计信息的多种需求。

《企业会计准则第 31 号——现金流量表》要求企业采用直接法报告经营活动的现金流量，同时要求在补充资料中用间接法来计算现金流量。直接法是指通过现金收入和现金支出的主要类别列示经营活动的现金流量；间接法是指根据利润表中的净收益，经过调整得到现金流量，即从净收益中加上未支付现金的支出，如折旧、摊销等，再减去未收到现金的销货应收款等项目，求出实际的现金流量。采用直接法编制经营活动的现金流量时，一般以利润表中的营业收入为起算点，调整与经营活动有关的项目的增减变动，然后计算出经营活动的现金流量。采用直接法具体编制现金流量表时，可以采用工作底稿法或“T”型账户法，也可以根据有关账户记录分析填列。

(二) 现金流量表主要项目说明

1. 经营活动产生的现金流量

(1)“销售商品、提供劳务收到的现金”项目，反映企业本年销售商品、提供劳务收到的现金，以及以前年度销售商品、提供劳务本年收到的现金(包括应向购买者收取的增值税销项税额)和本年预收的款项，减去为本年销售本年退回商品和以前年度销售本年退回商品支付的现金。企业销售材料和代购代销业务收到的现金，也在本项目反映。

(2)“收到的税费返还”项目，反映企业收到返还的所得税、增值税、消费税、关税和教育费附加等各种税费返还款。

(3)“收到其他与经营活动有关的现金”项目，反映企业经营租赁收到的租金等其他与经营活动有关的现金流入，金额较大的应当单独列示。

(4)“购买商品、接受劳务支付的现金”项目，反映企业本年购买商品、接受劳务实际支付的现金(包括增值税进项税额)，以及本年支付以前年度购买商品、接受劳务的未付款项和本年预付款项，减去本年发生的购货退回收到的现金。企业购买材料和代购代销业务支付的现金，也在本项目反映。

(5)“支付给职工以及为职工支付的现金”项目，反映企业本年实际支付给职工的工资、资金、各种津贴和补贴等职工薪酬(包括代扣代缴的职工个人所得税)。

(6)“支付的各项税费”项目，反映企业本年发生并支付、以前各年发生本年支付以及预缴的各项税费，包括所得税、增值税、消费税、印花税、房产税、土地增值税、车船使用税、教育费附加等。

(7)“支付其他与经营活动有关的现金”项目，反映企业经营租赁支付的租金以及支付的差旅费、业务招待费、保险费、罚款支出等其他与经营活动有关的现金流出，金额较大的应当单独列示。

2. 投资活动产生的现金流量

(1)“收回投资收到的现金”项目，反映企业出售、转让或到期收回除现金等价物以外的对其他企业长期股权投资而收到的现金，但处置子公司及其他营业单位收到的现金净额除外。

(2)“取得投资收益收到的现金”项目，反映企业除现金等价物以外的对其他企业的长期股权投资等分回的现金股利和利息等。

(3)“处置固定资产、无形资产和其他长期资产收回的现金净额”项目，反映企业出售、报废固定资产、无形资产和其他长期资产所取得的现金(包括因资产毁损而收到的保险赔偿收入)，减去为处置这些资产而支付的有关费用后的净额。

(4)“处置子公司及其他营业单位收到的现金净额”项目，反映企业处置子公司及其他营业单位所取得的现金，减去相关处置费用以及子公司及其他营业单位持有的现金和现金等价物后的净额。

(5)“购建固定资产、无形资产和其他长期资产支付的现金”项目，反映企业购买、建造固定资产、取得无形资产和其他长期资产所支付的现金(含增值税款等)，以及用现金支付的应由在建工程和无形资产负担的职工薪酬。

(6)“投资支付的现金”项目，反映企业取得除现金等价物以外的对其他企业的长期股权投资所支付的现金以及支付的佣金、手续费等附加费用，但取得子公司及其他营业单位支付的现金净额除外。

(7)“取得子公司及其他营业单位支付的现金净额”项目，反映企业购买子公司及其他营业单位购买出价中以现金支付的部分，减去子公司及其他营业单位持有的现金和现金等价物后的净额。

(8)“收到其他与投资活动有关的现金”“支付其他与投资活动有关的现金”项目，反映企业除上述(1)至(7)项目外收到或支付的其他与投资活动有关的现金，金额较大的应当单独列示。

3. 筹资活动产生的现金流量

(1)“吸收投资收到的现金”项目，反映企业以发行股票、债券等方式筹集资金实际收到的款项(发行收入减去支付的佣金等发行费用后的净额)。

(2)“取得借款收到的现金”项目，反映企业举借各种短期、长期借款而收到的现金。

(3)“偿还债务支付的现金”项目，反映企业为偿还债务本金而支付的现金。

(4)“分配股利、利润或偿付利息支付的现金”项目，反映企业实际支付的现金股利、支付给其他投资单位的利润或用现金支付的借款利息、债券利息。

(5)“收到其他与筹资活动有关的现金”“支付其他与筹资活动有关的现金”项目，反映企业除上述(1)至(4)项目外收到或支付的其他与筹资活动有关的现金，金额较大的应当单独列示。

4.“汇率变动对现金及现金等价物的影响”项目

“汇率变动对现金及现金等价物的影响”项目，反映下列项目之间的差额：

(1) 企业外币现金流量折算为记账本位币时，采用现金流量发生日的即期汇率或按照系统、合理的方法确定的、与现金流量发生日即期汇率近似的汇率折算的金额(编制合并现金流量表时折算境外子公司的现金流量，应当比照处理)。

(2) 企业外币现金及现金等价物净增加额按资产负债表日即期汇率折算的金额。

我国《企业会计准则第 31 号——现金流量表》中对一般企业现金流量表正表的格式和

项目排列规范要求如表 7-9 所示。

表 7-9　现金流量表

会企 03 表

编制单位：　　　　　　　　　年　月　　　　　　　　　单位:元

项　目	本期金额	上期金额
一、经营活动产生的现金流量:		
销售商品、提供劳务收到的现金		
收到的税费返还		
收到其他与经营活动有关的现金		
经营活动现金流入小计		
购买商品、接受劳务支付的现金		
支付给职工以及为职工支付的现金		
支付的各项税费		
支付其他与经营活动有关的现金		
经营活动现金流出小计		
经营活动产生的现金流量净额		
二、投资活动产生的现金流量:		
收回投资收到的现金		
取得投资收到的现金		
处置固定资产、无形资产和其他长期资产收回的现金净额		
处置子公司及其他营业单位收到的现金净额		
收到其他与投资活动有关的现金		
投资活动现金流入小计		
购建固定资产、无形资产和其他长期资产支付的现金		
投资支付的现金		
取得子公司及其他营业单位支付的现金净额		
支付其他与投资活动有关的现金		
投资活动现金流出小计		
投资活动产生的现金流量净额		
三、筹资活动产生的现金流量:		
吸收投资收到的现金		
取得借款收到的现金		
收到其他与筹资活动有关的现金		
筹资活动现金流入小计		
偿还债务支付的现金		
分配股利、利润或偿付利息支付的现金		

续表

项　目	本期金额	上期金额
支付其他与筹资活动有关的现金		
筹资活动现金流出小计		
筹资活动产生的现金流量净额		
四、汇率变动对现金及现金等价物的影响		
五、现金及现金等价物净增加额		
加:期初现金及现金等价物余额		
六、期末现金及现金等价物余额		

企业应当采用间接法在现金流量表附注中披露将净利润调节为经营活动现金流量的信息。一般企业现金流量表补充资料披露格式规范如表 7-10 所示。

表 7-10　现金流量表补充资料披露格式

单位:元

补充资料	本期金额	上期金额
一、将净利润调节为经营活动现金流量:		
净利润		
加:资产减值准备		
固定资产折旧、油气资产折耗、生产性生物资产折旧		
无形资产摊销		
长期待摊费用摊销		
处置固定资产、无形资产和其他长期资产的损失(收益以"－"号填列)		
固定资产报废损失(收益以"－"号填列)		
公允价值变动损失(收益以"－"号填列)		
财务费用(收益以"－"号填列)		
投资损失(收益以"－"号填列)		
递延所得税资产减少(增加以"－"号填列)		
递延所得税负债增加(减少以"－"号填列)		
存货的减少(增加以"－"号填列)		
经营性应收项目的减少(增加以"－"号填列)		
经营性应付项目的增加(减少以"－"号填列)		
其他		
经营活动产生的现金流量净额		
二、不涉及现金收支的重大投资和筹资活动:		
债务转为资本		
一年内到期的可转换公司债券		

续表

补充资料	本期金额	上期金额
融资租入固定资产		
三、现金及现金等价物净变动情况：		
现金的期末余额		
减：现金的期初余额		
加：现金等价物的期末余额		
减：现金等价物的期初余额		
现金及现金等价物净增加额		

任务五　认知所有者权益变动表

一、所有者权益变动表概述

所有者权益变动表(股份公司称之为股东权益变动表)是指反映构成所有者权益的各组成部分当期增减变动情况的会计报表。

从性质上看，所有者权益变动表属于动态报表，反映所有者权益的各个部分的当期增减变动。通过对所有者权益变动表的分析，可以了解所有者权益的构成及增减变动情况，掌握企业资金来源。所有者权益变动表中反映了直接计入所有者权益的利得和损失，有助于报表使用者准确理解所有者权益的增减变化原因。

二、所有者权益变动表的基本结构和内容

所有者权益变动表采用矩阵式列报，其结构由表头和正表两个部分组成。

所有者权益变动表的正表分为4个部分：第一部分是上年年末余额；第二部分是本年年初余额，它是上年年末余额加上会计政策变更和前期差错更正后的数额；第三部分是本年增减变动金额，它由净利润、直接计入所有者权益的利得和损失、所有者投入和减少资本、利润分配和所有者权益内部结转五部分组成；第四部分是本年年末余额，它是本年年初余额，加上或减去本年变动金额后的数额。

所有者权益变动表的横向金额栏分为：本年金额和上年金额两个部分，本年金额栏和上年金额栏均采用多栏式，分别为实收资本、其他权益工具、资本公积、库存股、盈余公积、未分配利润和所有者权益合计六栏。

所有者权益变动表纵向至少应当单独列示反映下列项目的信息：

(1) 上年年末余额(加减会计政策变更和差错更正的累积影响金额)。

(2) 本年年初金额。

(3) 本年增减变动金额：① 净利润；② 直接计入所有者权益的利得和损失项目及其总额；③ 所有者投入和减少资本；④ 利润分配情况；⑤ 所有者权益内部结转情况；⑥ 期末余额及其调节情况。

(4) 本年末余额。

具体如表 7-11 所示。

三、所有者权益(或股东权益)变动表的编制方法

(一)“上年金额”栏数据的填列方法

所有者权益变动表“上年金额”栏内各项数字，应根据上年度所有者权益变动表“本年金额”栏内所列数字填列。如果上年度所有者权益变动表规定的各个项目的名称和内容与本年度不相一致，应对上年度所有者权益变动表中各项目的名称和数字按本年度的规定进行调整，填入所有者权益变动表“上年金额”栏内。

(二)“本年金额”栏数据的填列方法

所有者权益变动表“本年金额”栏内各项数字一般应根据“实收资本或股本”“其他权益工具”“资本公积”“盈余公积”“未分配利润”“库存股”“其他综合收益”“其他权益工具”等账户的发生额分析填列。

表 7-11 所有者权益变动表

会企 04 表

编制单位： 年 月 单位：元

<table>
<tr><th rowspan="3">项 目</th><th colspan="10">本年金额</th><th colspan="10">上年金额</th></tr>
<tr><th rowspan="2">实收资本或股本</th><th colspan="3">其他权益工具</th><th rowspan="2">资本公积</th><th rowspan="2">减：库存股</th><th rowspan="2">其他综合收益</th><th rowspan="2">盈余公积</th><th rowspan="2">未分配利润</th><th rowspan="2">所有者权益合计</th><th rowspan="2">实收资本或股本</th><th colspan="3">其他权益工具</th><th rowspan="2">资本公积</th><th rowspan="2">减：库存股</th><th rowspan="2">其他综合收益</th><th rowspan="2">盈余公积</th><th rowspan="2">未分配利润</th><th rowspan="2">所有者权益合计</th></tr>
<tr><th>优先股</th><th>永续债</th><th>其他</th><th>优先股</th><th>永续债</th><th>其他</th></tr>
<tr><td>一、上年年末余额</td><td></td><td></td><td></td><td></td><td></td><td></td><td></td><td></td><td></td><td></td><td></td><td></td><td></td><td></td><td></td><td></td><td></td><td></td><td></td><td></td></tr>
<tr><td>加：会计政策变更</td><td></td><td></td><td></td><td></td><td></td><td></td><td></td><td></td><td></td><td></td><td></td><td></td><td></td><td></td><td></td><td></td><td></td><td></td><td></td><td></td></tr>
<tr><td>前期差错更正</td><td></td><td></td><td></td><td></td><td></td><td></td><td></td><td></td><td></td><td></td><td></td><td></td><td></td><td></td><td></td><td></td><td></td><td></td><td></td><td></td></tr>
<tr><td>其他</td><td></td><td></td><td></td><td></td><td></td><td></td><td></td><td></td><td></td><td></td><td></td><td></td><td></td><td></td><td></td><td></td><td></td><td></td><td></td><td></td></tr>
<tr><td>二、本年年初余额</td><td></td><td></td><td></td><td></td><td></td><td></td><td></td><td></td><td></td><td></td><td></td><td></td><td></td><td></td><td></td><td></td><td></td><td></td><td></td><td></td></tr>
<tr><td>三、本年增减变动金额
(减少以“—”号填列)</td><td></td><td></td><td></td><td></td><td></td><td></td><td></td><td></td><td></td><td></td><td></td><td></td><td></td><td></td><td></td><td></td><td></td><td></td><td></td><td></td></tr>
</table>

续表

项　　目	本年金额										上年金额									
	实收资本或股本	其他权益工具			资本公积	减：库存股	其他综合收益	盈余公积	未分配利润	所有者权益合计	实收资本或股本	其他权益工具			资本公积	减：库存股	其他综合收益	盈余公积	未分配利润	所有者权益合计
		优先股	永续债	其他								优先股	永续债	其他						
（一）综合收益总额																				
所有者投入和减少资本																				
1. 所有者投入的普通股																				
2. 其他权益工具持有者投入资本																				
3. 股份支付计入所有者权益的总额																				
4. 其他																				
（三）利润分配																				
1. 提取盈余公积																				
2. 对所有者的分配																				
3. 其他																				
（四）所有者权益内部结转																				
1. 资本公积转增资本或股本																				
2.盈余公积转增资本或股本																				
3. 盈余公积弥补亏损																				
4. 设定受益计划变动额结转留存收益																				
5. 其他综合收益结转留存收益																				
6. 其他																				
四、本年年末余额																				

四、资产负债表、利润表、现金流量表的比较

资产负债表、利润表、现金流量表的比较，如表 7-12 所示。

表 7-12　资产负债表、利润表、现金流量表对比表

项　目	资产负债表	利润表	现金流最表
编制基础	权责发生制	权责发生制	收付实现制
数据性质	时点数	时期数	时期数
填列依据	所有账户期初、期末余额	损益类账户本期发生额	现金及现金等价物本期发生额
报表作用	反映某一时点企业所拥有、控制的经济资源及其来源	反映企业在某一时期的经营成果及其他分配	反映现金及现金等价物的来龙去脉
会计方程式	资产＝负债＋所有者权益	收入－费用＝利润	现金流入－现金流出＝净流量

从上述对比可以看出，资产负债表、利润表和现金流量表分别从不同角度反映企业的经济活动。在理解和分析这 3 个报表时，不能局限于其中一种报表，而必须要综合理解它们之间的关系和区别，以及一种报表的变化会对其他的报表产生什么影响。

同 步 实 训

一、理论思考题

1. 什么是财务报告？它由哪些内容构成？
2. 资产负债表表内项目怎样排列？数据又有哪些来源？
3. 什么是利润表？有何作用？各项目如何填列？

二、技能实训题

（一）单项选择题

1. 某工业企业期末“原材料”账户余额为 200 万元，“生产成本”账户余额为 140 万元，“材料成本差异”账户贷方余额为 10 万元，“库存商品”账户余额为 300 万元，“工程物资”账户余额为 400 万元。该企业期末资产负债表中“存货”项目的金额为（　　）万元。

A. 630　　B. 30　　C. 650　　D. 1 050

2. 下列资产负债表项目，需要根据相关总账所属明细账户的期末余额分析填列的是（　　）。

A. 预收账款　　B. 应收票据　　C. 应付票据　　D. 应付职工薪酬

3. 下列资产负债表项目中，不可以直接根据总账账户期末余额填列的是（　　）。

A. 长期借款　　B. 应付股利　　C. 资本公积　　D. 短期借款

4. 企业于202×年12月31日分别借入两年期500 000元借款、三年期400 000元借款。两项借款均为单利计算利息，到期一次还本付息，年利率为6%。该企业在第二年年度资产负债表中，“长期借款”项目金额应为(　　)元。

A. 600 000　　B. 636 000　　C. 424 000　　D. 400 000

5. 企业某会计期间“固定资产”账户期末借方余额为800 000元，“累计折旧”账户期末贷方余额为300 000元，“固定资产减值准备”账户期末贷方余额为100 000。资产负债表中“固定资产”项目金额应填列(　　)元。

A. 500 000　　B. 800 000　　C. 650 000　　D. 400 000

6. 某企业期末“应收账款”各明细账户的借方余额合计为300 000元，各明细账户贷方余额合计为89 000元，针对应收账款计提的坏账准备贷方余额为800元，假设不考虑预收账款，则资产负债表中的“应收账款”项目应为(　　)。

A. 300 000　　B. 211 000　　C. 299 200　　D. 10 200

7. 某企业期末“应付账款”明细账户的借方余额为150 000元，贷方余额为250 000元，“预付账款”全部明细账户的借方余额为180 000元，贷方余额为170 000元，该企业期末资产负债表中“预付账款”项目余额为(　　)万元。

A. 330 000　　B. 100 000　　C. 250 000　　D. 400 000

8. 不在利润表“税金及附加”中反映的是(　　)。

A. 消费税　　B. 印花税　　C. 城市维护建设税　D. 增值税

9. 甲公司202×年度有关账户的发生额如下：(1) 主营业务收入500万元；(2) 管理费用50万元；(3) 税金及附加5万元；(4) 营业外收入20万元；(5) 其他业务收入10万元；(6) 投资收益为贷方30万元。假设没有其他项目发生额，则甲公司202×年度的营业利润应为(　　)万元。

A. 485　　B. 475　　C. 460　　D. 455

(二) 多项选择题

1. 以下影响企业营业利润的项目有(　　)。

A. 销售费用　　B. 管理费用　　C. 投资收益　　D. 所得税费用

2. 三大基本报表为(　　)。

A. 资产负债表　　B. 利润表　　C. 现金流量表　　D. 所有者权益变动表

3. 一套完整的财务报告除了资产负债表以外，还包括(　　)。

A. 利润表　　B. 现金流量表

C. 所有者权益变动表　　D. 报表附注

4. 资产负债表中“货币资金”项目，应根据(　　)账户期末余额的合计数填列。

A. 银行存款　　B. 其他货币资金　　C. 委托贷款　　D. 库存现金

5. 在资产负债表中，下列各项中一般不能直接根据总账余额填列的项目有(　　)。

A. 应收票据　　B. 预付账款　　C. 应收账款　　D. 固定资产

6. 下列各项中，在资产负债表中，其金额应为抵减其备抵账户后净额填列的有(　　)。

A. 长期股权投资　B. 存货　　C. 其他应收款　　D. 无形资产

7. 通过资产负债表，可以了解到企业的(　　)。

A. 资产的构成情况　　B. 企业的偿债能力

C. 负债及所有者权益的构成情况　　　　D. 企业的获利能力

8. 企业发生的下列错误中,会引起营业利润发生变化的是(　　)。

A. 企业将应计入其他业务收入的原材料销售计入主营业务收入账户

B. 企业将应计入资产处置损益的固定资产出售收入计入营业外收入账户

C. 企业将计入营业外支出的罚款支出计入管理费用账户

D. 企业将应计入销售费用的广告费计入管理费用账户

9. 期末应将余额转入"本年利润"账户的有(　　)。

A. 利润分配　　B. 销售费用　　C. 制造费用　　D. 所得税费用

10. 资产负债表中的"未分配利润"项目应根据(　　)填列。

A. 盈余公积　　B. 利润分配　　C. 本年利润　　D. 资本公积

(三) 业务核算与分析题

1.【资料】 华天公司202×年12月的余额试算平衡表如表7-13所示:

表7-13　余额试算平衡表

单位:华天公司　　　　202×年12月31日　　　　单位:元

会计科目	期末余额	
	借　方	贷　方
库存现金	380	
银行存款	65 000	
其他货币资金	1 220	
应收账款	36 400	
坏账准备		500
原材料	27 400	
库存商品	41 500	
材料成本差异		1 900
固定资产	324 500	
累计折旧		14 500
固定资产清理		5 000
长期待摊费用	39 300	
应付账款		31 400
预收账款		4 200
长期借款		118 000
实收资本		300 000
盈余公积		1 500
利润分配		8 700
本年利润		50 000
合计	535 700	535 700

补充资料：

长期待摊费用中含将于半年内摊销的金额 3 000 元。

长期借款期末余额中将于 1 年到期归还的长期借款数为 50 000 元。

应收账款有关明细账期末余额情况为：应收账款——A 公司，贷方余额 5 000 元；
应收账款——B 公司，借方余额 41 400 元。

应付账款有关明细账期末余额情况为：应付账款——C 公司，贷方余额 39 500 元；
应付账款——D 公司，借方余额 8 100 元。

预收账款有关明细账期末余额情况为：预收账款——E 公司，贷方余额 7 200 元；
预收账款——F 公司，借方余额 3 000 元。

【要求】 请根据上述资料，计算华天公司 202×年 12 月 31 日资产负债表中货币资金、应收账款、预付账款、存货、固定资产、应付账款和预收账款项目的期末数。

2.**【资料】** 汇丰公司 202×年 12 月末结账前各损益类账户累计发生额如表 7-14 所示。

表 7-14　科目汇总表

单位：汇丰公司　　202×年 12 月 31 日　　单位：元

账户名称	借方发生额	贷方发生额
主营业务收入		500 000
其他业务收入		100 000
主营业务成本	300 000	
其他业务成本	80 000	
税金及附加	3 000	
销售费用	10 000	
管理费用	20 000	
其中：研发费用	7 000	
财务费用		10 000
资产减值损失	23 000	
信用减值损失	2 100	
投资收益		18 000
公允价值变动损益	5 000	
营业外收入		15 000
营业外支出	5 000	
所得税税率	25%	

【要求】 根据上述账户余额，编制利润表，如表 7-15 所示。

表 7-15　利润表

编制单位:汇丰公司　　202×年 12 月　　单位:元

项目	本期金额
一、营业收入	
减:营业成本	
税金及附加	
销售费用	
管理费用	
研发费用	
财务费用	
资产减值损失	
信用减值损失	
加:投资收益(损失以"一"号填列)	
公允价值变动收益(损失以"一"号填列)	
二、营业利润	
加:营业外收入	
减:营业外支出	
三、利润总额	
减:所得税费用	
四、净利润	

3.【资料】 根据本书"项目三"瑞科有限责任公司 202×年 12 月份项经济业务以及期末试算平衡表(表 3-5)的结果编制瑞科有限责任公司 202×年末资产负债表与利润表。

三、能力提高题

1.【目的】 初步掌握会计核算方法在工业企业中的综合应用。

2.【资料】 易通有限责任公司为增值税一般纳税人,适用的增值税率为 13%,该公司生产和销售甲、乙两种产品。该公司于 202×年 12 月 1 日账户余额资料如表 7-16 所示。

表 7-16　账户余额表

编制单位:易通有限责任公司　　202×年 12 月 1 日　　单位:元

账　　户	借方余额	贷方余额
库存现金	1 200	
银行存款	200 000	
应收账款	60 000	
坏账准备		1 000

续表

账　　户	借方余额	贷方余额
其他应收款	12 000	
预付账款	4 000	
库存商品	150 000	
原材料	40 000	
固定资产	1 000 000	
累计折旧		120 000
短期借款		100 000
应付账款		60 000
应付职工薪酬		8 200
长期借款		200 000
实收资本		700 000
资本公积		80 000
盈余公积		40 000
未分配利润		148 000
合计	1 457 200	1 457 200

其中，库存商品 150 000 元包括甲产品 80 000 元(400 件，单价 200 元)，乙产品 70 000 元(700 件，单价 100 元)；应收账款 50 000 元包括应收×公司 30 000 元，应收 Y 公司 20 000；原材料 40 000 元包括 A 材料 30 000 元(1200 只，单价 25 元)，B 材料 10 000 元(1 000 千克，单价 10 元)；应付账款 60 000 元为应付 G 公司的购料款。预付账款未预付，未摊销完的财产保险费；未分配利润 148 000 元为易通有限责任公司截至 202×年 11 月末累计实现的利润。

易通有限责任公司 202×年 12 月共发生如下经济业务：

(1) 1 日，从 G 公司购入 A 材料 1 000 只，单价 25 元(不含税，税率 13%)；从 K 公司购入 B 材料 500 千克，单价 10 元(不含税，税率 13%)，材料已验收入库，增值税发票已收到，已开出银行转账支票支付货款。

(2) 2 日，车间填写领料单，从仓库领用材料生产产品，其中 A 材料 1 000 只，单价 25 元，用于生产甲产品 500 件；B 材料 1 100 千克，单价 10 元，用于生产乙产品 200 件。

(3) 5 日，公司销售给×公司甲产品 400 件，单价 300 元；销售给 Y 公司乙产品 500 件，单价 160 元，以上均为不含税售价，增值税发票已开出，货款均未收回。

(4) 8 日，收到×公司所欠货款 30 000 元、Y 公司所欠货款 20 000 元，存入银行。

(5) 10 日，公司从 G 公司购入 A 材料 500 只，单价 25 元(不含税，税率 13%)；从 K 公司购入 B 材料 2 000 千克，单价 10 元(不含税，税率 13%)。材料运到并验收入库，发票已收到，货款尚未支付。

(6) 15 日，以银行存款 60 000 元支付上月欠 G 公司的材料款。

(7) 18 日，从银行存款中提取现金 1 000 元备用。

(8) 20 日，业务员李力出差，预借差旅费 2 000 元，付现金。

(9) 22 日，领用 A 材料 100 只，单价 25 元，用于修理机器设备。

(10) 24 日，用银行存款 56 500 元(含税)从某机床厂购置新设备一台，发票已收到，增值税率 13%。

(11) 28 日，业务员李力报销差旅费 1 500 元，余款 500 元退回。

(12) 31 日，计算分配本月职工工资：生产甲产品工人工资 50 000 元，生产乙产品工人工资 6 000 元，车间管理人员工资 10 000 元，企业行政管理人员工资 12 000 元。

(13) 31 日，按职工工资总额的 14%提取职工福利费。

(14) 31 日，该公司计提本月固定资产折旧：生产车间使用的固定资产折旧 6 260 元，行政管理部门使用的固定资产折旧 4 800 元。

(15) 31 日，预提该公司本月应负担的银行借款利息 2 400 元。

(16) 将本月制造费用 20 160 元按照一定比例分配计入生产甲、乙产品的生产成本。甲产品应负担的制造费用为 18 000 元，乙产品应负担的制造费用为 2 160 元。

(17) 31 日，该公司本月份生产甲、乙产品全部完工，验收入库。结转已完工产品的生产成本。甲产品成本为 100 000 元，产量 500 件，单位成本 200 元；乙产品成本 20 000 元，产量 200 件，单位成本 100 元。

(18) 31 日，计算应缴纳的 2 200 元销售税金。

(19) 31 日，结转已销甲、乙产品的实际生产成本。其中，甲产品 400 件，单位成本 200 元；乙产品 500 件，单位成本 100 元。

(20) 31 日，摊销该公司本月应承担的财产保险费 1 000 元。

(21) 31 日，以现金支付罚款 200 元。

(22) 31 日，将该公司本月实现的主营业务收入结转至“本年利润”。

(23) 31 日，将该公司本月发生的主营业务成本、销售费用、税金及附加、管理费用、财务费用、营业外支出等结转至“本年利润”。

(24) 31 日，按税率 25%计算企业应缴纳的所得税。

(25) 31 日，将所得税费用结转至“本年利润”。

(26) 31 日，按该公司本月净利润的 10%提取法定盈余公积。

(27) 将实现的净利润转入“利润分配——未分配利润”账户。

(28) 结转“利润分配”账户下的“提取盈余公积”明细账余额至“未分配利润”明细账。

3.**【要求】** 根据易通有限责任公司上述资料进行如下会计核算。

(1) 编制记账凭证(没有条件的用会计分录替代)。

(2) 根据记账凭证登记库存现金日记账和银行存款日记账(可用“T”型账户替代，下同)。

(3) 根据会计凭证登记明细账。

(4) 根据记账凭证登记总分类账。

(5) 期末结账后根据上述资料编制易通公司 202×年 12 月份试算平衡表。

(6) 编制易通有限责任公司 202×年 12 月份的利润表。

(7) 编制易通有限责任公司 202×年 12 月份的资产负债表。

项目八　管理会计基础

本项目主要讲述管理会计的基本知识，通过本项目学习，要求学生了解管理会计的产生及发展情况，理解管理会计的概念，熟悉管理会计体系框架结构，掌握资金时间价值的计算及应用。

知识目标

1. 了解管理会计的产生和发展历史。
2. 理解管理会计的概念及作用。
3. 熟悉管理会计指引体系。
4. 掌握资金时间价值的计算及应用。

能力目标

1. 能解释管理会计的概念。
2. 能熟练运用资金时间价值的计算。

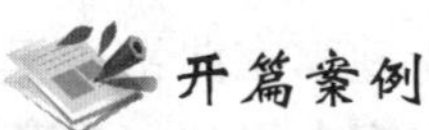

开篇案例

春秋战国时期，有位神医被尊为“医祖”，他就是扁鹊。

一次，魏文王求教扁鹊：“你们家兄弟三人，都精于医术，谁是医术最好的呢？”扁鹊答：“大哥最好，二哥差些，我是三人中最差的一个。”魏王不解地说：“请你介绍得详细些。”

扁鹊解释说：“大哥治病，是在病情发作之前，那时候病人自己还不觉得有病，但大哥就下药铲除了病根，使他的医术难以被人认可，所以没有名气，只是在我们家中被推崇备至。我二哥治病，是在病初起之时，症状尚不十分明显，病人也没有觉得痛苦，二哥就能药到病除，使乡里人都认为二哥只是治小病很灵。我治病，都是在病情十分严重之时，病人痛苦万分，病人家属心急如焚。此时，他们看到我在经脉上穿刺，用针放血，或在患处敷以毒药以毒攻毒，或动大手术直指病灶，使重病人病情得到缓解或很快治愈，所以我名闻天下。”魏王大悟。

简单的故事流传千年，到底扁鹊三兄弟的故事给了我们什么样的启发呢？

扁鹊大哥擅长“事前控制”，具有敏锐的洞察力和判断力，能够帮助人们防患于未然。

扁鹊二哥擅长“事中控制”，具有出手迅速、果断、干练的特点，能够帮助人们免受重大疾病或灾难的折磨。

扁鹊先生则擅长“事后控制”。当发生重大危机时，扁鹊先生往往能够把人从奄奄一息或者休克的状态中抢救过来，从而延续生命。因为人们天生对痛苦的经历记忆深刻，而且对冲在第一线的救命恩人心存好感，所以，扁鹊先生有“医祖”之称。

各位同学，故事里所说的控制就是管理会计的内容，在你没有学习本项目之前，你对管理会计了解多少?

任务一　认知管理会计的产生与发展

一、管理会计在西方的产生与发展

管理会计是为企业改善经营管理、提高经济效益及提升会计服务能力和质量而产生的。其形成和发展是同现代企业的内外环境及与之相适应的管理学理论和实践的发展相联系的，并受社会实践及经济理论的双重影响。在西方，管理会计萌芽于20世纪初，随着经济社会环境、企业生产经营模式以及管理科学和科技水平的不断发展而逐步演进，大致经历了三个阶段：

(一) 成本决策与财务控制阶段(20世纪20～50年代)

20世纪初，西方资本主义国家完成了工业革命，机械化的大生产取代了传统手工作坊式的生产，企业规模的迅速扩大，资本主义经济得到快速发展。但同时企业也出现了生产混乱、劳资关系紧张，工人“磨洋工”的现象，导致企业生产效率低下。面对日益激烈的市场竞争，传统的经验管理方式已不能适应生产力发展的需要。这时，美国古典管理学家弗雷德里克·温斯洛·泰勒的科学管理理论产生了。泰勒的科学管理思想的核心内容在于如何提高企业生产效率。泰勒认为，企业必须把科学知识和科学研究系统运用于管理实践，科学地挑选和培训工人，科学地研究工人的生产过程和工作环境，并据此制定出严格的规章制度和合理的日工作量，采用差别计件工资调动工人的积极性，实行管理的例外原则。泰勒创建的这套科学管理理论体系被称为“泰勒制”。1911年，泰勒出版了著名的《科学管理原理》，开辟了企业管理的新纪元。泰勒被人们称为“科学管理之父”。泰勒提出的以提高劳动生产率、标准化生产和专业化管理为核心的科学管理学说在美国许多企业中受到重视。1921年，美国《预算与会计法案》颁布，推动将“预算控制”引入管理会计。1922年，奎因坦斯在其《管理会计:财务管理入门》一书中首次提出“管理会计”的名称。其后，“标准成本控”“预算控制”和“差异分析”等旨在提高企业生产效率和经济效益的管理方法被引入内部会计实务中。至此，管理会计的雏形已经形成。

第二次世界大战后，资本主义世界生产力得到空前的发展，企业规模不断扩大，跨国公司大量涌现，国内、国际市场竞争不断加剧。企业为增强竞争力，管理的重心转向改进经营管理和开发市场，大力推行职能管理、行为科学管理，以调动员工的积极性，同时注重市场调研，加强对企业未来的科学预测与决策，对生产经营活动进行事前规划。企业内部的管理科学化、现代化促进了现代管理科学的创立及其在企业管理中的应用，有力地推动了会计科学的发展。逐步形成了以预算体系和成本会计系统为基础的成本决策和财务控制体系。1952

年，国际会计师联合会正式采用“管理会计”来统称企业内部会计体系，标志着管理会计正式形成，现代会计分为财务会计和管理会计两大分支。

（二）管理控制与决策阶段（20 世纪 50～80 年代）

随着信息经济学、交易成本理论和不确定理论被广泛引入管理会计领域，加上新技术如电子计算机大量应用于企业流程管理，管理会计向着精密的数量化技术方法方向发展。投入产出法、线性规划、存货控制和方差分析等计划决策模型在这一时期发展起来，建立了有关流程分析、战略成本管理等理论与方法体系，极大地推动了管理会计在企业的有效应用，管理会计的职能转向为内部管理人员提供企业计划和控制信息。但由于管理会计对高新技术发展重视不足，且依旧局限于传统责任范围并主要强调会计方面，其发展不仅落后于技术革命，而且落后于新的企业管理理论。为了改变这一状况，管理会计学者对新的企业经营环境下管理会计的发展进行了探索，质量成本管理、作业成本法、价值链分析以及战略成本管理等创新的管理会计方法层出不穷，初步形成了一套新的成本管理控制体系。管理会计完成了从“为产品定价提供信息”到“为企业经营管理决策提供信息”的转变，由成本计算、标准成本制度、预算控制发展到管理控制与决策阶段。

（三）强调企业价值创造阶段（20 世纪 90 年代以后）

随着经济全球化和知识经济的发展，生产要素跨国跨地区流动不断加快，世界各国经济联系和依赖程度日益增强，技术进步导致产品寿命缩短，企业之间因产品、产业链的分工合作日益频繁，准确把握市场定位、客户需求等尤为重要。在这样的背景下，管理会计越来越容易受到外部信息以及非财务信息对决策相关性的冲击，企业内部组织结构的变化也迫使管理会计在管理控制方面要有新的突破，需要从战略、经营决策、商业运营等各个层面掌握并有效利用所需的管理信息，为此，管理会计发展了一系列新的决策工具和管理工具。主要包括两个方面：一是宏观性的决策工具和管理工具。例如，阿里巴巴的阿里云，可以通过云计算对客户的所有信息进行全面分析，从而判断客户的信用情况、供货或消费倾向、是否可以放贷等。二是精细化的决策工具和管理工具。主要是在企业内部管理方面更加精细。例如，平衡计分卡将企业战略目标逐层分解，不但克服了信息的庞杂性和不对称性的干扰，也为企业提供了有效运作所需的可量化、可评估的各种信息，有利于推动企业战略目标的实现。

二、管理会计在我国的产生与发展

我国的管理会计起步较晚，其产生与发展大致经历了三个阶段：

（一）学习吸收阶段

虽然管理会计理论引入我国较晚，但有关管理会计的理念在我国相关单位的实践却早已有之，也不乏成功探索和有益尝试。例如，新中国成立之初，以成本为核心的内部责任会计等。20 世纪 70 年代末，随着我国改革开放的步伐，我国会计理论工作者积极从事外文管理会计著作的翻译工作。1979 年机械工业部组织翻译出版了第一部《管理会计》，厦门大学是我国第一所将“管理会计”引入课堂教学的高等学校，引领管理会计的研究和发展。我国会计学界多次掀起学习管理会计、应用管理会计、建立具有中国特色的管理会计体系的热潮。一些企业运用管理会计的方法解决了一些实际问题。20 世纪 80 年代末，企业在建立、完善和深化各种形式的经济责任制的同时，将厂内经济核算制纳入经济责任制，形成了以企业内部经济责任制为基础的责任会计体系。与经济责任制配套，很多企业实行了责任会计，设立了厂内银行，责任会计应用进入一个高潮期。1991 年，河北邯郸钢铁公司实行的"模拟市场，成本否决"可谓是成本管理在我国企业应用的典范。

（二）改革创新阶段

1993 年，我国财务会计管理体制转轨变型，会计走上与国际惯例接轨的道路，管理会计在我国的发展出现了新的契机。西方管理会计理论和方法在我国会计界引起了广泛讨论，成本性态分析、盈亏临界点与本量利的依存关系、经营决策经济效益的分析评价等管理会计的理念和方法，在我国很多企业被应用并取得了一定的效果。一些管理先进的企业通过调查研究，探索出一条在实践中行之有效的中国式管理会计之路，有的还专门设置了管理会计岗位，积极开展管理会计工作。从此，我国进入了管理会计改革创新和良性循环的新的发展阶段。

21 世纪以来，随着我国加入世界贸易组织，在经济全球化以及互联网技术快速发展的背景下，向管理要效益，着力挖掘财务信息中价值创造的潜力成为我国企业的迫切任务，这要求我国企业逐步形成以价值管理为核心的管理会计理念。2002 年财政部印发《关于企业实行财务预算管理的指导意见》之后，我国企业全面实施全面预算管理制度，将我国管理会计又向前推进了一步。但从总体上看，我国管理会计在服务经济社会发展，对单位经营情况和支出效益进行深入分析，制定战略规划、经营决策，开展过程控制和业绩评价等方面，尚未发挥其应有的作用。

（三）全面推进阶段

党的十八届三中全会对全面深化改革作出了总体部署，要求大力加强管理会计工作，强化管理会计应用。随着财政体制的改革和经济全球化战略的推进，大量企业集团已经实现了多元化、国际化，企业经营的风险加大，需要进行精细化管理以降低风险和提高效益，而互联网的广泛应用和大数据、云计算、区块链等技术的推广应用，为我国全面推进管理会计在企业、行政事业单位的应用提供了良好的环境。2014 年 10 月 27 日，财政部发布了《关于全面推进管理会计体系建设的指导意见》，明确了建立与我国社会主义市场经济体制相适应的管理会计体系的总目标：提出要在 3～5 年内，在全国培养出一大批管理会计人才，力争经过 5～10 年的努力，基本建成中国特色的管理会计体系，使我国管理会计迈入先进行列。2016 年 6 月 22 日，财政部发布了《管理会计基本指引》，包括 6 章共 29 条内容，明确了我国管理会计的目标、原则和要素划分及工具方法，构建了我国管理会计的概念框架。2017 年 9 月 29 日，财政部又发布《管理会计应用指引第 100 号——战略管理》等 22 项管理会计应用指引；2018 年 8 月 17 日，财政部印发《管理会计应用指引第 202 号——零基预算》等第二批 7 项管理会计应用指引；2018 年 12 月 27 日，财政部印发《管理会计应用指引第 204 号——作业预算》等第三批 5 项管理会计应用指引。至此，我国已经形成了战略管理、预算管理、成本管理、营运管理、投融资管理、绩效管理、风险管理和其他领域等 8 大领域共 34 项管理会计应用指引。这是一套立足于管理会计实践、服务单位管理会计应用的指导性文件，注重指导性、应用性、开放性、操作性，这在全球管理会计领域中具有开创性。

在市场竞争不断加剧、人力资源和环境成本压力不断增大的今天，通过制定应用指引，以系统地提炼、总结我国管理会计理论和实践的宝贵经验，对拓展我国管理会计研究领域，提升管理会计应用水平，进而增强我国企业综合实力和竞争优势都具有极其重要的现实意义。

任务二　认知管理会计框架体系

一、管理会计概念

（一）西方学者的观点

管理会计的萌芽可以追溯到20世纪初。第一次世界大战后美国许多企业推行泰勒的科学管理法，借此来提高企业的生产效率与工作效率；为了配合科学管理，“标准成本”“差异分析”和“预算控制”等方法开始被引进到会计中来，成为成本会计的一个组成部分。到了20世纪40年代，特别是二次世界大战以后，为了应对激烈的市场竞争，企业广泛实行职能管理与行为科学管理，借以提高产品质量、降低产品成本、扩大企业利润。与此相适应，“责任会计”与“成本-业务量-利润分析”等专门方法也应运而生，并加入到原有的会计方法体系中来。1952年美国会计学会年会正式通过了“管理会计”这个名词，标志着管理会计正式形成。于是，传统会计被称为“财务会计”。这就产生了现代会计的两大分支，即财务会计和管理会计。

财务会计主要是对企业已经发生的经济业务采用专门的方法进行确认、计量、记录和报告，为企业信息使用者提供对决策有用的信息，并如实反映受托责任的履行情况。管理会计作为会计的重要分支，主要服务于单位内部，是通过利用财务会计提供的相关信息以及非财务信息，进行事前的分析和预测、事中的控制以及事后的评价，为企业管理者提供决策依据和建议的管理活动。财务会计通常也叫对外会计，管理会计也称对内会计。

尽管管理会计的理论和实践最先起源于西方社会，但迄今为止在西方尚未形成统一的管理会计概念。

美国管理会计师协会（IMA）对管理会计的定义是：管理会计是一种深度参与管理决策、制订计划与绩效管理系统、提供财务报告与控制方面的专业知识以及帮助管理者制定并实施组织战略的职业。

英国特许管理会计师公会对管理会计的定义是：管理会计是为组织创造价值和保值而收集、分析、传递和使用与决策相关的财务与非财务信息。

国际会计师联合会对管理会计的定义是：管理会计是指在组织内部，对管理当局用于规划、评价和控制的财务和运营信息进行确认、计量、积累、分析、处理、解释和传输的过程，以确保其资源利用并对它们承担经营责任。管理会计是管理活动的组成部分，关注如何在动态竞争环境中运用各种技术有效地利用资源，来增加组织价值。

加拿大管理会计师协会对管理会计的定义是：管理会计是会计专业的一个分支，是为企业提供计划、指挥、决策所需要的信息，以及指导企业各个管理层级如何有效利用信息进行最有效决策的过程。

（二）我国对管理会计的定义

改革开放以来，特别是社会主义市场经济体制建立以来，我国会计工作紧紧围绕服务经济财政工作大局，会计改革与发展取得显著成绩。但是，我国管理会计发展相对滞后，迫切要求继续深化会计改革，切实加强管理会计工作。同时，党的十八届三中全会对全面深化改革做出了总体部署，建立现代财政制度、推进国家治理体系和治理能力现代化已经成为财政改革的重要方向；建立和完善现代企业制度，增强价值创造力已经成为企业的内在需要；推进预算绩效管理、建立事业单位法人治理结构，已经成为行政事业单位的内在要求。这就要求财政部门顺时应势，大力发展管理会计。为全面贯彻落实党的十八大和十八届三中全会精神，全面提升会计工作总体水平，推动经济更有效率、更加公平、更可持续发展，根据《会计改革与发展"十二五"规划纲要》，财政部于 2014 年 10 月印发了《关于全面推进管理会计体系建设的指导意见》（以下简称《指导意见》），明确提出了全面推进管理会计体系建设的指导思想、基本原则、主要目标、主要任务和措施及工作要求，为我国管理会计发展规划了蓝图、指明了方向。

财政部印发的《指导意见》为管理会计下了如下定义：管理会计是会计的重要分支，主要服务于单位（包括企业和行政事业单位，下同）内部管理需要，是通过利用相关信息，有机融合财务与业务活动，在单位规划、决策、控制和评价等方面发挥重要作用的管理活动。

二、管理会计的职能

与财务会计相比，管理会计是服务于内部经营管理，旨在提高经济效益的对内报告会计，它侧重于"创造价值"，其职能是解析过去、控制现在与筹划未来的有机结合。

（一）分析职能

分析是对信息的收集、整理和加工，并获取有价值信息的过程。

分析可以通过定量分析和定性分析的方式，对过去、现在和未来的财务信息以及非财务信息进行收集、整理和加工。

（二）预测职能

预测是指采用科学的方法预计、判断、推测事物未来发展的趋势和水平的行为。

预测应以企业战略为导向，利用分析所形成的数据，充分考虑经济规律的作用和经济条件的制约，有目的地预计和推测单位未来的销售、利润、成本以及资金的变动趋势和水平，为企业进行预算编制、活动控制和方案决策提供基础资料。

（三）规划职能

规划是指以分析结果为依据，确定单位的战略目标及以其为导向的财务、市场、生产经营和组织管理等的目标，并确定实现目标的过程及途径。规划期间（通常为一年）的价值及数量表现形式是预算。

（四）决策职能

决策是单位的相关部门和人员选择和决定未来经营活动方案的过程。

决策应以战略为导向，以分析和预测的结果为依据，围绕决策目标拟定多种实施方案，并通过对各种方案分析、评价而最终决定最优方案。

（五）控制职能

控制是通过对单位生产经营过程进行影响和干预，使其按照所规划的战略途径、预算方案和其他预定目标进行的过程。管理会计通过采用合适的方法和工具，通过比较、分析实施情况与规划、预算和相关标准的差异，找到发生偏差的原因，及时采取措施防范风险，实现战略目标和决策目标。

（六）评价职能

评价是通过分析、考核各责任单位的业绩，揭示各责任单位实施战略、预算和标准的情况，并通过奖勤罚懒、奖优罚劣等手段，正确处理分配关系，保证战略和经济责任制的贯彻执行。

管理会计职能依次从分析到预测、规划、决策、控制、评价，再进入下一个循环，周而复始，六大职能围绕战略形成闭环。

三、管理会计指引体系

管理会计指引体系是在管理会计理论研究成果的基础上，形成的可操作性的系列标准。管理会计指引体系包括基本指引、应用指引和案例库，用以指导单位管理会计实践。管理会计指引体系中，基本指引是对管理会计普遍规律的总结提炼，解决对管理会计的基本认识问题。管理会计既有普遍规律，又具差异化特点，需要考虑不同性质、特殊行业等的需求，因此，有必要形成应用指引，依据基本指引，明确管理会计的多种工具方法，具体指导实务操作。管理会计为单位内部管理服务，如制定案例标准，建立管理会计案例库，总结实践中好的经验、做法，提炼为典型案例，更好地为单位提供具体示范。

（一）管理会计基本指引

1. 基本指引的定位和作用

管理会计基本指引在管理会计指引体系中起统领作用，是制定应用指引和建设案例库的基础。基本指引是将管理会计普遍规律上升到标准，是对管理会计基本概念、基本原则、基本方法、基本目标等内容的总结、提炼。但是，不同于企业会计准则基本准则，管理会计基本指引只是对管理会计普遍规律和基本认识的总结升华，并不对应用指引中未做出描述的新问题提供处理依据。

2. 管理会计的应用原则和应用主体

单位应用管理会计，应当遵循以下原则：

(1) 战略导向原则。管理会计的应用应以战略规划为导向,以持续创造价值为核心,促进单位可持续发展。

(2) 融合性原则。管理会计应嵌入单位相关领域、层次、环节,以业务流程为基础,利用管理会计工具方法,将财务和业务等有机融合。

(3) 适应性原则。管理会计的应用应与单位应用环境和自身特征相适应。单位自身特征包括单位性质、规模、发展阶段、管理模式、治理水平等。

(4) 成本效益原则。管理会计的应用应权衡实施成本和预期效益,合理、有效地推进管理会计应用。

管理会计应用主体视管理决策主体确定,可以是单位整体,也可以是单位内部的责任中心。

3. 管理会计要素

单位应用管理会计,应包括应用环境、管理会计活动、工具方法、信息与报告四项管理会计要素。这四项要素构成了管理会计应用的有机体系,单位应在分析管理会计应用环境的基础上,合理运用管理会计工具方法,全面开展管理会计活动,并提供有用信息,生成管理会计报告,支持单位决策,推动单位实现战略规划。

(1) 应用环境。管理会计应用环境是单位应用管理会计的基础。单位应用管理会计,首先应充分了解和分析其应用环境,包括外部环境和内部环境。外部环境主要包括国内外经济、社会、文化、法律、技术等因素,内部环境主要包括与管理会计建设和实施相关的价值创造模式、组织架构、管理模式、资源保障、信息系统等因素。

① 价值创造模式。单位应准确分析和把握价值创造模式,推动财务与业务等的有机融合。

② 组织架构。单位应根据组织架构特点,建立健全能够满足管理会计活动所需的由财务、业务等相关人员组成的管理会计组织体系。有条件的单位可以设置管理会计机构,组织开展管理会计工作。

③ 管理模式。单位应根据管理模式确定责任主体,明确各层级以及各层级内的部门岗位之间的管理会计责任权限,制定管理会计实施方案,以落实管理会计责任。

④ 资源保障。单位应从人力、财力、物力等方面做好资源保障工作,加强资源整合,提高资源利用效率,确保管理会计工作顺利开展。单位应注重管理会计理念、知识培训,加强管理会计人才培养。

⑤ 信息系统。单位应将管理会计信息化需求纳入信息系统规划,通过信息系统整合改造或新建等途径,及时、高效地提供和管理相关信息,推进管理会计实施。

(2) 管理会计活动。管理会计活动是单位管理会计工作的具体开展,是单位利用管理会计信息,运用管理会计工具方法,在规划、决策、控制、评价等方面服务于单位管理需要的相关活动。在了解和分析其应用环境的基础上,单位应将管理会计活动嵌入规划、决策、控制、评价等环节,形成完整的管理会计闭环。

① 在规划环节,单位应用管理会计,应做好相关信息支持,参与战略规划拟定,从支持其定位、目标设定、实施方案选择等方面,为单位合理制定战略规划提供支撑。

② 在决策环节,单位应用管理会计,应融合财务和业务等活动,及时充分提供和利用相关信息,支持单位各层级根据战略规划做出决策。

③ 在控制环节,单位应用管理会计,应设定定量定性标准,强化分析、沟通、协调反馈等

控制机制,支持和引导单位持续、高质、高效地实施单位战略规划。

④ 在评价环节,单位应用管理会计,应合理设计评价体系,基于管理会计信息等来评价单位战略规划实施情况,并以此为基础进行考核,完善激励机制;同时,对管理会计活动进行评估和完善,以持续改进管理会计应用。

(3) 工具方法。管理会计工具方法是实现管理会计目标的具体手段,是单位应用管理会计时所采用的战略地图、滚动预算管理、作业成本管理、本量利分析、平衡计分卡等模型、技术、流程的统称。管理会计工具方法具有开放性,随着实践发展不断丰富、完善。

管理会计工具方法主要应用于以下领域:战略管理、预算管理、成本管理、营运管理、投融资管理、绩效管理、风险管理等。

① 战略管理领域应用的管理会计工具方法包括但不限于战略地图、价值链管理等。

② 预算管理领域应用的管理会计工具方法包括但不限于全面预算管理、滚动预算管理、作业预算管理、零基预算管理、弹性预算管理等。

③ 成本管理领域应用的管理会计工具方法包括但不限于目标成本管理、标准成本管理、变动成本管理、作业成本管理、生命周期成本管理等。

④ 营运管理领域应用的管理会计工具方法包括但不限于本量利分析、敏感性分析、边际分析、标杆管理等。

⑤ 投融资管理领域应用的管理会计工具方法包括但不限于贴现现金流法、项目管理、资本成本分析等。

⑥ 绩效管理领域应用的管理会计工具方法包括但不限于关键指标法、经济增加值法、平衡计分卡等。

⑦ 风险管理领域应用的管理会计工具方法包括但不限于单位风险管理框架、风险矩阵模型等。

单位应用管理会计,应结合自身实际情况,根据管理特点和实践需要选择适用的管理会计工具方法,并加强管理会计工具方法的系统化、集成化应用。

(4) 信息与报告。管理会计信息包括管理会计应用过程中所使用和生成的财务信息和非财务信息,是管理会计报告的基本元素。单位应充分利用内外部各种渠道,通过采集、转换等多种方式,获得相关、可靠的管理会计基础信息。单位应有效利用现代信息技术,对管理会计基础信息进行加工、整理、分析和传递,以满足管理会计应用需要。单位生成的管理会计信息应相关、可靠、及时、可理解。

管理会计报告是管理会计活动成果的重要表现形式,旨在为报告使用者提供满足管理需要的信息,是管理会计活动开展情况和效果的具体呈现。管理会计报告按期间可以分为定期报告和不定期报告,按内容可以分为综合性报告和专项报告等类别。单位可以根据管理需要和管理会计活动性质设定报告期间。一般应以公历期间作为报告期间,也可以根据特定需要设定报告期间。

(二) 管理会计应用指引

在管理会计指引体系中,应用指引居于主体地位,是对单位管理会计工作的具体指导。为切实提高科学性和可操作性,管理会计应用指引既要遵循基本指引,也要体现实践特点;既要形成一批普遍适用、具有广泛指导意义的基本工具方法,如经济增加值(EVA)、本量利分析、平衡计分卡、作业成本法等,也要针对一些在管理会计方面可能存在独特要求的行业和部门，研究制定特殊行业的应用指引；在企业层面，还要兼顾不同行业、不同规模、不同发展阶段等特征，坚持广泛的代表性和适用性，既考虑企业的情况，也考虑行政事业单位的情况。

应用指引是开放性的，随实践发展而不断发展完善。应用指引的实施更重指导性，由各单位根据管理特点和实践需要选择相应的工具方法。财政部将在充分征求意见基础上，科学总结我国先进企业管理会计经验，充分借鉴发达市场经济国家或地区的有效做法，研究确定 一系列应用指引，本着先急后缓、先一般业务后特殊业务、“成熟一批，发布一批”等原则，逐步发布系列管理会计应用指引，并随着实践的发展而不断丰富完善。

（三）管理会计案例库

管理会计案例库是对国内外管理会计经验的总结提炼，是对如何运用管理会计应用指引的实例示范。建立管理会计案例库，为单位提供直观的参考借鉴，是管理会计指引体系指导实践的重要内容和有效途径，也是管理会计体系建设区别于企业会计准则体系建设的一大特色。

在国外，管理会计在发展过程中，历来强调案例的重要示范作用。如美国管理会计师协会发布的管理会计公告中，就包含了系列案例，为企业应用该公告提供了借鉴。

在我国，总结实践经验，形成典型案例，予以宣传推广，是推动管理会计应用的有效方式。将单位的成功经验上升为案例并嵌入指引体系，能够帮助单位更好地理解和掌握应用指引，增强管理会计指引体系的应用效果，达到提升单位价值创造力的目标。

案例库建设应坚持典型性和广泛性相结合的原则，在统一框架结构、基本要素、质量特征等案例标准，形成案例规范格式文本的基础上，区别不同性质、不同行业、不同规模、不同发展阶段等情况，逐步提炼若干管理会计案例，并不断予以丰富和完善。同时，既提炼总结管理会计整体应用案例，也针对管理会计的某些领域和应用指引中的相关工具方法提炼专项应用案例。

任务三　掌握资金时间价值

资金时间价值是客观存在的经济范畴，是现代财务管理的重要基本概念之一，无论是筹资、投资、日常经营，还是收益分配，都涉及对时间价值的考虑。

一、资金时间价值的意义

（一）资金时间价值的概念

资金时间价值又称货币时间价值，是指资金经过一定时间的投资和再投资所形成的增值，而且时间越长，增值越多。

【例 8-1】 若今天将 100 元人民币存入银行，假设银行年利率为 5%，那么 1 年后的今天能取回多少钱？

这是一个很简单的问题，一年后将连本带息得到105元人民币，其中100元是本金，5元是利息，这5元钱利息就是今天的100元经过一年的投资所增加的价值，即资金的时间价值，若存入银行的时间越长，增值就越多。

在商品经济日益发达的今天，人们都深切地感受到，现在1元钱的价值要比1年后得到的1元钱更值钱，或者说现在1元钱的经济效用要大于1年后1元钱的经济效用。这可以看作资金时间价值作用的结果。

（二）资金时间价值的来源

并不是所有资金都具有时间价值，只有将资金有目的地进行投资，即将资金投入到生产经营过程后，其价值才会随时间的推移而增长。如在工业企业中，首先需要资金投入购买所需资源，然后生产出新产品，产品出售后得到的资金量大于最初投入的资金量，将得到的资金再投入生产经营，如此往复，每完成一次循环，资金就会增加一定数额，循环次数越多，增值额就越大，资金总量在数次循环中呈几何级数增长，使得资金具有时间价值。

按照资本流通公式 $G-W-G'$，其中，$G'=G+\Delta G$，即原来投资的资金额 G，经过生产领域变成商品 W，再经过销售领域得到了投资后的新资金额 G'，G' 一定大于 G，否则投资行为就没有实际意义，式中的 ΔG 就是增值资金额。可见，资金时间价值是将资金经过一段时间有目的地投资与再投资而产生的。

（三）资金时间价值的作用

从量的规定性来看，资金时间价值是无风险和无通货膨胀条件下的社会平均资金利润率，也是企业资金利润率的最低限度。在市场经济条件下，由于竞争，企业投资的利润率趋于平均化。企业在投资某项目时，至少要取得社会平均的利润率。因此，资金时间价值就成了评价投资方案的基本标准，也成了衡量企业经济效益、考核企业经营成果的重要依据。任何企业的财务管理活动都要在特定的时空中进行，离开了时间价值因素就无法正确计算不同时期的财务收支，也就无法对资金筹集、投放、使用和回收等进行分析，所以运用时间价值原理正确揭示不同时点上资金之间的换算关系，是企业筹资决策、投资决策必不可少的计量手段，也是财务决策的基本依据。

（四）资金时间价值的表现形式

资金时间价值有两种表现形式：一种是绝对数，即时间价值是资金在投资和再投资过程中货币的真实增加值，又称时间价值额，如从银行获取的利息数额。另一种是相对数，即增加值与投入资金之比，又称时间价值率，如银行利率。在实务中，一般用相对数表示资金的时间价值。

二、资金时间价值的计算

资金时间价值在运用时涉及两个特定的概念——终值和现值。

终值又称将来值，是指现在一定量的资金折算到未来某一时点上所对应的金额，俗称本利和，通常记作 F。现值又称本金，是指未来某时点上一定量的资金折算到现在所对应的金额，通常记作 P。现值和终值是一定量资金在前、后两个不同时点上对应的价值，其差额即为资金时间价值。

终值与现值的计算涉及利息计算方式的选择。目前有两种利息计算方式，即单利和复利。单利是指按照固定的本金计算利息的一种计息方式。复利是指不仅对本金计算利息，还对利息计算利息的一种计息方式。单利方式下，每期都按初始本金计算利息，当期利息即使不取出也不计入下期本金，计算基础不变。复利方式下，以当期期末本利和为计息基础计算下期利息，即利滚利。通常，财务估值中一般都按照复利方式计算资金时间价值。

（一）单利的计算

单利是指只对本金计算利息，以前计算期的利息不累加到本金中计算利息，即本生利，利息不能生利。

单利的终值和现值计算公式分别为：

$$\begin{aligned} F &= P + I \\ &= P + P \times i \times n \\ &= P(1 + i \times n) \end{aligned}$$

$$P = \frac{F}{1 + i \times n}$$

式中，I 为利息；P 为现值；F 为终值；i 为利率（折现率）；n 为计算利息的期数。

【例 8-2】 如果将 1 000 元存入银行，存期 3 年，银行 3 年期整存整取的年利率为 10%，采取单利计息，则三年后能取出的金额（终值）为：

$$F = 1\,000 \times (1 + 3 \times 10\%) = 1\,300(\text{元})$$

（二）复利的终值和现值

资金时间价值通常是按复利计算的。

1. 复利终值计算

复利终值是指一定量的本金按复利计算若干期后的本利和。

【例 8-3】 如果将 1 000 元存入银行，银行的年利率是 10%，每年到期时取出后，连本带息再存入银行，如此往复，3 年后能取出多少？

本例中，第一年可取出：1 000＋1 000×10%＝1 100 元，再将本息 1 100 元存入银行，则

第二年末可取出：1 100＋1 100×10%＝1 210 元

同理，3 年后可取出的金额为：1 210＋1 210×10%＝1 331（元）

同样都是存入现金 1 000 元，存期均是 3 年，【例 8-3】比【例 8-2】多取了 31 元，是因为从第二年开始将每年产生的利息变成本金再存入银行，利息又产生利息的结果。

复利是指不仅本金要计算利息，利息也要计算利息。也就是每期利息收入在下一期累加到本金中计算新的利息收入，即“利滚利”。

根据【例 8-3】的资料，我们可以进一步推导复利方法终值和现值的计算公式。

一年后的终值 $F=1\,000\times(1+10\%)=1100$（元）

两年后的终值 $F=1100\times(1+10\%)$

$=1\,000\times(1+10\%)\times(1+10\%)$

$=1\,000\times(1+10\%)^2$

$=1\,210$（元）

三年后的终值 $F = 1\,210 \times (1+10\%)$

$= 1\,000 \times (1+10\%)^2 \times (1+10\%)$

$= 1\,000 \times (1+10\%)^3$

$= 1\,310$(元)

由此可以推导出复利终值的计算公式为：

$$F = P(1+i)^n$$

其中，$(1+i)^n$称为复利终值系数，又称一元复利终值，可以根据已知的 i 和 n 计算得出，但在实务中，为简化计算，复利终值系数可以通过查阅“复利终值系数表”直接获得。实务中通常用$(F/P,i,n)$表示。因而复利终值公式也可以写成：$F=P(F/P,i,n)$。

对于【例 8-3】，3 年后的终值可以直接利用公式求得：

$$F = P(1+i)^n = 1\,000 \times (1+10\%)^3$$

经查阅“复利终值系数表”得出$(1+10\%)^3$ 的系数值为 1.331 0。

所以，$F=1\,000 \times 1.331 = 1\,331$。

【例 8-4】 某人有 100 000 元资金，拟投入报酬率为 8%的项目，如果项目收益稳定，问 5 年后，该投资者能收回多少资金？

$$\begin{aligned} F &= P(F/P,i,n) \\ &= 100\,000 \times (F/P,8\%,5) \\ &= 100\,000 \times 1.469\,3 \\ &= 146\,930(\text{元}) \end{aligned}$$

复利现值是复利终值的对称概念，是指针对将来的资金按复利计算其现在价值。由终值求现值，叫做贴现，在贴现时用的利率称作贴现率。

由复利终值计算公式可以推导出复利现值的计算公式：

$$\begin{aligned} P &= F\frac{1}{(1+i)^n} \\ &= F(1+i)^{-n} \\ &= F(P/F,i,n) \end{aligned}$$

其中，$(1+i)^{-n}$称为复利现值系数，又叫一元复利现值，记为$(P/F,i,n)$。在实务中，为简化计算，可以查“复利现值系数表”求得。

【例 8-5】 江南公司有一个工程项目需分三次投资。第一年初投入 200 万元，第二年初投入 300 万元，第四年初投入 150 万元。若三次投资额均系向银行贷款，年贷款利率为 8%，投产后还本付息。试问：该项工程在第四年末竣工时，总投资额为多少？

根据相关会计制度，江南公司在第四年末欠款的本利和就是该项工程的总投资额。江南公司三笔贷款时间不同，所以在计算时应分别计算这三笔贷款的终值，然后将它们相加就可得出该项工程的总投资额。

$$\begin{aligned} F &= 2\,000\,000 \times (F/P,12\%,4) + 3\,000\,000 \times (F/P,12\%,3) + 1\,500\,000 \times (F/P,12\%,1) \\ &= 2\,000\,000 \times 1.574 + 3\,000\,000 \times 1.405 + 1\,500\,000 \times 1.120 \\ &= 9\,043\,000(\text{元}) \end{aligned}$$

结论：第四年末项目竣工时的总投资额为 904.3 万元。这个数额也是江南公司三笔贷款的(复利)本利和。

（三）年金的计算

年金是指定期的、等额的、系列的收付款项。年金是日常经济生活中常见的资金收付形式，折旧、利息、养老金、租金、保险金等通常都采取年金的形式。通常用A来表示年金。

年金按收付款的时间不同可分为普通年金、预付年金、递延年金和永续年金。

1. 普通年金

普通年金是在一定时期内每期期末等额发生的系列收付款项，又称后付年金。

(1) 普通年金终值的计算。普通年金终值是一定时期内每期期末等额收付款项的复利终值之和，相当于零存整取储蓄存款的本利和。

【例 8-6】 江南公司计划在5年后购置一批设备，为减轻压力，从现在起，每年年末存入银行60万元，假设银行利率为5%，试问：5年后，该公司购买设备款能达到多少万元？

采用复利终值的计算公式，可得：

第一笔存款的终值＝600 000×$(P/F,5\%,4)$＝600 000×1.215 5＝729 300(元)

第二笔存款的终值＝600 000×$(P/F,5\%,3)$＝600 000×1.157 6＝694 560(元)

第三笔存款的终值＝600 000×$(P/F,5\%,2)$＝600 000×1.102 5＝661 500(元)

第四笔存款的终值＝600 000×$(P/F,5\%,1)$＝600 000×1.050 0＝630 000(元)

第五笔存款的终值＝600 000(元)

5年后，该公司购买设备款＝729 300＋694 560＋661 500＋630 000＋600 000＝3 315 360(元)。

由上例可知，系列收付款项的终值就等于每一次收付款项的终值加总之和。依【例 8-6】的计算，设年金为A，利率为i，期数为n，则普通年金终值的计算公式为：

$$F = A + A(1+i) + A(1+i)^2 + A(1+i)^3 + \cdots\cdots + A(1+i)^{n-2} + A(1+i)^{n-1} \tag{8-1}$$

式(8-1)两边同乘$(1+i)$可得到：

$$F(1+i) = A(1+i) + A(1+i)^2 + A(1+i)^3 + A(1+i)^4 \cdots\cdots + A(1+i)^{n-1} + A(1+i)^n \tag{8-2}$$

式(8-2)－式(8-1)，即

$$F(1+i) - F = A(1+i)^n - A$$

$$F = A \cdot \frac{(1+i)^n - 1}{i}$$

其中，$\frac{(1+i)^n-1}{i}$为普通年金终值系数，又称为一元年金终值，是普通年金为1元，利率为i经过n期的年金终值，记作$(F/A,i,n)$，可通过查阅“年金终值系数表”求得。普通年金终值计算公式也可写作：

$$F = A \cdot (F/A,i,n)$$

上例中，5年后，该公司购买设备款为：

$$\begin{aligned} F &= A \cdot (F/A,i,n) \\ &= 600\,000 \times (F/A,5\%,5) \\ &= 600\,000 \times 5.525\,6 \\ &= 3\,315\,360(\text{元}) \end{aligned}$$

【例 8-7】 江南公司现每年末将 10 万元投资于 A 基金项目，年报酬率为 8%，试问：5 年后江南公司可获得多少投资回报？

$$\begin{aligned}F &= 100\,000 \times (F/A, 8\%, 5)\\ &= 100\,000 \times 5.866\,6\\ &= 586\,660(\text{元})\end{aligned}$$

(2) 年偿债基金的计算。偿债基金是指为了使普通年金终值达到既定金额每年应支付的年金数额。如为了在约定的未来某一时点清偿某笔债务或积聚一定数额的资金而分次等额形成的存款储备金。偿债基金的计算实际上是普通年金终值的逆运算。

由普通年金终值计算公式可知：

$$A = \frac{i}{(1+i)^n - 1}$$

式中，$\frac{i}{(1+i)^n-1}$称为偿债基金系数，是普通年金终值系数的倒数。记作$(A/F,i,n)$，可通过年金终值系数的倒数计算出来。偿债基金的计算公式也表示为：

$$A = \frac{F}{(F/A,i,n)} \quad \text{或} \quad A = F \cdot (A/F,i,n)$$

【例 8-8】 江南公司打算 5 年后更新一台大型设备，约需资金 1 000 000 元，从现在开始每年年末向银行存入一笔款项，年复利率为 6%，则为购入该项设备企业每年应向银行存入多少钱？

$$\begin{aligned}A &= 1\,000\,000 \times (A/F, 6\%, 5)\\ &= 1\,000\,000 \times (1/5.637\,1)\\ &= 177\,396.18(\text{元})\end{aligned}$$

江南公司为购入该项设备，从现在起每年末应向银行存入资金 177 396.18 元。

(3) 普通年金现值的计算。普通年金的现值是指一定时期内每期期末等额收付款项的复利现值之和。普通年金现值是指一定时期内每期期末等额系列收付款项的现值之和。普通年金现值的计算公式为：

$$P = A(1+i)^{-1} + A(1+i)^{-2} + A(1+i)^{-3} + \cdots\cdots + A(1+i)^{-(n-1)} + A(1+i)^{-n} \tag{8-3}$$

式(8-3)两边同乘以$(1+i)$可得到：

$$P(1+i) = A + A(1+i)^{-1} + A(1+i)^{-2} + \cdots\cdots + A(1+i)^{-(n-2)} + A(1+i)^{-(n-1)} \tag{8-4}$$

式(8-4)－式(8-3)：

$$P(1+i) - P = A - A(1+i)^{-n}$$

$$P = A \cdot \frac{1-(1+i)^{-n}}{i}$$

式中，$\frac{1-(1+i)^{-n}}{i}$称为普通年金现值系数，又称为一元年金现值，表示为$(P/A,i,n)$，是普通年金为 1 元、利率为 i、经过 n 期的年金现值，可查年金现值系数表求得。

【例 8-9】 江南公司欲投资于一新项目，年报酬率为 6%，希望在以后 5 年中每年年末可获得 100 万元投资报酬加本金，试问：该公司新项目至少应投资多少万元？

$$P = 1\,000\,000 \times (P/A, 6\%, 5)$$

$$= 1\,000\,000 \times 4.2124$$
$$= 4\,212\,400(\text{元})$$

因此，为了保证在以后5年中每年年末能获得100万元的投资报酬和本金，现在在新项目中至少应投资421.24万元。

(4) 年资本回收额的计算。年资本回收额是指在约定年限内等额回收初始投资或清偿所欠债务的指标。该指标实际上是普通年金现值的逆运算。年资本回收额的计算公式为：

$$A = P \cdot \frac{i}{1-(1+i)^{-n}}$$

式中，$\frac{i}{1-(1+i)^{-n}}$称资本回收系数，是普通年金现值系数的倒数，记作$(A/P,i,n)$，可通过年金现值系数的倒数计算出来。年资本回收额的计算公式也可表示为：

$$A = P \times (A/P,i,n) \quad \text{或} \quad A = P \times [1/(P/A,i,n)]$$

【例 8-10】 江南公司现投资一个项目，一次性投资金额为18万元，年利率为6%，问在未来5年内每年取得多少利润可以收回投资？

$$A = 180\,000 \times (A/P,6\%,5)$$
$$= 180\,000 \times (1/4.2124)$$
$$= 42\,730.98(\text{元})$$

结论：未来五年内每年取得42 730.98元的利润可以收回初始投资。

2. 预付年金

预付年又称先付年金或即付年金，是指在一定时期内每期期初发生等额系列收付款项。预付年金和普通年金的区别就在于收付款项的时间不同，预付年金发生在期初，普通年金发生在期末。两者之间相差一期的利息。

(1) 预付年金终值的计算。预付年金终值就是每期期初等额系列收付款项的复利终值之和。预付年金终值的计算公式如下：

$$F = A(1+i) + A(1+i)^2 + A(1+i)^3 + \cdots\cdots + A(1+i)^{n-1} + A(1+i)^n \quad (8\text{-}5)$$

式(8-5)两边同乘$(1+i)$可得到：

$$F(1+i) = A(1+i)^2 + A(1+i)^3 + A(1+i)^4 + \cdots\cdots + A(1+i)^n + A(1+i)^{n+1} \quad (8\text{-}6)$$

式(8-6)－ 式(8-5)

$$F(1+i) - F = A(1+i)^{n+1} - A(1+i)$$
$$F = A \cdot \left[\frac{(1+i)^{n+1}-1}{i} - 1\right]$$

式中，$\frac{(1+i)^{n+1}-1}{i}-1$为预付年金终值系数，是在普通年金终值系数的基础上期数加1、系数减1的结果，可通过查阅"年金终值系数表"求得$(n+1)$期的系数值，再减去1得到。预付年金终值计算公式也可写作：

$$F = A \cdot [(F/A,i,n+1) - 1]$$

根据和普通年金的关系，预付年金的计算公式，也可直接通过普通年金终值乘以$(1+i)$来推导出来。

【例 8-11】 江南公司现每年初将10元投资于A基金项目，年报酬率为8%，试问：5年后，江南公司获得多少投资回报？

$$F = 100\,000 \times [(F/A, 8\%, 5+1) - 1]$$
$$= 100\,000 \times (7.335\,9 - 1)$$
$$= 633\,590(\text{元})$$

将【例 8-7】和本例相比，633 590 正是 586 660×(1+8%)的结果。尾差为四舍五入的结果。

(2) 预付年金现值的计算。预付年金现值就是每期期初系列等额收付款项的复利现值之和。预付年金现值的计算公式为：

$$P = A + A(1+i)^{-1} + A(1+i)^{-2} + A(1+i)^{-3} + \cdots\cdots + A(1+i)^{-(n-1)} + A(1+i)^{-n} \quad (8\text{-}7)$$

式(8-7)两边同乘以$(1+i)$可得到：

$$P(1+i) = A(1+i) + A + A(1+i)^{-1} + A(1+i)^{-2} + \cdots\cdots + A(1+i)^{-(n-2)} + A(1+i)^{-(n-1)} \quad (8\text{-}8)$$

式(8-8)－式(8-7)：

$$P(1+i) - P = A(1+i) - A(1+i)^{-n}$$
$$P = A \cdot [\frac{1-(1+i)^{-(n-1)}}{i} + 1]$$

式中，$\frac{1-(1+i)^{-(n-1)}}{i}+1$ 称为预付年金现值系数，是在普通年金现值系数的基础上期数减1、系数加1的结果，可通过查阅“年金现值系数表”求得$(n-1)$期的系数值，再加上1得到。预付年金现值计算公式也可写作：

$$F = A \cdot [(F/A, i, n-1) + 1]$$

根据和普通年金的关系，预付年金的计算公式，也可直接通过普通年金现值乘以$(1+i)$来推导出来。

【例 8-12】 江南公司欲投资于一新项目，年报酬率为 6%，希望在以后 5 年中每年年初能获得 100 万元投资报酬，试问：该公司新项目至少应投资多少万元？

$$P = 1\,000\,000 \times [(P/A, 6\%, 5-1) + 1]$$
$$= 1\,000\,000 \times (3.465\,1 + 1)$$
$$= 4\,465\,100(\text{元})$$

将【例 8-9】和本例相比，4 465 100 正是 4 212 400×(1+6%)的结果。尾差为四舍五入的结果。

(三) 递延年金

递延年金是指第一次收付款发生在第二期或第二期以后的特殊普通年金。即在最初若干期(m 期，$m>1$)没有收付款项的情况下，后面若干期(n 期)有等额的系列收付款项。

递延年金终值的计算与递延期无关，其计算方法和普通年金的终值计算一样。

递延年金现值的计算与递延期有关，递延期越长，现值就越小，其计算方法有三种：

第一种方法，先求 n 期普通年金在 m 期末的现值，再将此现值折算到第一期期初。

其计算公式为：

$$P = A(P/A, i, n) \cdot (P/F, i, m)$$

第二种方法，假设最初的递延期也有年金，先求 $n+m$ 期普通年金在第一期期初的现值，再减去实际没有发生的 n 期年金的现值。

其计算公式为：

$$P = A[(P/A,i,m+n) - (P/A,i,m)]$$

第三种方法，先计算 n 期普通年金在 $m+n$ 期期末的终值，再将此现值折算到第一期期初。

其计算公式为：

$$P = A(F/A,i,n) \cdot (P/F,i,m+n)$$

【例 8-13】 江南公司拟一次性投资开发某项目，预计该项目能存续 15 年，但是前 5 年不会产生净收益，从第 6 年开始，每年的年末产生净收益 5 万元。若项目的投资报酬率为 10%，该项目投资限额为多少？

方法一：

$$\begin{aligned} P &= A(P/A,i,n) \cdot (P/F,i,m) \\ &= 50\,000(P/A,10\%,10) \cdot (P/F,10\%,5) \\ &= 50\,000 \times 6.144\,6 \times 0.620\,9 \\ &= 190\,759.11(\text{元}) \end{aligned}$$

方法二：

$$\begin{aligned} P &= A[(P/A,i,m+n) - (P/A,i,m)] \\ &= 50\,000[(P/A,10\%,15) - (P/A,10\%,5)] \\ &= 50\,000(7.606\,1 - 3.790\,8) \\ &= 190\,765(\text{元}) \end{aligned}$$

方法三：

$$\begin{aligned} P &= A(F/A,i,n) \cdot (P/F,i,m+n) \\ &= 50\,000(F/A,10\%,10) \cdot (P/F,10\%,15) \\ &= 50\,000 \times 15.937\,4 \times 0.239\,4 \\ &= 190\,770.68(\text{元}) \end{aligned}$$

采用上述三种方法计算得出的结果存在微小的差异，这是由于时间价值系数因四舍五入保留四位小数位而形成尾差。

（四）永续年金

永续年金是指无限期支付的年金，是普通年金的一种特殊形式，即期限趋于无穷的普通年金。由于永续年金没有终止时间，永续年金终值是无穷大，不必计算。

永续年金的现值可以通过普通年金现值的计算公式来推导：

$$P = A \cdot \frac{1-(1+i)^{-n}}{i}$$

当 $n \to \infty$ 时，$(1+i)^{-n}$ 的极限为零，故上式可写为：

$$P = A \cdot \frac{1}{i}$$

【例 8-14】 江南公司董事会决定从今年起建立一项永久性的奖励基金，每年年末颁发 50 000 元奖励公司优秀管理人员，若目前银行存款利率为 5%，试问：该公司的奖励基金至少为多少元？

$$P = 50\,000/5\% = 1\,000\,000(\text{元})$$

结论：该公司的奖励基金至少为 1 000 000 元。

同 步 实 训

一、理论思考题

1. 什么是管理会计？
2. 简述管理会计的产生与发展过程。
3. 管理会计指引体系有哪些？
4. 如何理解资金时间价值？

二、技能实训题

（一）单项选择题

1. 管理会计的萌芽可以追溯到（　　）。

A. 19 世纪初　B. 19 世纪中叶　C. 20 世纪初　D. 20 世纪中叶

2. “管理会计”这个名词被会计界认可于（　　）。

A. 1949 年　B. 1952 年　C. 1984 年　D. 2008 年

3. 根据《关于全面推进管理会计体系建设的指导意见》，中国特色的管理会计体系是一个（　　）的管理会计有机体系。

A. “2＋1”　B. “3＋1”　C. “4＋1”　D. “5＋1”

4. 管理会计指引体系不包括（　　）。

A. 基本指引　B. 应用指引　C. 制度解释　D. 例库

5. 下列项目中属于管理会计外部环境的是（　　）。

A. 价值创造模式　B. 法律环境　C. 文化环境　D. 经济环境

6. 管理会计起源于西方的（　　）。

A. 资金管理　B. 成本管理　C. 预算管理　D. 绩效管理

7. 明确我国管理会计概念框架的法律法规是（　　）。

A.《会计法》　B.《企业会计准则》

C.《管理会计基本指引》　D.《管理会计应用指引》

8. 管理会计在我国应用的最早领域是（　　）。

A. 资金管理　B. 成本管理　C. 预算管理　D. 绩效管理

9. 管理会计实施的基本条件是（　　）。

A. 管理会计工具和方法　B. 管理会计应用环境

C. 管理会计信息与报告　D. 管理会计活动

10. 关于递延年金，下列说法中不正确的是（　　）。

A. 递延年金无终值，只有现值

B. 递延年金终值计算方法与普通年金终值计算方法相同

C. 递延年金终值大小与递延期无关

D. 递延年金的第一次支付是发生在若干期以后的

11. 已知(F/A,10%,5)=6.105 1,那么,i=10%,n=5 时的偿债基金系数为(　　)。

A. 1.610 6　B. 0.620 9　C. 0.263 8　D. 0.163 8

12. 如果(P/A,5%,5)=4.329 7,则(A/P,5%,5)的值为(　　),称为投资回收系数。

A. 0.231 0　B. 0.783 5　C. 1.276 3　D. 4.329 7

13. 普通年金现值系数的倒数称为(　　)。

A. 普通年金终值系数　B. 复利终值系数

C. 偿债基金系数　D. 投资回收系数

14. 某人将 10 000 元存入银行,银行的年利率为 10%,按复利计算。则 5 年后此人可从银行取出(　　)元。

A. 17 716　B. 15 386　C. 16 105　D. 14 641

15. 某人希望在 5 年后取得本利和 1 000 元,用于支付一笔款项。若按单利计算,利率为 5%,那么,他现在应存入(　　)元。

A. 800　B. 900　C. 950　D. 780

16. 下列各项年金中,只有现值没有终值的年金是(　　)。

A. 普通年金　B. 即付年金　C. 永续年金　D. 先付年金

17. 某人年初存入银行 1 000 元,假设银行按每年 10%的复利计息,每年末取出 200 元,则最后一次能够足额提款的时间是第(　　)

A. 5 年末　B. 8 年末　C. 7 年末　D. 9 年末

18. 已知(P/F,10%,5)=0.620 9,(F/P,10%,5)=1.610 6,(P/A,10%,5)=3.790 8,(F/A,10%,5)=6.105 1,那么,偿债基金系数为(　　)

A. 1.610 6　B. 0.620 9　C. 0.263 8　D. 0.163 8

19. 某人在年初存入一笔资金,存满 4 年后每年末取出 1 000 元,至第 8 年末取完,银行存款利率为 10%。则此人应在最初一次存入银行的钱数为(　　)。

A. 2 848　B. 2 165　C. 2 354　D. 2 032

20. 某校准备设立永久性奖学金,每年计划颁发 36 000 元奖金,若年复利率为 10%,该校现在应向银行存入(　　)元本金。

A. 450 000　B. 300 000　C. 350 000　D. 360 000

(二) 多选题

1. 2016 年 6 月,财政部印发《管理会计基本指引》,明确指出了管理会计的目标,其内容包括(　　)。

A. 参与单位规划、决策、控制、评价活动

B. 提供单位规划、决策、控制、评价活动的有用信息

C. 正确编制管理会计报告

D. 推动单位实现战略规划

2. 管理会计与财务会计的主要区别有(　　)。

A. 服务对象不同　B. 程序方法不同

C. 职能作用不同理　D. 管理目标不同

3. 下列属于我国《管理会计基本指引》明确的管理会计领域有(　　)。

A. 战略管理　B. 成本管理　C. 生产管理　D. 绩效管理

4. 下列属于成本管理工具和方法的有(　　)。

A. 目标成本管理　B. 标准成本管理　C. 变动成本管理　D. 作业成本管理

5. 下列属于预算管理工具和方法的有(　　)。

A. 滚动预算管理　B. 作业预算管理

C. 零基预算管理　D. 弹性预算管理

6. 每期期初收款或付款的年金,称为(　　)。

A. 普通年金　B. 即付年金　C. 先付年金　D. 递延年金

7. 计算复利终值所必需的资料有(　　)。

A. 利率　B. 现值　C. 期数　D. 利息总额

8. 递延年金的特点有(　　)。

A. 最初若干期没有收付款项　B. 最后若干期没有收付款项

C. 其终值计算与普通年金相同　D. 其现值计算与普通年金相同

9. 一定量资金的复利现值是(　　)。

A. 随期数的增加而增加　B. 随利率的提高而降低

C. 随期数的缩短而增加　D. 随利率的降低而减少

10. 某公司拟购置一处房产,付款条件是:从第 4 年开始,每年年初支付 10 万元,连续付 10 次,共 100 万元,假设该公司的资金成本率为 10%,则相当于该公司现在一次付款的金额为(　　)万元。

A. $10[(P/A,10\%,12)-(P/A,10\%,2)]$

B. $10(P/A,10\%,10)(P/F,10\%,2)$

C. $10[(P/A,10\%,13)-(P/A,10\%,3)]$

D. $10[(P/A,10\%,12)-(P/A,10\%,3)]$

(三) 判断题

1. 管理会计主要服务于单位内部,所以管理会计也称内部会计。(　　)

2. 管理会计只利用财务会计提供的相关信息进行事前的分析和预测,事中的控制以及事后的评价。(　　)

3. 社会生产力的进步、市场经济的繁荣及其对经营管理的客观要求,是导致管理会计形成与发展的内在原因结果。(　　)

4. 管理会计基本指引在管理会计指引体系中起统领作用,是制定应用指引和建设例库的基础。(　　)

5. 管理会计应用主体视管理决策主体确定,可以是单位整体,也可以是单位内部的责任中心。(　　)

6. 管理会计应用环境是单位应用管理会计的核心。(　　)

7. 管理会计工具方法具有开放性,随着实践发展不断丰富完善。(　　)

8. 管理会计工具方法是实现管理会计目标的具体手段。(　　)

9. 管理会计只适用于应用环境良好的企业单位。(　　)

10. 管理会计的服务功能是帮助单位实现向管理要效益。(　　)

三、能力训练

1. 深华公司于年初存入银行 20 万元,在年利率为 10%,在复利的情况下,到第 6 年初,深华公司可获得本利和多少万元?

2. 长城公司有A、B两个投资机会,投资额均为100万元。投资A项目后的6年中,每年年末可收回25万元;投资B项目后的8年中,每年年末收回20万元。长城公司应投资哪个项目?

3. 假定A公司计划购买一台生产设备,现有两个方案可供选择:甲方案是一次付款55万元;乙方案是分6年付款,每年年初付11万元,6年共支付66万元。若银行借款利率为10%,试问:该公司应该选择哪种方案?

4. 某人现在要为自己准备退休后的养老金,现在此人离退休还有3年,银行的存款利率为10%。他想从退休开始,每年年末收到养老金10 000元,持续5年。试问:此人现在应一次性存入银行多少钱,就能实现养老计划? $i=10\%$的时间价值系数表如表8-1所示。

表8-1　$i=10\%$的时间价值系数表

期数 / 系数 / 项目	1	2	3	4	5	6	7	8
$(F/P,i,n)$	1.100 0	1.210 0	1.331 0	1.464 1	1.610 5	1.771 6	1.948 7	2.143 6
$(P/F,i,n)$	0.909 1	0.826 4	0.751 3	0.683 0	0.620 9	0.564 5	0.513 2	0.466 5
$(F/A,i,n)$	1.000 0	2.100 0	3.310 0	4.641 0	6.105 1	7.715 6	9.487 2	11.435 9
$(P/A,i,n)$	0.909 1	1.735 5	2.486 9	3.169 9	3.790 8	4.355 3	4.868 4	5.334 9

项目九　会计职业规范

本项目主要介绍了我国会计规范体系的构成内容。会计规范是人们在从事会计活动时所应当遵循的约束性或指导性行为准则，是确保会计信息公允性的重要手段。我国的会计规范包括会计法律、会计行政法规、会计准则、会计制度、地方性会计法规及内部会计制度等。

知识目标

1. 熟悉我国会计法规体系。
2. 认知会计准则体系。
3. 认知会计监督规范的内容。
4. 熟悉会计工作管理规范的主要内容。

能力目标

1. 能判断哪些是会计法规体系的内容。
2. 掌握会计档案保管制度的相关规定。

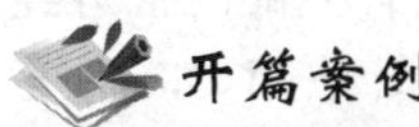

开篇案例

张华开的超市经营效益良好，超市规模不断扩大，开设了数家连锁门店。他需要聘请更多的会计人员并成立相应的会计机构。但是他不清楚设置会计机构有些什么具体要求和规定，也不知道会计机构设立以后如何对会计人员进行分工，如何确保会计核算资料的真实性，并保证资金安全。

对于这样的问题，你能给张华提供什么样的建议呢？

任务一　认知会计职业规范体系

会计规范是指由国家权力机关或其他授权机构制定的，用来规范会计工作、调整会计关系的各种行为规则的总称。会计职业规范体系具体包括管理会计工作的各种法律、法令、条例、规则、章程、制度等规范性文件。

一、会计法律

会计法律是指由全国人民代表大会及其常务委员会制定和颁布的，由国家主席签发的有关调整会计关系的规范性文件或法律规范。

在我国，会计法律规范集中体现在《中华人民共和国会计法》（以下简称《会计法》）中。《会计法》是依据《中华人民共和国宪法》基本精神制定的，具有强制性，是调整我国经济生活中会计关系的法律总规范，对会计法规、会计规章的制定与实施具有普遍的指导意义。《会计法》是会计法律制度中层次最高的法律规范，是规范会计工作的"宪法"和制定其他会计法规的依据，也是指导会计工作的最高准则。《会计法》中明确规定了其作用、适用范围、会计人员行使职权的保障措施和会计工作的管理体制等，明确规定了会计信息的内容和要求及企业会计核算、监督的原则，以及会计机构的设置、会计人员的配备和相关人员的法律责任等。

除《会计法》外，还有许多其他涉及会计问题的法律，如《中华人民共和国审计法》《中华人民共和国注册会计法》《中华人民共和国公司法》《中华人民共和国企业破产法》《中华人民共和国证券法》《中华人民共和国商业银行法》《中华人民共和国保险法》《中华人民共和国企业所得税法》等。这些法律从不同的行业和角度对会计工作进行了规范，对会计规范的内容起着补充的作用，使《会计法》能更好地发挥其在会计实践中的主体作用。

二、会计行政法规

会计行政法规是我国现行会计法规体系的一个重要组成部分，它包括三个方面的内容：

第一，会计行政规章。会计行政规章是由国务院制定、颁布或者国务院有关部门拟订经国务院批准发布的由国务院总理签发的规范性文件，其法律效力仅次于会计法律，如《总会计师条例》《企业财务会计报告条例》等。

第二，会计部门规章。会计部门规章主要是由主管全国会计工作的行政部门——财政部就会计工作中某些方面的内容所制定的规范性文件，或者是财政部与国务院其他部门共同签发的相关文件，如《会计基础工作规范》和《会计档案管理办法》等。

第三，会计技术规范。它是侧重于会计业务管理的技术性规范，主要包括《企业会计准则》（含基本准则、具体会计准则、企业会计准则应用指南和企业会计准则解释等）、《企业会计制度》、《金融企业会计制度》等。作为国家社会规范乃至强制性规范的重要组成部分，《企业会计准则》既是一种反映经济活动、确认产权关系和规范收益分配的会计技术标准，是生成和提供会计信息、实现社会资源优化配置的重要依据，也是政府干预经济活动、规范经济秩序和从事国际经济交往等的重要手段。具体会计准则是根据《企业会计准则——基本准则》的框架和原则，针对不同的具体经济业务或财务报表项目可能发生的各种确认和计量以及报告披露问题所做的处理规范，对会计实务有着直接的影响作用。但是，具体会计准则规范的重点是会计判断的过程，在会计要素的确认、计量和报告披露等方面的规定比较抽象，因此在运用具体会计准则时需要依赖会计人员的职业判断。

三、地方性会计法规和地方政府会计规章

地方性会计法规和地方政府会计规章，主要是指各省、自治区、直辖市人民代表大会和人民政府根据会计法律、会计行政法规和国家统一会计制度的规定，结合本地实际情况制定的、在各自的行政区域内实施的地方性会计规范性文件。

综上所述，目前我国已基本形成了由会计法律、会计行政法规、会计部门规章、会计技术规则、地方性会计法规和地方政府会计规章五个层次所构成的具有中国特色的会计规范体系。

任务二　认知会计法律与会计准则

一、会计法律

会计法律是指由全国人民代表大会及其常务委员会制定和颁布的，有关调整会计关系的规范性文件或法律规范。会计法律是会计规范体系中权威性最高、最具法律效力的法律规范，是制定其他各层次会计规范的依据。

（一）《会计法》

《会计法》是调整我国经济生活中会计关系的法律总规范，是会计法律制度中层次最高的法律规范，是制定其他会计法规的依据，也是指导会计工作、规范会计行为的最高准则。1985 年 1 月 21 日，六届全国人大常委会第九次会议审议通过了《会计法》，标志着我国会计工作开始进入法制阶段。1993 年 12 月 29 日，八届全国人大常委会第五次会议审议通过了《全国人民代表大会常务委员会关于修改〈中华人民共和国会计法〉的决定》。1999 年 10 月 31 日，九届全国人大常委会第十二次会议表决通过了修订后的《会计法》，自 2000 年 7 月 1 日起施行，这是我国对《会计法》的第二次修订。2017 年 11 月 4 日，第十二届全国人民代表大会常务委员会第三十次会议表决通过了《关于修改〈中华人民共和国会计法〉的决定》，修改了“从事会计工作的人员，必须取得会计从业资格证书”等规定，并从 2017 年 11 月 5 日起实施。现行《会计法》共七章五十二条，其主要内容概括如下：

1. 立法宗旨及适用范围

《会计法》的立法宗旨是为了规范会计行为，保证会计资料真实、完整，加强经济管理和财务管理，提高经济效益，维护社会主义市场经济秩序；无论是国家还是单位都必须严格规范会计行为，保证会计资料的真实、完整；国家机关、社会团体、公司、企业、事业单位和其他组织都必须依照该法办理会计事务。

2. 单位负责人和会计人员的基本责任

单位负责人对本单位的会计工作和会计资料的真实性、完整性负责；会计机构、会计人

员均依法进行会计核算，实行会计监督；任何单位或者个人不得以任何方式授意、指使、强令会计机构、会计人员伪造、变造会计凭证、会计账簿和其他会计资料，提供虚假财务会计报告；任何单位或者个人不得对依法履行职责、抵制违反《会计法》规定行为的会计人员实行打击报复。

3. 会计工作的管理体制

国务院财政部门主管全国的会计工作，县级以上地方各级人民政府财政部门管理本行政区域内的会计工作；我国实行统一的会计制度，统一的会计制度由财政部制定并公布；国务院有关部门可以依照《会计法》和国家统一的会计制度，制定对会计核算和会计监督有特殊要求的行业实施国家统一的会计制度的具体办法或者补充规定，报国务院财政部门审核批准；中国人民解放军总后勤部可以依照《会计法》和国家统一的会计制度，制定军队实施国家统一的会计制度的具体办法，报国务院财政部门备案。

4. 会计核算与会计监督

任何事项的会计核算都必须符合《会计法》的相关规定；各单位应当建立、健全内部会计监督制度；各单位的会计机构、会计人员对违反《会计法》和国家统一的会计制度规定的会计事项，有权拒绝办理或者按照职权予以纠正；财政、审计、税务、人民银行、证券监管、保险监管等部门应当依照有关法律、行政法规规定的职责，对各单位的会计资料实施监督检查；须经注册会计师进行审计的单位，应当向受委托的会计师事务所如实提供会计资料及有关情况，各单位或者个人不得以任何方式要求或者示意注册会计师及其所在的会计师事务所出具不实或者不当的审计报告；财政部门有权对会计师事务所出具的审计报告的内容、程序进行监督；依法对有关单位的会计资料实施监督检查的部门及其工作人员对在监督检查中知悉的国家秘密和商业秘密负有保密义务。

5. 会计机构和会计人员

各单位应当根据会计业务的需要设置会计机构，不具备设置条件的，可以委托中介机构代理记账；国有的或国有资产占控股地位或者占主导地位的大、中型企业必须设置总会计师，同时配备一定数量的、遵守职业道德、具有专业技术职称的会计人员；会计人员调动工作或者离职，必须与接管人员办清交接手续。

6. 法律责任

违法必究是社会主义法治的基本要求。单位、直接负责的主管人员及其他有关人员违反《会计法》所应承担的法律责任，主要包括行政责任和刑事责任。实施行政责任的主体应当是县级以上人民政府财政部门和有关企、事业单位，行政责任的承担主体应当是单位、直接负责的主管人员和其他直接责任人员；刑事责任的承担主体应当是个人、单位、直接负责的主管人员和其他直接责任人员。

7. 附则

对《会计法》中使用的相关用语进行界定，并规定了《会计法》的实施日期。

（二）其他会计相关的法律规范

除《会计法》之外，《中华人民共和国公司法》（以下简称《公司法》）和《中华人民共和国证券法》（以下简称《证券法》）等商法对企业财务行为也有具体规定。如 2006 年 1 月 1 日开始实施的《公司法》，其中第八章“公司财务、会计”就是专门针对公司财务会计的规定。它规定公司应当依照法律、行政法规和国务院财政部门的规定建立本公司的财务、会计制度，应当在每一会计年度终了时依照法律、行政法规和国务院财政部门的规定编制财务会计报告，并依法经会计师事务所审计。2006 年 1 月 1 日开始实施的《证券法》中对财务会计报告信息的规定和要求，也是会计法规的重要组成部分。

二、会计准则

会计准则是会计人员从事会计工作必须遵循的基本原则，是会计核算工作的规范，是企业确认和计量经济交易与事项、编报财务报表以提供会计信息所应当遵循的标准和规则。它的目的在于把会计处理建立在公允、合理的基础之上，并使不同时期、不同主体之间的会计结果的比较成为可能。

（一）美国的一般公认会计原则

在公认会计准则制定和应用方面，美国是世界上制定较早且发展比较完善的国家之一，其第一部公认会计准则制定和颁布于 1937 年，已经多次的修订和完善，发展水平较高，且在实践中得到了很好的验证和发展。

在美国公认会计准则颁布之前，美国会计没有统一的准则，各行各业都用自己或各移民国家惯用的方法去记录所发生的交易，也不需要向别的企业或者公众披露自己的会计信息，财务报表一般是由投资人编制的，债权人一般得不到真实、有效的会计信息。1929 年，美国爆发了严重的经济危机，投资者损失惨重，多家商业丑闻和诈骗案不断被曝光，使得大家开始怀疑会计师的职业能力和职业道德操守，因而，美国十分迫切地需要统一、规范的会计准则。

为了实现美国金融市场平稳并且有秩序地发展，美国政府于 1933 年和 1934 年分别颁布了《证券法》和《证券交易法》，设立了“证券交易委员会”(SEC)。在国会要求 SEC 制定会计准则的情况下，SEC 又将这一重任委托给了当时的美国会计师协会(AIA)，由此揭开了制定会计准则的序幕，并开创了由民间机构制定会计准则的先河。

目前，美国有 3 个组织在建立和完善会计准则的过程中尤为重要：一个是证券交易委员会(SEC)；一个是财务会计准则委员会(FASB)；另一个是国际会计准则理事会(IASB)。SEC 是一个政府机构，拥有为公众持股公司制定会计准则和财务报告要求的法定权力，过去 SEC 通常采纳 FASB 的建议，而不是开发一套自己的会计准则。为确保新会计准则被广泛接受，FASB 需要 SEC 的支持，因此这两个组织紧密合作制定新会计准则。

美国会计准则的发展先后经历了“会计程序委员会”(CAP)、“会计原则委员会”(APB)和“财务会计准则委员会”(FASB)3 个阶段。CAP 发布的 51 份“会计研究公报”、APB 发布的 31 份“会计原则委员会意见书”、FASB 发布的 150 多份“财务会计准则”及其解释公告等，共同形成了适用于美国非政府主体的会计准则的主要内容。

（二）国际会计准则与国际财务报告准则

当企业在本国以外经营时，不同国家财务报告惯例方面的差异可能造成很多问题。例如，当公司在另一个国家购买或销售产品时，会计信息如果缺乏可比性就会产生不确定性。

IASB起着协调不同国家会计准则的作用。

20世纪五六十年代，跨国公司等国际经济联合体的大量涌现，许多企业到他国资本市场寻求资金。为了适应国际经济一体化、促进资本的国际流动，须制定一套国际通用的会计标准，以最大限度地消除世界各国利益相关者理解会计信息并以此做出相关决策的障碍。

1973年6月，国际会计准则委员会(IASC)成立。以"制定和公布编制财务报表应当遵守的会计准则并推动这些准则在世界范围内被接收和遵循"作为其工作目标。截至2000年，IASC共发布了41份"国际会计准则"和33项"解释公告"。

2001年年初，IASC完成改组，IASB(国际会计准则理事会)取代了IASC。IASB对部分国际会计准则做出了修订，并负责发布"国际财务报告准则(IFRS)"。

IASB目前正试图建立可在全世界范围内统一的会计准则，从而便于跨国商业活动的开展。

（三）我国会计准则和会计制度

1. 我国会计准则和会计制度的发展历程

中国经济建设历程曲折前进，从最开始的计划经济，再到计划商品经济，最后是中国特色社会主义的市场经济。随着中国经济的不断发展与变化，会计作为国民经济核算的主要工具也随之不断发展与变革。

新中国成立初期，各行各业的会计制度非常不统一，不仅缺乏规范的会计规则，甚至连各行各业之间都没有固定的会计做账准则，造成无法系统地规范各个单位的会计工作。后来，虽然财政部先后颁布了一些会计制度和规范，但没有得到系统的发展。我国会计准则的建设，主要是从改革开放以后，可以将其发展分为以下三个阶段。

第一阶段是从20世纪80年代到1996年，这一阶段主要是对国外的学习、借鉴，以及国内关于制定我国的企业会计准则的讨论阶段和尝试阶段。1992年颁布了《企业财务通则》《企业会计准则》以及13项行业会计制度和10项行业财务制度(简称"两则两制")，于1993年7月1日起开始实施。

我国1992年颁布的《企业会计准则》是新中国成立以来我国发布的第一份会计准则，它是借鉴西方会计准则、研究和制定我国会计准则的标志性成果。从内容上看，该准则就企业进行会计确认、计量和报告的基本要求和基本内容作出原则性的规定，属于基本准则。此时颁布的13项各行业的会计制度，起到了规范各单位的会计行为、指导企业会计实务工作的目的。"两则两制"的发布和实施，标志着我国会计核算模式由原来适应计划经济体制的财务会计核算模式开始转化为适应社会主义市场经济体制的会计模式。

第二阶段是从1997年到2000年，我国证券市场得到充分发展，越来越多的企业上市。为促进深化改革，我国又制定和发布了一系列旨在提高会计信息质量且在内容上与国际会计惯例保持一致的具体准则和会计制度。1997年我国发布第一项具体准则《企业会计准则——关联方关系及其交易的披露》，随后又发布了13项具体的会计准则，突出特点是这些准则是针对当时我国经济运行中最需要解决的突出问题而制定的，主要是借鉴了国际会计准则。1998年5月我国正式加入IASC；10月，财政部会计准则委员会成立。2000年我国发布国家统一的、打破行业和所有制界限的《企业会计制度》，适用于除金融保险和小企业以外的其他企业，自2001年起在股份有限公司范围实施，逐步推广至其他企业。

第三阶段是从2001年到2007年，这一阶段发布的一系列准则，突出特点是这些准则针对粉饰财务报表的行为，制定了更为严格的标准；2003 年，会计准则委员会改组后，2004 年发布《金融企业会计制度》《民间非营利组织会计制度》和《小企业会计制度》(2013 年被《小企业会计准则》取代)；2006 年 2 月 15 日，财政部正式发布《企业会计准则》和 28 项具体会计准则，标志着我国企业会计准则体系正式建立起来，这可以说是我国会计发展史上具有里程碑意义的事件。

2014 年和 2017 年财政部新增、修订了《企业会计准则》的部分项目，这些新准则与国际会计准则相关部分保持了持续趋同。到目前为止，我国的会计准则体系形成了 1 项基本准则、42 项具体准则和应用指南 3 个层次。基本准则又根据企业性质分为《企业会计准则》《小企业会计准则》和《事业单位会计准则》。这些准则，成为我国会计人员从事会计工作的规则和指南。

2. 我国小企业会计制度和小企业会计准则

为了规范小企业的会计核算，提高会计信息质量，根据《中华人民共和国会计法》《企业财务会计报告条例》及其他有关法律和法规，我国财政部制定了《小企业会计制度》，该制度于 2013 年 1 月 1 日被《小企业会计准则》取代。

我国《小企业会计准则》的实施范围是在中华人民共和国境内设立的、同时满足下列 3 个条件的企业：

(1) 不承担社会公众责任。本准则所称承担社会公众责任，主要包括两种情形：一是企业的股票或债券在市场上公开交易，如上市公司和发行企业债的非上市企业、准备上市的公司和准备发行企业债的非上市企业；二是受托持有和管理财务资源的金融机构或者其他企业，如非上市金融机构、具有金融性质的基金等其他企业(或主体)。

(2) 经营规模较小。本准则所称经营规模较小是指符合国务院发布的中小企业划型标准所规定的小企业标准或微型企业标准。

(3) 既不是企业集团内的母公司也不是子公司。企业集团内的母公司和子公司均应当执行《企业会计准则》。

我国目前有中小企业 7 000 多万家，在国民经济中占据重要位置，近些年国家出台了很多扶持中小企业发展的政策。哪些企业属于中小企业呢？工业和信息化部发布的《中小企业划型标准》，将中小企业划分为中型、小型、微型 3 种类型，具体标准根据企业从业人员、营业收入、资产总额等指标，结合行业特点制定。

《小企业会计准则》与《企业会计准则》一样，都是依据《中华人民共和国会计法》和其他有关法律法规制定的，会计核算的基本要求、核算方法、核算的前提条件及会计核算应遵循的基本原则都相同，但是《小企业会计准则》在账务处理上比较简单。

(三) 我国《企业会计准则》的相关规定

我国《企业会计准则》的相关规定主要包括基本准则的规定和具体准则的规定。

1. 企业会计基本准则的规定

我国《企业会计准则——基本准则》类似于国际会计准则理事会的《编制财务报表的框架》，在企业会计准则体系建设中扮演着同样的角色，在整个企业会计准则体系中居于统驭地位。基本准则不仅统驭着具体准则的制定，而且为会计实务中出现而具体准则尚未规范的新会计问题提供了会计处理的基本原则。

基本准则主要包括以下内容：

(1) 明确了我国财务会计报告的目标是向财务会计报告使用者提供决策有用的信息，并反映企业管理层受托责任的履行情况。

(2) 强调了企业会计确认、计量和报告应当以会计主体、持续经营、会计分期和货币计量为会计基本假设，规定企业会计确认、计量和报告应当以权责发生制为基础。

(3) 建立了企业会计信息质量要求体系，规定企业财务会计报告中提供的会计信息应当满足会计信息质量要求。

(4) 将会计要素分为资产、负债、所有者权益、收入、费用和利润 6 个要素，同时对各要素进行了严格的定义。

(5) 规定了企业在将符合确认条件的会计要素登记入账并列报于财务报表时可供选择的计量属性，即历史成本、重置成本、可变现净值、现值和公允价值等，但一般应当采用历史成本，当采用其他计量属性计量时应当保证所确定的会计要素金额能够取得并可靠计量。

(6)明确了财务会计报告的基本概念、应当包括的主要内容和所反映信息的基本要求等。

2. 具体会计准则的规定

我国现行的企业会计准则体系包括 42 项具体准则。2006 年 2 月 15 日，财政部发布了会计准则体系，包括 1 个基本准则和 38 项具体准则。基本准则即《企业会计准则——基本准则》，38 项具体准则分别涉及存货、长期股权投资、投资性房地产、固定资产、生物资产、无形资产、非货币性资产交换、资产减值、职工薪酬、企业年金基金、股份支付、债务重组、或有事项、收入、建造合同、政府补助、借款费用、所得税、外币折算、企业合并、石油天然气开采、会计政策、会计估计变更和差错更正、资产负债表日后事项、财务报表列报、现金流量表、中期财务报告、合并财务报表、每股收益、分部报告、关联方披露、金融工具列报、首次执行企业会计准则等。

2014 年新增和修订了 8 项具体准则，其中新增的为：公允价值计量、合营安排、在其他主体中权益的披露；修订的为：长期股权投资、职工薪酬、财务报表列报、合并财务报表、金融工具列报。这些准则的目标适用范围为上市公司和所有大中型企业。

2017 年财政部修订了 6 项企业会计准则，分别为金融工具确认和计量、金融资产转移、套期会计(原为套期保值)、金融工具列报、政府补助、收入；新增 1 项会计准则：持有待售的非流动资产、处置组和终止经营。

任务三　认知会计工作管理规范

会计工作管理规范是指会计工作的一些基础制度，主要规定从事会计工作所必须遵循的基本原则和基本章程等。

一、会计基础工作规范

会计基础工作是会计工作的基本环节，也是经济管理工作的重要基础。1984 年 4 月 24

日,财政部发布了《会计人员工作规则》。1996 年 6 月 17 日,为了加强会计基础工作以建立规范的会计工作秩序、提高会计工作水平,根据《会计法》的有关规定,财政部以"财会字第 19 号文"的形式制定发布了《会计基础工作规范》(以下简称《规范》),它的制定和实施既是做好会计工作的内在要求,也是《会计法》的重要配套规章。2017 年 11 月《规范》修订,将原来的"未取得会计证的人员,不从事会计工作"修改为"(企业)配备会计人员,并确保其具备从事会计工作所需要的专业能力",取消了"总账和明细账应当定期打印"的规定。修订后的《规范》由 6 章共 101 条组成,其主要内容为 4 个方面的具体规范。

(一) 会计机构相关规范

1. 会计机构的设置要求

会计机构是各单位办理会计业务的职能部门。建立健全会计机构,是做好会计工作,充分发挥会计职能作用的重要保证。设置会计机构应以会计业务需要为前提,根据《规范》的规定,是否单独设置会计机构,由各单位根据自身会计业务的需要自主决定。

一般而言,一个单位是否单独设置会计机构,主要取决于下列各因素:

(1) 单位规模的大小。一个单位的规模,往往决定了这个单位内部职能部门的设置,也决定了会计机构的设置与否。一般来说,大中型企业和具有一定规模的事业行政单位,以及财务收支数额较大、会计业务较多的社会团体和其他经济组织,都应单独设置会计机构,以便及时组织本单位各项经济活动和财务收支的核算,实行有效的会计监督。

(2) 经济业务和财务收支的繁简。经济业务多、财务收支量大的单位,有必要单独设置会计机构,以保证会计工作的效率和会计信息的质量。

(3) 经营管理的要求。有效的经营管理是以信息的及时准确和全面系统为前提的。一个单位在经营管理上的要求越高,对会计信息的需求和会计信息系统的要求也越高,从而决定了该单位是否需要设置会计机构。

不设置会计机构单位的应当配备会计人员,《规范》第六条规定:各单位应当根据会计业务的需要设置会计机构;不具备单独设置会计机构条件的,应当在有关机构中配备专职会计人员。这是《规范》对设置会计机构提出的原则性要求。对于不具备单独设置会计机构条件的单位,如财务收支数额不大、业务比较简单的企业、机关、团体、事业单位和个体工商户等,为了适应这些单位的内部管理客观需要和组织结构特点,允许其在有关机构中配备专职会计人员,这类机构一般应是单位内部与财务会计工作接近的机构,如计划、统计或经营管理部门,或者是有利于发挥会计作用的内部综合部门,如办公室等。只配备专职会计人员的单位也必须具有健全的财务制度和严格的财务手续,其专职会计人员的专业职能不能被其他职能所替代。

2. 会计机构的设置方法

企业、事业、行政机关等单位都要按有关会计法规的要求设置从事会计的专职机构,或者在有关机构中设置会计人员并指定会计主管人员;不具备设置条件的,应当委托经批准设立从事会计代理记账业务的中介机构代理记账。

在我国,由于会计工作和财务工作都是综合性经济管理工作,它们之间的关系非常密切,因此通常把两者合并在一起,设置一个财务会计机构,如企业设置的财务会计科(处、部)或称财务科(处、部)等。所以,会计机构通常是指财务会计部门。值得注意的是,随着我国会计工作由核算型向核算管理型的转变,不少企业在会计机构的设置上作了很多有益的探索,如将从事会计核算工作的部门设置为会计科(处、部),而将从事会计决策、预算、控制等工作的部门另设置为管理科(处、部),或干脆专门设置融资部、投资部等,这些都体现了新形势下企业对会计工作的加强和重视。

在会计核算和其他会计管理工作统设为一个机构的情况下,基层单位的会计机构为会计(财务)处、部、科、股、组等。各单位的会计机构,在行政领导人的领导下开展工作。设置总会计师的单位,其会计机构由总会计师直接领导,同时,也接受上级财务会计部门的指导和监督。

在企事业单位的各职能部门中,会计机构是一个综合性经济管理部门,它和单位其他各职能部门、各生产经营业务单位的工作有着十分密切的联系,彼此相互促进、相互制约。因此,会计机构要在主动为各职能部门、各业务单位服务的基础上,依靠各职能部门业务单位共同做好会计工作,完成会计管理任务。此外,会计机构还要接受上级管理国家财政、税务和审计等部门的指导与监督,并按规定向它们报送会计报表。

(二)会计人员相关规范

会计人员是指直接从事会计工作的人员。各企业、事业、行政机关等单位,都应根据实际需要和相关法规的规定,配备一定数量的会计人员,这是做好会计工作的决定性因素。

1. 会计人员的岗位设置

一个单位会计人员的配备,首先要解决数量问题。而一个单位配备多少会计人员为宜,是一个需要视行业、单位的具体情况而作出具体回答的问题,因为会计人员的配备数量,同单位的大小、业务的多少、资产的规模、经营管理的要求、核算的组织形式以及采用什么样的核算手段等,都有着密切的关系,这具体体现在会计工作岗位的设置上。

设置会计工作岗位的原则主要包括以下几个方面:

(1) 根据本单位会计业务的需要。《规范》第十一条规定:各单位应当根据会计业务需要设置会计工作岗位。由于各单位所属行业的性质、自身的规模、业务内容和数量以及会计核算与管理的要求等不同,会计工作岗位的设置条件和要求也不相同。在设置会计工作岗位时,必须结合单位的实际情况,有的分设、有的合并、有的不设,以满足会计业务需要为原则。

(2) 符合内部牵制制度的要求。根据《规范》第十二条的规定:会计工作岗位,可以一人一岗、一人多岗或者一岗多人。但出纳人员不得兼管稽核,会计档案保管和收入、费用、债权债务账目的登记工作。目前,我国不少单位在会计工作岗位设置上存在岗位职责不清、人浮于事、手续混乱等问题;在一些小型经济组织中,会计、出纳一人兼任,或者出纳与财物保管一人兼任,为徇私舞弊和贪污挪用等违法乱纪行为留下了可乘之机。

(3) 有利于会计人员不断提高业务素质。《规范》第十三条规定:会计人员的工作岗位应当有计划地进行轮换。把轮岗列入会计工作岗位设置的原则要求,不仅可以激励会计人员不断进取,改进工作,而且在一定程度上也有助于防止违法乱纪,保护会计人员。

(4) 有利于建立岗位责任制。《规范》第十一条还示范性地提出了会计工作岗位的设置方案,即将会计工作岗位分为:会计机构负责人或者会计主管人员、出纳、财产物资核算、工资核算、成本费用核算、财务成果核算、资金核算、往来结算、总账报表、稽核、档案管理等岗位。这种设置方法,基本上包含了会计业务的主要内容和主要方面,为建立岗位责任制提供了比较完整的基础，是各单位在具体制定会计工作岗位设置方案时比较理想的参考方案。

2. 会计人员的主要权限

会计人员的权限是指国家相关法律、法规赋予会计人员的工作权限，其目的是为了保障会计人员顺利地履行其职责，更好地完成会计管理的任务。我国会计人员的主要权限可概括如下：

(1) 有权要求本单位有关部门、人员认真执行国家批准的计划、预算，遵守国家法律及财经纪律和财务会计制度。在经济业务处理过程中，对于违反法律、法规的情况，会计人员有权拒绝付款、拒绝报销或拒绝执行，并向本单位领导报告。对于弄虚作假、徇私舞弊、欺骗上级等违法乱纪行为，会计人员必须坚决拒绝执行，并向单位领导人或上级机关报告。

(2) 有权参与本单位编制计划、制定定额、签订经济合同等工作；有权参加有关的生产、经营管理会议；有权提出有关财务开支和经济效益方面的问题和建议，单位领导人和有关部门对这些问题和建议，要认真考虑，对于合理的意见要加以采纳。

(3) 有权监督、检查本单位有关部门的财务收支，资金使用和财产保管、收发、计算、检验等情况。有关部门要提供资料，积极配合，如实反映本部门的情况。

会计人员的工作权限是国家有关法律、法规所赋予的，各级领导和有关人员要支持会计人员正确地行使其工作权限。本单位领导人、上级机关和执法部门对会计人员反映的有关损害国家利益、违反财经纪律等问题，要认真及时地调查处理。如果会计人员反映的情况属实，单位领导人或上级机关不及时采取措施加以纠正，则由领导人和上级机关负担相应责任。如果有人对会计人员坚持原则、反映情况进行刁难、阻挠或打击报复，上级机关要查明情况，严肃处理，情节严重的，要给以党纪国法制裁。

3. 会计人员的主要职责

会计人员的职责，是指国家相关法律、法规对会计人员所提出的及时提供真实可靠的会计信息、认真贯彻执行和维护国家财经制度和财经纪律、积极参与经营管理、提高经济效益等的职责要求。具体地说，我国会计人员的主要职责可概述为以下几方面：

(1) 进行会计核算。会计人员要以实际发生的经济业务为依据，记账、算账和报账，在会计业务处理过程中，做到：手续完备，内容真实，数字准确，账目清楚，日清月结，按期报账；如实反映单位财务状况、经营成果和财务收支情况，满足国家宏观经济管理的需要，满足各单位内部经营管理和有关各方了解本单位财务状况、经营成果和财务收支情况的需要。

(2) 实行会计监督。各单位的会计机构、会计人员依法对本单位实行会计监督。会计人员对不真实、不合法的原始凭证，应不予受理，并向单位负责人报告；对记载不准确、不完整的原始凭证应予以退回，并要求有关各方按规定予以更正补充；发现账簿记录与实物、款项不符的时候，应当按照有关规定进行处理，无权自行处理的，应当立即向本单位行政领导人报告，请求查明原因，做出处理；对违反国家统一的财政制度、财务制度规定的收支，应不予办理。各单位必须接受审计机关、财政机关和税务机关依照法律和国家有关规定进行的监督，如实提供会计凭证、会计账簿、财务报表和其他会计资料以及有关情况，不得拒绝、隐匿、谎报。

(3) 制定本单位办理会计事务的具体办法。国家制定的统一的会计法规只是对会计工作管理和会计事务处理办法作出的一般规定，各单位要依据国家颁布的会计法规，结合本单位的特点和需要，建立、健全本单位内部使用的会计事项处理办法。例如，建立会计人员岗位责任制、内部牵制和稽核制度;制定分级核算、分级管理办法和费用开支报销办法等。

(4) 参与拟订经济计划、业务计划,考核、分析预算、财务计划的执行情况。各单位编制的经济计划或业务计划是指导该单位经济活动或业务活动的主要依据,也是会计人员编制财务计划的重要依据,会计人员参与经济计划、业务计划的拟订,不仅有利于编制切实可行的财务计划,而且可以发挥会计人员联系面广泛、经济信息灵通的优势。会计人员通过会计核算和会计监督,可以考核、检查各项收支预算或财务计划的执行情况,提出进一步改善经营管理、提高经济效益的建议和措施。

(5) 办理其他会计事务。发展经济离不开会计,经济越发展,社会分工越细,生产力水平越高,人们对经济管理的要求也就越高,作为经济管理的重要组成部分的会计也就越重要、越会得到发展,会计事务也必然日趋丰富多样。例如,实行责任会计、经营决策会计、电算化会计等。会计人员的职责是考核会计人员工作质量的重要标准。会计人员应守职尽责,努力做好会计核算、会计监督、会计分析、会计决策等各项会计工作,为社会主义建设事业服务。

(三) 会计核算的基本规范

会计核算是会计基本职能之一,在会计基础工作中具有非常重要的地位。会计核算基本规范具体包括以下几个方面内容:

1. 依法建账

各单位应当按照《会计法》和国家统一的会计制度规定建立会计账册,进行会计核算;各单位发生的各项经济业务事项应当统一进行会计核算,不得违反规定私设会计账簿进行登记、核算。

2. 根据实际发生的经济业务进行会计核算

《会计法》规定,各单位必须根据实际发生的经济业务事项进行会计核算,填制会计凭证,登记会计账簿,编制财务会计报告。会计核算以实际发生的经济业务为依据,体现了会计核算的真实性和客观性要求。其具体要求是,根据实际发生的经济业务,取得可靠的凭证,并据此登记账簿,编制财务会计报告,形成符合质量标准的会计资料(会计信息)。

3. 保证会计资料的真实和完整

会计资料,主要是指会计凭证、会计账簿、财务会计报告等会计核算专业资料,它是会计核算的重要成果,是投资者做出投资决策、经营者进行经营管理、国家进行宏观调控的重要依据。会计资料的真实性,主要是指会计资料所反映的内容和结果,应当同单位实际发生的经济业务的内容及其结果相一致。会计资料的完整性,主要是指构成会计资料的各项要素都必须齐全,以使会计资料如实、全面地记录和反映经济发生情况,便于会计资料使用者全面、准确地了解经济活动情况。会计资料的真实性和完整性,是会计资料最基本的质量要求,是会计工作的生命,各单位必须保证所提供的会计资料真实和完整。

4. 正确采用会计处理方法

会计处理方法是指在会计核算中所采用的具体方法。采用不同的会计处理方法,或者在不同会计期间采用不同的会计处理方法,都会影响会计资料的一致性和可比性,进而影响会计资料的使用。因此,各单位的会计核算应当按照规定的会计处理方法进行,保证会计指标的口径一致、相互可比和会计处理方法的前后各期一致,不得随意变更;确有必要变更的,应当按照国家统一的会计制度和规定变更，并将变更的原因、情况及影响在财务会计报告中说明。

5. 正确使用会计记录文字

会计记录文字是指在进行会计核算时，为记载经济业务发生情况和辅助说明会计数字所体现的经济内涵而使用的文字。根据《会计法》的规定，会计记录文字应当使用中文。在民族自治地方，会计记录可以同时使用当地通用的一种民族文字。在中国境内的外商投资企业、外国企业和其他外国组织的会计记录可以同时使用一种外国文字。

6. 使用电子计算机进行会计核算必须符合法律规定

使用电子计算机进行会计核算，即会计电算化，是将以电子计算机为代表的当代电子和信息技术应用于会计工作的简称，是采用电子计算机替代手工记账、算账、报账，以及对会计资料进行电子化分析和利用的现代记账手段。为保证计算机生成的会计资料真实、完整和安全，《会计法》规定使用电子计算机进行会计核算的，其软件及其生成的会计凭证、会计账簿、财务会计报告和其他会计资料，必须符合国家统一的会计制度的规定。

（四）会计监督的基本规范

《规范》规定各单位的会计机构、会计人员对本单位的经济活动进行会计监督，其主要内容有：

1. 会计监督的依据

依据法律、法规、规章、制度进行会计监督，具体依据包括五个方面，即国家财经法律、法规、规章；会计法律、法规和国家统一会计制度；各省、自治区、直辖市财政厅（局）和国务院业务主管部门制定的具体实施办法或者补充规定；各单位制定的单位内部会计管理制度；各单位内部的预算、财务计划、经济计划、业务计划。

2. 原始凭证的审核和监督

对原始凭证的审核和监督，应当抓住两个主要环节，一是原始凭证的真实性、合法性；二是原始凭证的准确性和完整性。

3. 会计账簿的监督

对伪造、变造、故意毁灭会计账簿或者账外设账行为，应当制止和纠正；制止和纠正无效的，应当向上级主管单位报告，请求做出处理。

4. 实物、款项的监督

应当对实物、款项进行监督，督促建立并严格执行财产清查制度；发现账簿记录与实物、款项不符时，应当按照国家有关规定进行处理；超出会计机构、会计人员职权范围的，应当立即向本单位领导报告，请求查明原因并做出处理。

5. 财务报告的监督

对指使、强令编造、篡改财务报告的行为，应当制止和纠正；制止和纠正无效的，应当向上级主管单位报告，请求处理。这主要是针对实际工作中会计报表造假等问题所作出的规定。

6. 财务收支的监督

对审批手续不全的财务收支，应当退回，要求补充、更正；对违反规定不纳入单位统一会计核算的财务收支，应当制止和纠正；对违反国家统一的财政、财务、会计制度规定的财务收支，不予办理；对认为是违反国家统一的财政、财务、会计制度规定的财务收支，应当制止和纠正。制止和纠正无效的，应当向单位领导人提出书面意见请求处理，单位领导人应当在接到书面意见起10日内作出书面决定，并对决定承担责任；对违反国家统一的财政、财务、会计制度规定的财务收支，不予制止和纠正，又不向单位领导人提出书面意见的，也应当承担责任；对严重违反国家利益和社会公众利益的财务收支，应当向主管单位或者财政、审计、税务机关报告。

7. 其他经济活动的监督

对违反单位内部会计管理制度，以及单位制订的预算、财务计划、经济计划、业务计划等的经济活动要实行监督。

8. 配合搞好国家监督和社会监督

各单位必须依照法律和国家有关规定接受财政、审计、税务机关等的监督，如实提供会计凭证、会计账簿、会计报表和其他会计资料以及有关情况，不得拒绝、隐匿、谎报；按照法律规定应当委托注册会计师进行审计的单位，应当委托注册会计师进行审计，并配合注册会计师的工作，如实提供会计凭证、会计账簿、会计报表和其他会计资料以及有关情况，不得拒绝、隐瞒谎报，不得示意注册会计师出具不当的审计报告。

（五）建立内部会计管理制度的基本规范

建立健全单位内部会计管理制度，是贯彻执行会计法律、法规、规章、制度，保证单位会计工作有序进行的重要措施，也是加强会计基础工作的重要手段。实践证明，建立并严格执行单位内部会计管理制度的，其会计基础工作就比较扎实，会计工作在经济管理中就能有效发挥作用。

制定内部会计管理制度应当遵循一定的原则，以保证内部会计管理制度科学、合理、切实可行。这些原则包括：应当执行法律、法规和国家统一的财务会计制度；应当体现本单位的生产经营、业务管理的特点和要求；应当全面规范本单位的各项会计工作，建立健全会计基础工作，保证会计工作的有序进行；应当科学、合理，便于操作和执行；应当定期检查执行情况；应当根据管理需要和执行中的问题不断完善。

《规范》从强化会计管理和各单位的实际情况出发，示范性地提出了应当建立的12项内部会计管理制度，即内部会计管理体系、会计人员岗位责任制度、账务处理程序制度、内部牵制制度、稽核制度、原始记录管理制度、定额管理制度、计量验收制度、财产清查制度、财务收支审批制度、成本核算制度和财务会计分析制度等，同时还对各项内部会计管理制度应当包括的主要内容提出了原则性指导意见。应当强调的是，各单位建立哪些内容的会计管理制度，主要取决于单位内部的经济管理需要，不同类型的单位对内部会计管理制度可以有不同的选择，如行政单位往往不需要建立成本核算制度等。

二、会计信息化工作规范

为推动企业会计信息化，节约社会资源，提高会计软件和相关服务质量，规范信息化环境下的会计工作，根据《中华人民共和国会计法》《财政部关于全面推动我国会计信息系化工作的指导意见》,财政部制定了《企业会计信息化工作规范》,于 2014 年 1 月 6 日开始施行。

《企业会计信息化工作规范》界定了会计软件、会计信息化和会计信息系统的概念,在会计软件、数据接口、基础数据的采集、企业会计信息实施等方面提供标准,是我国现行的指导企业信息化工作的纲领性文件。

《企业会计信息化工作规范》顺应了信息化时代的要求,摆脱了"模拟手工"的电算化思维,在很多方面突破了过去的规定和现行的做法。同时,工作规范把会计信息化放在企业整体经营管理环境中,重视会计与其他业务活动的有机联系,强调会计信息化带来的工作流程和模式的革新,以及信息化与制度环境的互动,这对于信息化时代企业的转型,有着非凡的意义。

三、会计档案管理办法

1984 年 6 月 1 日,财政部和国家档案局发布了《会计档案管理办法》,以加强单位会计档案保管、促进会计工作为国家经济建设服务。随着我国社会主义市场经济的发展,经济和会计工作中的新情况、新问题不断出现,1998 年 8 月 21 日,财政部和国家档案局在总结原《会计档案管理办法》实施情况并充分调查研究的基础上,依据《会计法》和《中华人民共和国档案法》的有关规定,修订并重新颁布了自 1999 年 1 月 1 日起施行的《会计档案管理办法》。2015 年 12 月 11 日,财政部和国家档案局发布修订后的《会计档案管理办法》,自 2016 年 1 月 1 日起施行。

(一) 会计档案及其范围

会计档案是指会计凭证、会计账簿和财务报告等会计核算专业材料,是记录和反映企业经济业务的重要史料和证据。会计档案具体包括会计凭证类的原始凭证、记账凭证、汇总凭证和其他会计凭证,会计账簿类的总账、明细账、日记账、固定资产卡片、辅助账簿和其他会计账簿,财务报告类的月度、季度、年度财务报告和其他财务报告,其他类的银行存款余额调节表、银行对账单和其他应当保存的会计核算专业资料、会计档案移交清册、会计档案保管清册及会计档案销毁清册等。

(二) 会计档案的管理

每一会计年度终了,企业会计机构负责对会计资料进行整理立卷。整理时应对会计资料按一定的标准进行分类,然后装订成册,并按统一的次序摆放。一般情况下,会计凭证每月装订一次,装订好的凭证按年分月妥善保管归档;各种会计账簿年度结账后,除跨年使用的账簿外,其他账簿应按时整理立卷;会计报表编制完成及时报送后,留存的报表应按月装订成册,小企业可按季装订成册。单位内部形成的属于归档范围的电子会计资料可仅以电子形式保存,形成电子会计档案,可以利用计算机、网络通信等信息技术手段管理会计档案。

(三) 会计档案的保管

会计档案的保管期限分为永久、定期两类。定期保管一般分为 10 年和 30 年。会计档案的保管期限,从会计年度终了后的第一天算起,如表 9-1 所示。

表 9-1 会计档案保管期限表

序　号	档案名称	保管期限	备 注
1	会计凭证		
(1)	原始凭证	30 年	
(2)	记账凭证	30 年	
2	会计账簿		
(1)	总账	30 年	
(2)	明细账	30 年	
(3)	日记账	30 年	
(4)	固定资产卡片		固定资产清理后 5 年
(5)	其他辅助性账簿	30 年	
3	财务会计报告		
(1)	中期报告	10 年	
(2)	年度财务会计报告	永久保存	
4	其他会计资料		
(1)	银行存款余额调节表	10 年	
(2)	银行对账单	10 年	
(3)	纳税申报表	10 年	
(4)	会计档案移交清册	30 年	
(5)	会计档案保管清册	永久	
(6)	会计档案销毁清册	永久	
(7)	会计档案鉴定意见书	永久	

当年形成的会计档案，在会计年度终了后可暂由会计机构保管 1 年，期满之后应当由会计机构编制移交清册，移交本单位档案机构统一保管；未设立档案机构的，应当在会计机构内部指定专人保管。出纳人员不得兼管会计档案。纸质会计档案移交时应当保持原卷的封装。电子会计档案移交时应当将电子会计档案及其数据一并移交，且文件格式应当符合国家档案管理的有关规定。

（四）会计档案的借阅

会计档案供本单位查阅和使用，原则上不得借出，有特殊需要外借时须经上级主管单位或单位领导、会计主管人员批准。

外部人员借阅会计档案时，应持单位正式介绍信，经会计主管人员或单位负责人批准后，方可办理借阅手续；单位内部人员借阅会计档案时，应经会计主管人员或单位负责人批准后,方可办理借阅手续。

借阅会计档案的人员不得在案卷中乱画、标记、拆散原卷册,也不得涂改、抽换、携带外出或复制原件。有特殊需要时,须经领导批准后方能携带外出或复制原件。

(五)会计档案的销毁

对于保管期满的会计档案需要销毁时,应按照以下程序销毁:由本单位档案机构会同会计机构提出销毁意见,编制会计档案销毁清册,列明销毁会计档案的名称、卷号、册数、起止年度和档案编号、应保管期限、已保管期限、销毁时间等内容;单位负责人在会计档案销毁清册上签署意见;销毁会计档案时,应当由档案机构和会计机构共同派员监销,国家机关销毁会计档案时应当由同级财政部门、审计部门派员参加监销,财政部门销毁会计档案时应当由同级审计部门派员参加监销,监销人在销毁会计档案前应当按照会计档案销毁清册所列内容清点、核对所要销毁的会计档案;销毁后,相关人员应当在会计档案销毁清册上签名盖章,并将监销情况报告本单位负责人。

保管期满但未结清的债权债务原始凭证和涉及其他未了事项的原始凭证,不得销毁,应当单独抽出立卷,保管到未了事项完结时为止。单独抽出立卷的会计档案,应当在会计档案销毁清册和会计档案保管清册中列明。项目正在建设期间的建设单位,其保管期满的会计档案不得销毁。

任务四　认知会计监督规范

会计监督是会计基本职能之一。会计监督依照国家有关法律、法规、规章对会计工作开展监督活动,以利用正确的会计信息,对经济活动进行全面而综合的协调、控制、监督和督促,达到提高会计信息质量和经济效益的目的。会计监督可分为单位内部监督、政府监督和社会监督。《会计法》等法律、行政法规、规章对单位内部会计监督以及政府和社会监督作了相应的规定。

一、单位内部监督

会计工作的单位内部监督制度,是指各单位的会计机构、会计人员依据法律、法规、国家统一的会计制度及单位内部会计管理制度等的规定,通过会计手段对本单位经济活动的合法性、合理性和有效性进行监督。内部会计监督的主体是各单位的会计机构、会计人员,内部会计监督的对象是单位的经济活动。

会计工作的单位内部监督的内容十分广泛,涉及人、财、物等诸多方面,各单位应当建立、健全本单位内部会计监督制度。单位内部会计监督制度应当符合下列要求:

(1) 记账人员与经济业务事项和会计事项的审批人员、经办人员、财务保管人员的职责权限应当明确,并互相分离、相互制约。

(2) 重大对外投资、资产处置、资金调度和其他重要经济业务事项的决策和执行的相互监督、相互制约程序应当明确。

(3) 财产清查的范围、期限和组织程序应当明确。

(4) 对会计资料定期进行内部审计的办法和程序应当明确。

会计机构、会计人员对违反《会计法》和国家统一的会计制度规定的会计事项,有权拒绝办理或者按照职权予以纠正。发现会计账簿记录与实物、款项及有关资料不相符的,按照国家统一的会计制度的规定有权自行处理的,应当及时处理;无权处理的,应当立即向单位负责人报告,请求查明原因,做出处理。单位负责人应当保证会计机构、会计人员依法履行职责,不得授意、指使、强令会计机构、会计人员违法办理会计事项。

二、政府职能部门监督

会计工作的政府监督,主要是指财政部门代表国家对各单位和单位中相关人员的会计行为实施的监督检查,以及对发现的违法会计行为实施行政处罚。这里所说的财政部门,是指国务院财政部门、省级以上人民政府财政部门派出机构和县级以上人民政府财政部门。

此外,《会计法》规定,除财政部门外,审计、税务、人民银行、证券监管、保险监管等部门依照有关法律、行政法规规定的职责和权限,可以对有关单位的会计资料实施监督检查。依法实施监督检查后,应当出具检查结论。

财政部门对各单位的下列情况实施监督:① 是否依法设置会计账簿;② 会计凭证、会计账簿、财务会计报告和其他会计资料是否真实、完整。③ 会计核算是否符合《会计法》和国家统一的会计制度的规定;④ 从事会计工作的人员是否具备专业能力、遵守职业道德。

在对各单位会计凭证、会计账簿、财务会计报告和其他会计资料的真实性、完整性实施监督时,若发现重大违法嫌疑,国务院财政部门及其派出机构可以向与被监督单位有经济业务往来的单位和被监督单位开立账户的金融机构查询有关情况,有关单位和机构应当给予支持。

依法对有关单位的会计资料实施监督检查的部门及其工作人员对在监督检查中知悉的国家秘密和商业秘密负有保密义务。

《财政部门实施会计监督办法》规定财政部门实施会计监督检查的形式有:① 对单位遵守《会计法》、会计行政法规和国家统一的会计制度情况进行全面检查;② 对单位会计基础性工作、从事会计工作的人员从业情况进行专项检查或者抽查;③ 对有检举线索或者在财政管理工作中发现有违法嫌疑的单位进行重点检查;④ 对经注册会计师审计的财务会计报告进行定期抽查;⑤ 对会计师事务所出具的审计报告进行抽查;⑥ 依法实施其他形式的会计监督检查。

会计活动是一项社会经济管理活动,其所提供的会计资料是一种社会资源,因此对会计工作的监督除了要发挥财政部门的作用外,还要发挥业务主管部门、其他政府管理部门的作用。《会计法》规定,财政、审计、税务、人民银行、证券监管、保险监管等部门应当依照有关法律、行政法规规定的职责,对有关单位的会计资料实施监督检查;监督检查部门对有关单位的会计资料依法实施监督检查后,应当出具检查结论;有关监督检查部门已经做出的检查结论能够满足其他监督检查部门履行本部门职责需要的,其他监督检查部门应当加以利用,避免重复检查;这体现了财政部门与其他政府管理部门在管理会计事务中的相互协作、配合的关系,是对有关部门实施检查的约束性规定。

在实际工作中,各政府部门实施会计监督的内容各有侧重,财政部门对所有单位实施以保证会计工作秩序和会计信息真实、完整为重点的全面监督检查；审计机关依据宪法和审计法律、法规，主要对各级政府的财政收支、国家的财政金融机构和企事业单位的财务收支进行审计监督和检查；税务部门依据税收征管方面的法律、法规，以保证国家税收为主要目的对有纳税义务的单位实施监督检查；人民银行和证券监管、保险监管部门依据相应的法律、行政法规的规定，对所监管的金融、证券、保险类单位以保护国家、出资人和社会公众利益为目的实施行业性的监督管理。

三、社会服务机构监督

会计工作的社会监督，主要是指由注册会计师及其所在的会计师事务所等中介机构接受委托，依法对单位的经济活动进行审计、出具审计报告、发表审计意见的一种监督制度。

根据《会计法》的规定，法律、行政法规规定须经注册会计师进行审计的单位，应当向受委托的会计师事务所如实提供会计凭证、会计账簿、财务会计报告和其他会计资料以及有关情况。任何单位或者个人不得以任何方式要求或者示意注册会计师及其所在的会计师事务所出具不实或者不当的审计报告。

《会计法》规定，任何单位和个人对违反《会计法》和国家统一的会计制度规定的行为，有权检举。这是为了充分发挥社会各方面的力量，鼓励任何单位和个人检举违法会计行为，也属于会计工作社会监督的范畴。

同步实训

一、理论思考题

1. 我国的会计规范体系由哪几个主要部分构成？
2. 我国现行的《企业会计准则》主要包括哪些内容？
3. 我国现行的会计档案管理年限是怎么规定的？
4. 会计监督的具体内容包括哪些？

二、技能实训题

(一) 单项选择题

1. 我国会计基本法律中对于会计工作最重要的是( )。

A.《中华人民共和国公司法》　B.《中华人民共和国会计法》

C.《中华人民共和国证券法》　D.《中华人民共和国审计法》

2. 我国《企业会计准则》由( )颁布。

A. 全国人民代表大会常务委员会　B. 国务院

C. 财政部　D. 证监会

3. 第一部《中华人民共和国会计法》是在( )年由全国人大常委会通过的。

A. 1993　B. 1992　C. 1985　D. 1999

4. 截至2020年5月,我国《企业会计准则》中共包括(　　)项具体准则。

A. 39　　B. 40　　C. 41　　D. 42

5. 根据自2016年1月起实施的《会计档案管理办法》相关规定,一般记账凭证的保管期限是(　　)年。

A. 10　　B. 20　　C. 30　　D. 永久

6. 根据自2016年1月起实施的《会计档案管理办法》相关规定,明细账的保管期限是(　　)年。

A. 10　　B. 15　　C. 30　　D. 永久

7. 根据自2016年1月起实施的《会计档案管理办法》相关规定,财务会计报告的保管期限是(　　)年。

A. 10　　B. 20　　C. 30　　D. 永久

8. 我国企业会计准则分为三个层次,它们是(　　)。

A. 基本准则、具体准则和应用指南

B. 一般准则、特殊准则和通用准则

C. 一般准则、通用业务准则和特殊业务准则

D. 基本准则、会计要素准则和会计报表准则

(二) 多项选择题

1. 我国会计准则的层次包括(　　),

A. 会计基本准则　　B. 会计准则指南

C. 会计具体准则　　D. 会计准则解释

2. 企业会计人员的主要权限有(　　)。

A. 有权要求本单位有关部门、人员认真执行国家批准的计划、预算

B. 有权参与本单位编制计划、制定定额、签订经济合同等工作

C. 有权参加有关的生产、经营管理会议

D. 有权提出有关财务开支和经济效益方面的问题和建议

3. 设置会计机构应考虑的因素包括(　　)。

A. 单位规模的大小　　B. 经济业务和财务收支的繁简

C. 经营管理的要求　　D. 会计人员的素质

4. 下列各项目中,属于会计法规体系的有(　　)。

A.《会计法》　　B. 会计行政法规

C.《企业会计准则》　　D. 统一会计制度

(三) 判断题

1. 从事会计工作的人员,必须取得会计从业资格证书。(　　)

2. 会计准则与会计制度的目的都在于规范企业会计行为,但会计制度主要是针对企业的会计确认、计量、报告的行为规范。(　　)

3. 银行存款余额调节表需要永久保存。(　　)

4. 所有会计凭证的保管期限都是30年。(　　)

5. 保管期限届满,所有的会计凭证都是可以销毁的。(　　)

三、能力提高题

1. 查找《企业会计准则》和《小企业会计准则》的相关资料，并认真研读，说说两者之间有何区别。

2. 单位决定让你起草一份会计制度规范，你觉得应该怎样写？

参 考 文 献

[1] 中华人民共和国财政部. 企业会计准则[M]. 北京:经济科学出版社,2006.
[2] 张兴福. 基础会计[M]. 北京:国家行政学院出版社,2014.
[3] 王斯龙. 会计基础[M]. 上海:立信会计出版社,2014.
[4] 王慧. 会计基础与实务[M]. 北京:北京出版社,2017.
[5] 蔡中焕. 会计职业基础[M]. 2 版. 北京:教育科学出版社,2018.
[6] 王宗江. 财务会计[M]. 6 版. 北京:高等教育出版社,2019.
[7] 财政部会计资格评价中心. 初级会计实务[M]. 北京:经济科学出版社,2019.
[8] 中华人民共和国财政部. 企业会计准则:应用指南[M]. 北京:经济科学出版社,2019.
[9] 龚翔. 会计学原理[M]. 大连:东北财经大学出版社,2019.